宗教の世界史 4

# 仏教の歴史 2

東アジア

末木文美士 編

山川出版社

敦煌・莫高窟（中国・甘粛省）

キジル石窟壁画（中国・新疆ウイグル自治区）

代の塔（中国・遼寧省撫順）

**百済・金銅観音菩薩立像**
（アメリカ・サッカラー
美術館蔵）

**新羅・七仏庵磨崖仏**（韓国・慶州市）

**仏国寺**（韓国・慶州市）

大寺法華堂不空羂索観音像

新薬師寺十二神将像

中尊寺金色堂内陣

第4巻

# 仏教の歴史 2

◈目次

# 付　録

# 仏教の歴史　2

序章

# 東アジア仏教とその展開

## 1　東アジアへの仏教伝来とその前提

### 仏教の三つの伝統

仏教は、もともと興起したインドでは滅びたが、アジアに広く伝わり、現在まで有力な宗教となっている。その伝播は通常、南伝系、東アジア系、チベット系の三つの流れに纏められる。南伝系は部派の一つである上座部の系統であり、スリランカからタイ、ミャンマーなど、南・東南アジアに伝わり、聖典はパーリ語（古いインドの俗語）で書かれている。東アジア系は初・中期の大乗仏教を中心として、中国から朝鮮・日本・ベトナムなどに伝わり、聖典は漢文（古典中国語）のものを用いる。チベット系は後期の大乗仏教・密教を中心として、チベットからモンゴルなどに伝わり、聖典はチベット語のものを用いる。本巻は東アジア系の仏教（以下、東アジア仏教と称する）の歴史を述べる。南伝系とチベット系は第一巻で扱う。ちなみに、インドでは仏教が滅びたが、インドで用いられていたサンスクリット語の仏典を用いる仏教はネパールに残っている。

こう書くと、地域によってはっきり分かれているかのようにみえるが、じつはそれほど単純ではない。中国では、仏教の伝統を漢伝（東アジア系）・蔵伝（チベット系）・南伝の三つに分けるが、自国のなかにこの三つの伝統が現存しているという。漢伝は漢民族の伝統であるが、中国は多くの少数民族を擁しており、チベット族・モンゴル族などは蔵伝、雲南省のタイ族などは南伝の仏教を信奉している。このように、仏教の分布は入り組んでいるところがあるが、信仰する仏教の種類は民族によってはっきり分かれている。もっとも近代になると、こうした民族と密接に結びついた伝統的な仏教のあり方とは別に、仏教が欧米に進出して、伝統に縛られない個人の信仰として成り立つようになった。それが伝統的な仏教国にも逆輸入されている。以上のことを前提としたうえで、本巻では東アジア仏教の歴史をみていくことにしたい。

本巻では、東アジア仏教のなかでもベトナムについては論述を見送り、中国・朝鮮・日本を中心に論述することにした。その際、それらを別々に論述するのではなく、同時代の動向をまとめて並行的に叙述するという方法をとった。それは、それらの各地域の仏教がそれぞれ独立したものではなく、中国を中心としながら、相互に関連して発展したと考えられるからである。

## 中央アジアから中国へ

東アジア仏教は、何といっても中国が中心となって形成された。中国に仏教が渡ったルートは、シルクロードを経由する陸上ルートと、南の海をまわる海上ルートがあるが、初期には陸上ルートが有力であった。インド北西部のガンダーラ地方は、インド文化と西方のオリエント文化、さらには中国文化が交わる結節点として栄え、とりわけ紀元後一～三世紀には大月氏《だいげっし》によるクシャーナ朝が仏教を信奉して、広大な領土を支配した。その全盛期は二世紀のカニシカ王によって築かれ、その時代を中心に、詩人アシュヴァゴーシャ（馬《め》鳴《みょう》）の活躍や仏像の発展など、新しい仏教文化の華が開いた。こうした動きは大乗仏教の形成にも関係している。ガンダーラの北のカシミール地方も仏教が盛んで、とりわけバーミヤンの大石仏が有名であったが、二〇〇一年にターリバーンによって破壊された。

このインド北西部の地域から中国へと仏教が伝わるには、中央アジア（西域）のシルクロードを経由す

バーミヤン大仏（破壊以前）

キジル石窟壁画

る必要があった。シルクロードは、旧ソ連領のキルギスタン、タジキスタン、ウズベキスタン、トルクメニスタンの四カ国にまたがる西トルキスタンと、中国の新疆《しんきょう》自治区に属する東トルキスタンとに分けられる。そのいずれにも仏教が広まったが、中国への経路として重要なのは東トルキスタンである。東トルキスタンのシルクロードは、北の天山山脈、南の崑崙《こんろん》山脈のあいだに広がるタリム盆地を通るのがおもなルートであるが、タリム盆地の大部分はタクラマカン砂漠であり、砂漠の中央を進むことは無理であった。そこで、その周囲に点在するオアシス都市国家をたどるルートが開発された。北の天山山脈の南麓をたどる西域北道と、南の崑崙山脈の北麓を進む西域南道の二つである。北道には、クチャ(亀茲《きじ》)、トルファン(高昌《こうしょう》)など、南道には、コータン(于闐《うてん》)、ニヤなどが大きなオアシス国家であり、いずれも仏教国として繁栄していた。両道は敦煌《とんこう》付近で合流して、玉門関をへて中国に入ることになる。

これらの地域の仏教は、さまざまな要素が混在し、部派仏教と大乗仏教の両方を含んでいた。全体として、鎮護国家を説いたり、六斎日《ろくさいにち》(月に六回、普段より厳しい八斎戒《はっさいかい》を守る)の実践など、在家者の実践を重視し、世俗社会と密接に関係する仏教のあり方を重視している。盂蘭盆《うらぼん》の起源も中央アジアであろうと考えられている。仏伝などの物語も、中央アジアで大きく発展している。他方で、石窟寺院などをみると、そこで出家者が厳しい禅定《ぜんじょう》などの実践をおこなっていたことも知られる。実際、『観仏三昧海《かんぶつざんまいかい》経《きょう》』をはじめとして、禅観を説く経典は中央アジアで成立したと考えられるものが多い。初期の仏典の漢訳者の多くは中央アジア出身である。インド仏教がそのまま中国に伝わったわけではなく、中央アジアでかなり大きな変容を経て伝わっているのである。

中央アジアの都市国家では、ソグド語、コータン語、トカラ語、ウイグル語などのさまざまな言語が用いられ、それらの言語による仏典も残されている。しかし、それらは時代的にはやや遅れるもので、初期の漢訳はこれらの言語を経由しているわけではない。だからといって、インドのサンスクリット語やパーリ語の仏典が直接訳されたわけでもない。おそらく大部分はガンダーラ語に基づくものであっただろうと考えられている。ガンダーラ語はインド系の言語であり、主としてガンダーラ地方で用いられた俗語であるが、その地域だけでなく、中央アジアの仏教の言語として広く用いられた。ガンダーラ語は長く知られていなかったが、一九六二年に『法句経《ほっくぎょう》』の写本が出版され、さらに一九九四年に大英博物館所蔵の二九巻の樺皮巻物がガンダーラ語の経典であることがわかってから研究が一気に進み、中央アジアの仏教を解明する大きな手がかりとなっている。

シルクロードへの中国側からの入り口である敦煌は、中央アジアの仏教が中国と出会う重要な拠点であった。初期の漢訳者として有名な竺法護《じくほうご》(二三九〜三一六)は、月氏系の出身であるが敦煌で生まれ、敦煌菩薩と呼ばれた。莫高窟《ばっこうくつ》は四世紀から千年近くにわたって掘りつづけられ、貴重な仏教美術の宝庫となったが、その後長く忘れ去られていた。それがクローズアップされるようになったのは、一九〇〇年の敦煌文書の発見による。偶然に道士王円籙《おうえんろく》によって第一七窟(蔵経洞《ぞうきょうどう》)から発見された膨大な文書は、イギリスのオーレル・スタイン(一八六二〜一九四三)、フランスのポール・ペリオ(一八七八〜一九四五)、ロシアのセルゲイ・オルデンブルグ(一八六三〜一九三四)らの探検隊がつぎつぎと奪い去った。日本の大《おお》谷光瑞《たにこうずい》(一八七六〜一九四八)による大谷探検隊もその一部を入手している。

敦煌文書の多くは仏教写本であり、中国本土では失われた重要な文献も少なくなかった。それにより、従来の仏教史は大きく書き換えられることになった。例えば、中国の禅宗は菩提達磨《ぼだいだるま》が伝え、のちに第六祖慧能《えのう》によって今日に伝わる南宗禅が確立したとされてきた。しかし、敦煌文書のなかに初期の禅宗の発展を伝える写本が発見され、これまで信じられてきた伝承はまったくのフィクションであることがわかった。それらの文書によると、当初は禅宗のなかでも北宗が盛んであったが、慧能の弟子の神会《じんね》が強力な宣伝を繰り広げて北宗を追い落とし、南宗の隆盛に導いたことがわかってきた。また、敦煌文書からは、狭義の仏典だけでなく、変文と呼ばれる絵解きの教化用のテキストも見出され、民衆教化の様子が具体的に知られるようになった。さらに八世紀末には敦煌はチベット人による吐蕃《とばん》王国（六一八〜八四二年）領となったことから、チベット語の写本も発見された。そこから、中国の禅宗の摩訶衍《まかえん》和尚がチベットでカマラシーラと争ったサムイェーの宗論（ラサの宗論）の実態も明らかになった。敦煌もまた、宗教と民族と文化のるつぼであった。

このように、インドの仏教は中央アジアの多くの民族のあいだで揉まれながら中国にいたり、東アジア仏教として展開することになったのである。キリスト教やイスラム教が、正統と異端を切り分けることで、その正統的な教義は民族を超えて一元化、普遍化されるのに対して、仏教はさまざまな民族の交流のなかで多様に展開し、それぞれがその民族の特性と合致した複雑な展開を示している。その多様性に他の宗教にない仏教の魅力があるともいえよう。そのことは東アジア仏教の枠のなかでも明らかにいえるのである。

## 前提としての中国古代文化

南伝系やチベット系の仏教が、仏教伝来以前に独自の高度な文明をもたなかった地域に新しい文明として伝来し、定着したのに対して、東アジア仏教は中国という巨大な古代文明の隆盛した地域で展開したという点に大きな特徴がある。東アジア仏教のなかでも、朝鮮・ベトナム・日本などの周縁地域は、仏教到来以前に独自の高度な文明はなかったが、中国から仏教とほぼ同時期に古代からの中国文明の成果もセットとして導入されている。すなわち、仏教と中国文明は切り離せないのである。

そこで、中国の古代文明と仏教との関係が問われなければならない。仏教が中国に伝わったのは後漢の紀元後一世紀であるが、中国文明の始まりは紀元前一千年以上も昔に遡り、殷・周から春秋・戦国の分裂状態を経て、秦・漢の統一国家ができていた。春秋時代には諸子百家といわれるさまざまな思想家たちがそれぞれの思想を唱えて競い合ったが、秦の統一国家の形成に採用されたのは法家の法治主義であり、秦を滅ぼした漢も当初法家を重視していた。それは、厳しい法の断行によって人々を専制国家に従わせようというものであった。しかし、統一国家を長期的に継続させていくためには法治主義だけでは限界があり、そこで儒家(儒教)の徳治主義の立場が採用されるようになった。すなわち、皇帝は天命によって国を平定する責務を負っており、秩序と礼節によって人々を教化しなければならないというものである。仏教がはいった後漢期は、儒教が国教化されて専制国家を基礎づける体制が整っていた。

このように長い歴史と思想・文化の伝統を有する中国に、外来の宗教として仏教が伝来したのであるから、それが広まるには、その伝統と格闘しなければならなかった。その最初の問題として、翻訳という作業がなされなければならなかった。そもそも中国の言語はインド系の言語とまったく異なるので、南伝系の仏教のように、インドの言語であるパーリ語をそのまま使うことはできなかった。チベットでも翻訳が重要な課題となったが、インド系の表音文字を採用したために、逐語的な翻訳が可能であった。ところが、中国では漢字という独特の表意文字を古くから発展させていた。漢字は一字のなかに多義的な意味を含み、その上、高度な古代思想によって、それらの文字や言葉にはさまざまな思索の跡が染みついていた。そのような言語を用いて、まったく異なる思想を盛るという複雑な作業が必要とされたのである。そこで訳経という大事業が試行錯誤しながら展開されることになった。しかも、中国ではテキストが確定すると、それ以前の資料はすべて廃棄されるのが原則であったから、膨大な漢訳仏典が完成すると、その基になったインド系言語の仏典はほとんど失われることになった。

## 2　東アジア仏教の展開と時期区分

### 東アジア仏教の時期区分

中国に仏教がはいったのは一世紀の後漢の時代であるが、その頃には中国の古代文明はすでにその発展の一サイクルが終わりに近くなっていた。中国の時代区分をどうみるかについてはさまざまな説があり、一概にいえないが、ひとまず古代・中世・近世・近代という四区分にして、古代は後漢の終わり

（一二一〇年）まで、中世は魏晋南北朝から隋・唐の終わり（九〇七年）まで、近世は五代をへて宋・元・明・清の大部分で一九世紀中葉のアヘン戦争（一八四〇〜四二年）の頃まで、近代は清末から中華民国・中国人民共和国時代と分けるのがわかりやすい。

朝鮮史に関しては、王朝の交代で時代を区分することができる。すなわち、三国鼎立時代（　〜六七六年）、統一新羅時代（六七六〜九一八年）、高麗時代（九一八〜一三九二年）、朝鮮時代（一三九二〜一八九七年）と続き、大韓帝国（一八九七〜一九一〇年）、日本統治時代（一九一〇〜一九四五年）、そして戦後の独立と南北分断へと続く。朝鮮史を四区分するやり方は議論があるが、ひとまず統一新羅時代までを古代、高麗時代を中世、朝鮮時代の大部分を近世、一九世紀後半以後を近代とみることができる。

日本史では、古代と中世の区切りは難しいが、ひとまず十一世紀後半の院政期から中世とみて、それまでを古代とする。ほかはだいたい常識的な区切りに従う。

このように、それぞれの地域ごとに四区分してみると、年代がかなりずれて、必ずしもうまく対応していない。中国は何といっても古い文明であり、朝鮮や日本が文明化して国家の形を整え始めた頃には、すでに古代国家が終焉にいたっていた。それゆえ、四期の分け方はあくまでも便宜的なものにすぎず、無理に対応付けることは適切でない。ただ、いずれにおいても、中世には仏教がもっとも重視され、近世になると儒教が重視されて、仏教の力が弱くなるという点は共通している。また、西洋勢力の進出によって近代へと踏み出すという点も共通する。

そこで、本巻では三つの地域の仏教史を並行的にみていくために、便宜上、以下の四期に分けて叙述していくことにしたい。

**仏教の伝来と普及**　中国では、一世紀、後漢の時代に仏教が到来し、その後の魏晋南北朝期に一気に発展する。隋の統一（五八一年）以前の時期を中心に扱う。朝鮮では新羅による統一（六七六年）以前の三国時代を扱う。日本では、飛鳥時代（七世紀）までとする。中国では中世前半、朝鮮・日本では古代前期にあたる。

**統一国家と仏教**　中国では隋・唐時代（五八一〜九〇七年）、朝鮮では統一新羅（六七六〜九三五年）、日本では奈良・平安時代（八世紀〜十二世紀）を扱う。年代的には多少のずれがあるが、それぞれの地域の統一国家の形成にさいして、仏教が大きな役割をはたした時代である。中国では中世後半、朝鮮・日本では古代後期にあたる。

**仏教の土着化**　中国では五代をへて、宋・元・明の統一国家の時代にあたる、十世紀後半から十七世紀中葉までで、近世前期にあたる。朝鮮では高麗時代（九一八〜一三九二年）、日本では鎌倉・室町時代（十二世紀後半〜十六世紀前半）であり、中世にあたる。中国では儒教が復興して正統化され、仏教はやや弱体化するが、民衆のあいだで信仰されつづける。朝鮮では仏教は新羅時代ほど多様な展開はみられないが、国家的にも重要な役割をはたしつづける。日本では武士社会となるなかで仏教が全国的に定着していく。それぞれの国の状況は異なるが、仏教が社会に定着するという点で共通する。

**近代化の中の仏教**　中国では清による統一（一六三六年）以後で、近世後期から近代にあたる。朝鮮では、李氏による朝鮮建国（一三九二年）以後、日本では織豊時代の十六世紀後半以後で、近世から近代を含む。

この時代の初めは、いずれの地域も儒教が伸張し、仏教はやや停滞ぎみであった。十九世紀半ばに欧米勢力の圧力が顕著になってくると、近代化という大きな目標へ向けてそれぞれ国をあげて対応を迫られるようになり、仏教界もまた新たな変貌を求められるようになる。

以上のような四つの時期に分けて、中国・朝鮮・日本を対比させながら論述していきたい。もっとも歴史全体の時期区分がかなり便宜的なものであったのと同様に、仏教史の区分もまた必ずしも三国が共通しているわけではなく、年代的にずれもあり、同時代的にうまく並行して論じられるわけではない。しかし、三国の仏教史がある程度は近似した性格を示しながら、相互に関連して展開しているということは可能であろう。本巻の区分と論述はあくまでも試行錯誤の一環であり、今後、東アジアの仏教をさらに相互関連的にとらえてゆく見方が発展していくことを期待したい。

## 中国的な場における仏教受容

東アジア仏教は中国で受容された仏教が広まったものであるから、まず中国という場での変容を考えなければならない。先に述べたように、中国古代文明が前提とされ、それが展開していくなかで、仏教もまた受容されている。伝来当初、格義《かくぎ》と呼ばれ、中国思想をもとにして仏教を理解する方法がおこなわれたが、それでは仏教の正しい理解ができないと批判されて後退した。しかし、その後も仏教はそのままのかたちで受容されたわけではない。中央アジアで変容した仏教が、さらに中国思想との交渉のなかで変容しながら、中国仏教が形成されていくのである。

例えば仏教伝来期の状況をみてみると、後漢は儒教を国教化して広大な領土を統治しようとしたが、その終わり頃には、周辺民族が伸張するとともに、国内でも争いが起こって政情不安になっていた。一八四年には、張角《ちょうかく》を指導者とする道教系の宗教集団太平道によって黄巾《こうきん》の乱が引き起こされ、魏・呉・蜀の三国鼎立の分裂状態となった。太平道は呪符を用いるなどして治病や長寿を実現しようというもので、老荘系の道家思想をもとに、それを宗教化したもので、道教の成立を意味する。支配の原理である儒教と異なる民衆の宗教ということができる。仏教が中央アジア出身者のあいだで信じられた少数派の宗教から、漢民族のあいだにも信者を増やして勢力を増すようになったのは、このような状況のなかであった。そこから、初期の仏教は、一面では道教と近似した長寿や不死を願う宗教と考えられた。阿弥陀仏が無量寿仏《むりょうじゅぶつ》として、寿命を表に出すかたちで受容されたのは、このような背景による。

南北朝時代になると、漢民族が中心の南朝では、仏教は社会の混乱をきらう隠逸の嗜好と結びついて王室や貴族に信奉されるとともに、思弁的な教学の進展が著しかった。それに対して、北朝はさまざまな民族が入り混じり、五胡十六国の混乱をへて、鮮卑の拓跋氏の北魏（三八六〜五三四年）によって統一された。北魏は漢化政策をとりつつも、民族の特性を生かそうとして胡漢融合の政策をとり、諸民族の融和をめざした。そこで、儒教よりも仏教や道教が重視されることになったのである。そのなかで仏教は、南朝に比べて国家との結びつきが強くなり、支配のイデオロギーとして用いられることになった。それとともに、中央アジアとの関係が密であったことから、そこから伝来した禅観の実践を重視するなどの特徴がみられた。このように地域差や民族の差が、その仏教の性質を大きく左右している。

隋は、このような北朝系から出発して南北を統一することになったが、仏教界にもその傾向が反映した。この時代を代表する仏教者である天台智顗《ちぎ》（五三八〜五九七）はもともと南朝において活動していたが、その師の慧思《えし》（五一五〜五七七）は河南省の出身でありながら北地に行って、慧文《えもん》から禅観の方法を学んでいる。こうして智顗は、一方で南朝仏教の伝統である精緻な経典解釈学と、他方で北朝仏教の伝統である禅観の実践との二つの伝統を受けて、両者を合一した独自の仏教体系を完成させた。

このように、中国の仏教はその時代と状況に対応しながら展開してきている。その思想もまた、現世主義的な中国思想の影響を受けたり、如来蔵＝仏性をベースに展開しているなど、インドの仏教とは異なる特徴を有している。こうした性格をもった仏教が東アジアに広まってゆくのである。この点からすれば、本巻は一方で「仏教の歴史2」として、「仏教の歴史1」とセットになると同時に、他方からみれば、「儒教の歴史」「道教の歴史」とセットになって、それによって、東アジアの宗教の全貌がみえてくるという面もあるのである。

## 3　東アジア仏教と東アジア周縁仏教

### 東アジア周縁仏教圏

典型的な中華思想によれば、漢民族以外は夷狄《いてき》と呼ばれ、あるいは四夷として、東夷・北狄・西戎・南蛮があげられる。それらは野蛮な民族であり、高度に文明化された漢民族と異なるというのである。

そのような野蛮な民族が漢民族の中国の周囲を取り巻いていることになる。それはたんに漢民族の自民族中心主義というにとどまらず、実際に文明の程度の差は歴然としていたので、周縁の民族は漢民族の制度・宗教・道徳から科学技術まで取り入れ、自民族の文明化をはかることが大きな課題となった。しかし、完全にすべて取り入れると、自民族のアイディンティティを失って漢民族に同化されることになるし、また自国で受け入れられないことになるので、現実的な方策として自民族の習俗を残しながら、漢民族の文明との融合をはかろうとした。

その中で、仏教が大きな役割をはたすことになった。それは、仏教が民族にとらわれない普遍性をもつからであり、そもそも漢民族の地域に到達する以前に、中央アジアでさまざまな民族のあいだに定着してきていたからである。これらの周縁民族においては、仏教を核としながら、それとともに漢民族の高度な文明を受け入れることになった。このことは、朝鮮や日本の場合もそうであるし、それ以外の民族も同じである。とりわけ漢民族の支配する中原と直接接し、中原をも狙いうる、あるいは実際に中原を支配した民族の場合、この点の配慮がいっそう重要となる。例えば、南北朝時代の北朝の場合、その点が顕著であった。隋・唐の王室も北朝の流れを引くので、漢民族の民族主義的な傾向が弱く、儒教的な文化よりも仏教や道教を重視し、コスモポリタン的な方向性を強くもっていた。その後も、モンゴル族の建てた元や、女真《じょしん》(満州)族の立てた清など、異民族が中原を支配している。モンゴル族はチベット仏教を信奉し、清朝の皇帝もまたチベット仏教を重視している。その一方で清朝では儒教を導入して、それによって社会の秩序を確立しようとしている。異民族支配下でも、漢民族はあくまでも中国古典を源泉として、儒教を根底とした中国の文化学術を継承し、異民族の文化の影響はほとんど受けていない。仏教に関しても、モンゴル族がチベット系の仏教を信奉しても、漢民族は東アジア仏教を信奉するというように、基本的にはそれぞれ独立したものとして別個に発展している。

チベット系と東アジア仏教という相違だけでなく、東アジア仏教の受容にあっても、民族によってさまざまな相違があり、それぞれが特徴のある仏教の形態を展開させた。隋・唐代には、北方で突厥《とっけつ》やウイグルなどのトルコ系の民族が勢力をもったが、宋になると、それにかわって契丹《きったん》(遼ともいう。九一六〜一一二五年)が北方を広く占拠し、しばしば宋と衝突するようになった。ついには華北の一部を占拠し(燕雲《えんうん》十六州)、宋から多額の銀や絹を支払うということになって朝貢関係が逆転した。同じ頃、チベット系のタングート族の西夏(一〇三八〜一二二七年)も勢力をもった。契丹も西夏も東アジア系の仏教を受け入れながら、独自の展開を示した。ここでは、契丹の場合に少し立ち入ってみることにしたい。

契丹は高麗とも境界を接してしばしば攻め入って紛争となったが、それだけに高麗の仏教とは関係が深く、ひいては日本にも影響を与えることになった。契丹は太祖耶律阿保機《やりつあぼき》によって建国されたが、即位以前から開国寺の建立など、仏教との関係が深い。全盛期の聖宗《せいそう》(在位九八二〜一〇三一)の頃から仏教が盛んとなり、興宗・道宗・天祚《てんそ》と続くなかで国勢は衰退に向かい、女真族の金に滅ぼされることになるが(一一二五年)、この間にも仏教は国をあげて繁栄した。

契丹の仏教の特徴はどこにあるのだろうか。まず、国家仏教的性格が著しいことがあげられる。皇帝自身が仏教に帰依し、仏教信仰を先導した。とりわけ崇仏皇帝として道宗(一〇五五〜一一〇一)が名高い。

応県木塔

道宗は高僧の仏典の講義を聴講するとともに、自らも仏典を講義した。また、菩薩戒の授戒も盛んで、皇帝も受戒した。

そうしたなかで、一代国家事業として大蔵経《だいぞうきょう》の編纂がおこなわれた。契丹蔵（遼蔵）と呼ばれるものである。契丹蔵は長く現物がなく、幻の大蔵経といわれていたが、一九七四年に山西省応県木塔から一部の経典が発見されて、その実態が知られるようになった。契丹時代には、房山石経《ほうざんせっきょう》の刻経も再開されたが、契丹蔵はその底本にも用いられた。また、高麗大蔵経の再雕《さいちょう》本の底本ともなっている。仏教の隆盛のなかで、鮮演《せんえん》（一〇四七～一一一八）などの高僧があらわれ、教学も振興した。契丹仏教の特徴は、華厳《けごん》を中心とした顕教とともに密教が盛んであった。また、龍樹《りゅうじゅ》（一五〇～二五〇頃）作と伝える『大乗起信論《だいじょうきしんろん》』の注釈書『釈摩訶衍論《しゃくまかえんろん》』は、荒唐無稽のところが多く、漢民族の仏教ではあまり使われなかったが、契丹ではその注釈書が四種（現存二種）も書かれて、重視された。

高麗の義天《ぎてん》《ウィチョン》（一〇五五～一一〇一）は、契丹・北宋・日本などの周辺諸国から仏典を収集し、『新編諸宗教蔵総録』（『義天録』）を編集するとともに、逐次出版した。それらは従来の大蔵経に収録されていないもので、高麗続蔵経と呼ばれる。そのなかには契丹撰述の著作も含まれている。それらは日本にも輸入され、院政期・鎌倉期の仏教に大きな影響を与えた。『釈摩訶衍論』は古くは空海が用いていたが、この時代には契丹の注釈書とともに再輸入され、さかんに研究されるようになった。

この時代に、宋では仏教はなおある程度の力をもちながらも、全体として儒教中心に転換していくのに対して、宋を取り巻く契丹・西夏・高麗・日本はいずれも仏教が盛んであった。西方では、チベット族の吐蕃統一王朝は滅亡したものの、チベット系の仏教が確立されてチベット族に信奉されていた。このように、漢民族の国である宋を取り巻くかたちで、異民族の仏教文化圏が成立していたのであり、いわば東アジア周縁仏教圏とも呼ぶことができる。漢民族がいわゆる唐宋変革で大きな社会的転換を遂げたのに対して、これらの地域はなお唐代に近い国家社会体制を維持していたと考えられる。南宋になって朱子により宋学が完成される時代にあっても、北方の金は仏教国であった。その後、モンゴル(元)においては、チベット仏教+東アジア仏教+儒教という複合的な体制がとられることになった。このように複雑な東アジアの民族と仏教の関係は、今後さらに検討すべき課題が大きい。

## ベトナム仏教

序章の最後に、本文で論じられなかったベトナムの仏教について簡単にふれておきたい。ベトナムの中部から南部にかけては、チャンパー(中国では林邑《りんゆう》と呼んだ)は長くインド系文化の影響下にあり、ヒンドゥー教やインド系の仏教がおこなわれた。さらに南部のメコン川下流地域はカンボジア南部とともに

**ザウ寺の仏像**
（ベトナム，バクニン省）
ザウ寺は伝承では２～３世紀創建と伝える古寺で，国家特別遺跡。

クメール族が中心で、中国からは扶南《ふなん》と呼ばれ、やはりヒンドゥー教が中心であったが、のちにスリランカの上座部仏教が優勢となった。

これに対して、北部は唐代までは北属期といわれるように中国領とされたが、五代十国の混乱時代に呉権が九三九年に独立を表明した。呉朝（九三九～九六八）は短期で終わり、その後も丁朝、前黎朝と短期の政権が続いた後、李朝（一〇〇九～一二二五年）によってはじめて長期政権が確立した。その後、陳朝・黎朝・莫朝・後期黎朝・西山朝と続き、阮朝（一八〇二～一九四五年）によって南北が統一された。しかし、すでにヨーロッパ諸国の侵略が始まり、一八八七年にはフランス領インドシナに組み込まれ、第二次世界大戦後には冷戦下で南北分断され、ベトナム戦争後にようやくベトナム社会主義共和国として統一された（一九七六年）。

このように、ベトナムの歴史は外からの侵略と王朝の変転によって翻弄され続けたが、そのなかで中国からの仏教が早くから伝わり、定着した。その中心となったのは禅宗であった。とりわけ無言通《むごんつう》によって開創されたという無言通派は、李朝時代に皇室と密接に関係して勢力を強めた。十五世紀はじめ、黎朝のときにベトナムは一時的に明に征服されるが（属明期）、明の永楽帝は徹底した中国化政策を推し進め、ベトナムの習俗を禁止して、儒教・仏教・道教などを広めた。その時代の宗教や文化はのちに大きな影響を与え、仏教界では融合的な禅宗が中心となり、元紹《げんしょう》禅派・了観《りょうかん》派など、今日につながる諸派が形成された。

ベトナムの仏教が世界的にいちやく注目されるようになったのは、ベトナム戦争期の一九六三年に南ベトナムの僧侶たちが、カトリック寄りの政府による厳しい仏教取り締まりに対抗して、激しい反政府運動を繰り広げたことによる。とりわけクアン・ドゥック（広徳）の焼身供養は世界に大きな衝撃を与えた。こうした仏教者の運動は、ゴ・ディン・ジエム体制の崩壊の一因となった。そのなかからあらわれたのが、世界的な仏教界のリーダーとなったティク・ナット・ハン（釈一行。一九二六〜　）であった。ハンはベトナム戦争下で僧院をでて社会のために活動することを仏教者の使命と考え、「社会参加仏教」（エンゲイジド・ブッディズム）を唱えて、世界の宗教者に大きな影響を与えた。そのためにベトナムに帰国できなくなり、南フランスにプラムヴィレッジ瞑想センターを設立して、瞑想を中心とする仏教の普及をめざした。

このように、ベトナムも東アジア仏教を継承しながらも大きく変容し、朝鮮や日本とも異なる独自の仏教世界を展開してきているのである。

# 第1章　仏教の伝来と普及

## 1　中国　後漢〜六朝

### 中国への仏教伝来

中国へ仏教が伝播したルートには、インドからヒマラヤ山脈を越え、中央アジア・西域を経て中国へ伝わる北伝のシルクロードのルートと、インド・スリランカを発し、スマトラ島・ジャワ島・マレー半島・ベトナムなどを経由し、南シナ海を経て、中国南部の広州・福州・揚州《ようしゅう》・寧波《ニンポー》などに至る南伝の海路のルートがあったとされる。この二つのルートのうちで、比較的早い段階での記録が残っているのは、北伝のルートで伝播したものである。ところが、中国に仏教がはじめて伝えられたのがいつなのか、それを裏づける明確な史料は存在しないのである。史実をたどると、前漢の武帝《ぶてい》(在位前一四一〜前八七)の時代、前一三八年に張騫《ちょうけん》(?〜前一一四)が西域に派遣され、前六〇年には匈奴《きょうど》が漢にくだり、西域都護《とご》が設置されている。しかし、後九年頃、西域諸国は漢から離反して匈奴に服属したとされ、一六年頃には漢と西域との関係はしばらく中断することになる。後漢に入ると、三八年に莎車《さしゃ》国・鄯善《ぜんぜん》国が遣いを

白馬寺

送ったことにより往来が再開し、七四年には西域都護が復活している。このように西域との交渉は不安定な時期もあったが、おそらく一世紀には、仏教が中国に伝来していたのではないかと推測される。

中国への仏教の伝来を伝える記事として、『魏略《ぎりゃく》』西戎《さいじゅう》伝は、前漢の哀《あい》帝《てい》（在位前七〜前一）の前二（元寿《げんじゅ》元）年、博士弟子《はかせでし》の景盧《けいろ》は、大月氏王《だいげっしおう》の遣い伊存《いぞん》に、浮屠《ふと》（仏陀《ブッダ》）経《きょう》を口授されたことを伝えている。また、『後漢書』巻四二「楚王英《そおうえい》伝」には、後漢の明帝《めいてい》（在位五七〜七五）の時代、六五（永平八）年にくだされた詔《みことのり》のなかに、明帝の異母弟である楚王英（在位？〜七一）について「黄老の微言を誦し、浮屠の仁祠《じんし》を尚《たっと》ぶ」（黄帝や老子の奥深い言葉を読み、仏陀の慈悲深い言葉を大切にしている）とあることから、楚王英は黄老信仰と仏教信仰をあわせもっていたことがわかる。後漢の朝廷も、この時期には外来の宗教としての仏教の信仰を認めていたであろうことも推測される。

このほか、仏教伝来の有名な説話として、後漢の明帝の感夢求法説話がある。『高僧伝』巻一「摂摩騰《しょうまとう》伝」によると、六四（永平《えいへい》七）年、明帝は夢に空飛ぶ金人を見た。それは異国の神たる仏陀に違いないということで、西域に使者を遣わした。その結果、迦葉《かしょう》摩騰（摂摩騰）と竺法蘭《じくほうらん》が中国に招かれ、六七年、洛陽《らくよう》に到着した。二人は白馬寺《はくばじ》に滞在し、『四十二章経』を訳出したとある。しかし、この伝説は時代とともに増広が重ねられてこのようになったもので、二人の僧侶は架空の人物であり、経典も後代に他の経典から抄出・編集された偽経であり、とうてい初伝の史実を伝えるものとはいえない。ただし、中国人が当初、自国の宗教伝統における黄老信仰に基づく神仙方術や不老長寿の術に類するものとして仏教を捉えていたであろうことは、この史料からも読み取れるであろう。

後漢の皇帝としてははじめて仏教を信奉した記録としては、二世紀半ばに桓帝《かんてい》(在位一四六～一六七)が仏陀と老子《ろうし》を祠ったことが記されている。明帝の感夢求法説話と同じく、仏教が黄老信仰と同質のものとして、不老長寿をかなえるための祈願の宗教として上層階級に広がり始めていたことがうかがえる。

## 仏典の翻訳と格義、偽経の撰述

インドや中央アジアで成立した仏教経論が中国にもたらされ、中国語に翻訳される営みは、二世紀半ばに開始され、五世紀前半に一つの頂点に達し、さらに七世紀半ばに玄奘《げんじょう》(六〇二～六六四、七一頁参照)の登場によって最高潮に達した。五〇〇年余りにわたる訳経の営みは、中国人にとって宗教的な世界観を押し広げるうえで大きな役割をはたしたと同時に、政治的・経済的・文化的・思想的、あらゆる面で中国史の展開に少なからぬ影響をおよぼした。それはシルクロードを通じた西域との交易の活性化に付随したかたちでもたらされたものであったが、中国思想の展開のなかで位置づければ、訳経という営み自体が、中国思想を普遍的、かつ統一的なものに洗練していくうえで重要な役割を担ったといえる。

すでに述べたように仏教経典は、二世紀半ばに本格的に中国にもたらされ、翻訳されるようになるのであるが、このことは、仏教徒が帰依の対象とする仏・法・僧の三宝のなかでは、法が仏や僧にやや遅れて広まり始めたことを意味する。思想・文化の伝播の過程において、抽象度の高いものが後回しにされるのは当然のことである。最初期の記録としては、二世紀半ばの後漢の桓帝の時代、大月氏の支婁迦《しるか》讖《せん》（支讖《しせん》）が洛陽に至り、『般若道行品経《はんにゃどうぎょうぼんきょう》』『首楞厳経《しゅりょうごんきょう》』『般舟三昧経《はんじゅざんまいきょう》』『兜沙経《としゃきょう》』など一四部二七巻の大乗経典を翻訳したという記録と、安息（パルティア）の安世高《あんせいこう》が同じく洛陽に至り、『安般守意経《あんぱんしゅいきょう》』『陰持入《おんじにゅう》経《きょう》』などの禅観経典、『四諦経《したいぎょう》』『転法輪経《てんぼうりんぎょう》』などの初期仏教経典、『阿毘曇五法経《あびどんごほうきょう》』『阿毘曇九十八結《けつ》経《きょう》』などのアビダルマの論書、あわせて三四部四〇巻を翻訳したという記録がある。大乗経典と初期仏教経典が中国世界にほぼ同時に流入したということは、中国の思想界に選択の幅を広げたともいえようが、逆にまったく内容を異にする両者が釈尊という一人の仏によって説かれた教えであるという「事実」は、その後の数百年間、中国人の頭脳を混乱に陥らせることになるのである。

やがて、彼らは経典の内容の相違を釈尊の生涯における説法の時間の相違として処理し、それぞれの価値判断に基づいて経典を判別整理して説法の順序立てをする、教相判釈《きょうそうはんじゃく》（以下教判）という作業を開発していく。中国・朝鮮・日本という東アジアの国々においては、どのような教判を提示するかということが、各人の仏教理解と信仰の根幹に位置づけられるのであり、宗派の成立もこの教判のオリジナリティによって可能となったのである。

三世紀に入り、魏（二二〇～二六五年）、蜀（二二一～二六三年）、呉（二二二～二八〇年）の三国時代になると、仏教は中国各地に伝わり、多くの経典が翻訳されていった。呉では祖父の時代に大月氏から帰化した支《し》謙《けん》が『大般泥洹経《だいはつないおんぎょう》』『瑞応本起経《ずいおうほんぎきょう》』『大阿弥陀経《だいあみだきょう》』などの重要経典三六部四八巻の経典を翻訳し、康僧会《こうそうえ》は釈尊の前世の物語を説いた『六度集経《ろくどじっきょう》』などを翻訳した。魏では朱士行《しゅしこう》が『般若経』の原典を求めて于闐《ホータン》に行き、『放光《ほうこう》般若経』(大品《だいぼん》)の原典を得て、弟子に洛陽へ届けさせた。三世紀後半、魏の宰相であった司馬炎《しばえん》(武帝、二三六〜二九〇)が西晋(二六五〜三一六年)を建てると、仏教は都の洛陽を中心にますます栄えていった。当時、都には四二の仏教寺院があり、西晋末になると全国の仏寺は四八〇、僧尼は三七〇〇人余りであったという。西晋時代に活躍した翻訳僧としては竺法護《じくほうご》(二三九〜三一六)があげられる。彼は三世紀後半から四世紀初めにかけて、敦煌《とんこう》・長安・洛陽などで『光讃《こうさん》般若経』『正法華経』『維摩詰《ゆいまきつ》経《きょう》』など一五〇部を超える経典を訳出した。このような翻訳者たちの貢献によって、翻訳経典は徐々に普及していき、仏教は思想と実践をともなった宗教として中国社会に浸透していくことになる。

その際、初期の中国仏教者たちはインド仏教の諸概念を中国の伝統思想、とくに儒教や老荘思想における諸概念にオーバーラップさせて、仏教教理を解釈し理解しようとする傾向が強かった。このような教理理解の方法を格義《かくぎ》仏教という。「格義」とは、経典の意味内容(義)を中国の伝統思想にあてはめる(格する)ことをいうのである。一例をあげれば、初期の訳経では「真如」を「本無」に、「禅定」を「守一」に、「涅槃」を「無為」にという具合に、老荘思想・神仙思想の用語を援用して訳語としたものも少なからずあり、漢訳経典においてはおのずと、道家的・儒家的思想をベースに解釈を加えることとなったのである。

また、儒家思想や陰陽思想を大胆に取り込んで、中国において独自の仏教経典を撰述しようとした動きもみられる。中国の仏教者たちは自らの仏教理解を落とし込んだ経典を釈尊の名を借りて何百、何千と作成しており、そのような中国撰述経典は偽経と呼ばれている。どのようなテーマと内容で偽経が作成されていったかという問題は、仏教の中国化を論じるうえで極めて重要な研究課題の一つであるが、ここでは『提謂波利経《だいいはりきょう》』における中国伝統思想と仏教思想との融合について紹介しておこう。在家の仏教徒が守るべき戒律の一つに五戒（不殺生《ふせっしょう》・不偸盗《ふちゅうとう》・不邪淫《ふじゃいん》・不飲酒《ふおんじゅ》・不妄語《ふもうご》）があるが、この経典では儒教の実践徳目である五常（仁・義・礼・智・信）にそれぞれを対応させたり、また陰陽思想において世界の構成要素とされる五行（上記の五戒との対応の順序であげると、木・水・金・火・土）に対応させて説いている。このような中国人の仏教理解の方法は、初期の中国仏教のみに留まらず、後代においても依然として儒教や老荘思想との思想的交流のなかで教理解釈が施され、数々の仏教経典も撰述されていくのである。

## 中国の伝統思想との対決

中国に仏教が伝来して二、三〇〇年を経た三世紀半ば頃までには、仏教という異国の宗教が中国社会のなかに徐々に紹介されていき、評価の善し悪しは別として、一定の関心をもたれ始めていたことが確認される。なかでも梁（五〇二〜五五六年）の僧祐《そうゆう》（四四五〜五一八）の『弘明集《ぐみょうしゅう》』に収められた牟子《ぼうし》の『理惑論』は、中国における初期の仏教受容の状況をうかがい知ることのできる格好のテキストである。全体は三七条の問答体から成っており、それぞれの問いの箇所には中国人が仏教という宗教に対してどのような疑問や関心をいだいていたかが示され、それに対する答えの箇所では仏教者の側の応答が述べられている。成立の時期については、後漢末から三国時代の呉にかけて成立したという説や、晋宋にかけて増広されたという説などがあり一定しないが、ともかく中国に仏教が伝来して以降、比較的早い時期に中国人自身が著した仏教テキストであることは間違いがない。

問答の一部を紹介すると、まずは第二条において、どういう理由で仏と呼ぶのか、仏とはどういう意味なのかについて問うている。これに対して、仏とは覚者《かくしゃ》のことを意味し、生滅《しょうめつ》・大小・老若など変幻自在に姿形を変え、火を踏んでも焼けず、刀を踏んでも傷つかず、行きたいときには空を飛び、坐しているときは光を放っている、そういう存在であると答えている。答えの部分は仏教側の回答であるが、彼らの仏教理解そのものが中国の黄老信仰にみられる不老長寿、超越的なパワーを備えた神仙のイメージを借りたものであることがうかがわれ、本来の仏教からすればまだまだ稚拙な水準に留まっていたといえよう。

また、仏教の修行者（沙門《しゃもん》）の行為に関する問答も少なくない。質問者の側は次のような問いを掲げている。(1)仏教の沙門が頭を剃るという行為は、『孝経』における「身体髪膚、これを父母に受く、あえて毀傷《きしょう》せず」という教えに反するものではないか（第九問）、(2)中国人の幸福観からすると、子宝に恵まれ子孫が繁栄することこそが幸福とされるのであるが、仏教の沙門は妻子を捨て、財貨を捨てて出家し、あるいは生涯妻を娶《めと》らない者もいる。これは幸福の道、孝行の道に反するのではないか（第一〇問）、(3)黄帝《こうてい》や孔子（前五五一頃～前四七九）は服飾の制度を定め、服装を正すことをもって徳の重要な用件としたが、仏教の沙門が頭髪を剃り、赤色の粗末なぼろ切れを身にまとい、人に会っても跪坐《きざ》・起立という中国における基本的な礼儀作法をおこなわないでいるのはなぜか（第一一問）、(4)人の世に生きる者はだれも、富貴を好んで貧賤を憎み、歓楽を願って労苦を厭うのが常であり、黄帝や孔子もごちそうを食べることに喜びを見出している。しかるに、仏教の沙門は一日一食の貧しい食事の毎日を過ごして、ついには一生を終えるのである、いったい何の楽しみがあるのだろうか（第一九問）。

これらの問いは、儒教や老荘思想の立場から、仏教の修行のスタイルが禁欲的であり、中国人の幸福観念から逸脱した行為であり、人倫の道、福孝の道に反するものであると批判を加えたものである。これに対して、仏教側の応答はあまり切れ味がよろしくない。しかも、仏教自身の教義や事例のなかから導き出して回答しているのではなく、むしろ中国における古代の聖人君子の生活が清楚で志を得たものであったことになぞらえながら、沙門たちの生活スタイルを弁護しているのである。これらの問答をみる限り、噛み合った応答がなされているとはとてもいえないのであるが、まったくの異国の宗教として、理解者の極めて乏しい状況のなかで、いちばん効果的と思われる方法を彼らなりに選択して、中国の文化的空間にとけ込ませようとしたのである。

もう一つの大きな問題は、死後の世界観をめぐる問題であった。中国の伝統的な思想においては、「積善《せきぜん》の家に余慶《よけい》あり」といわれるように、人間の行為とその結果は、家単位でカウントされるという考え方が支配的であり、個人の行為の結果としての報いがその人の事後の人生、さらには死後の世界にまでおよんでくるというのは、想像だにしていなかった。一方、インドにおける死生観は輪廻《りんね》思想を中心に成り立っており、仏教も輪廻思想の枠組を継承したうえで、そこからの解脱の道を説いたのである。因果応報の思想と死後の輪廻の思想を耳にした中国人たちが、第一二問において「仏教では「人間は死んでも必ずまた生まれ変わる」と説いているが、私はこの言葉が真実であるとは信じない」と疑問を投げかけているように、当初は信じる者は少なかったに違いない。そもそも、中国の人々の来世観は、人間は死ねば死者の魂としての鬼神になるという程度に留まっており、孔子にしても「鬼神を敬して遠ざく」と述べており、死後の世界に対する関心は総じて希薄だったのである。このような現世中心的な人生観・世界観をいだいていた中国人の頭脳に一撃を放ったのが、仏教が説く輪廻思想だったのであり、南北朝以降、中国人の脳裏は徐々に輪廻思想に浸食され、インド化・仏教化していくのである。第一二問に対して、仏教側は、「魂神はもとより不滅であり、ただ肉体が朽ちてゆくだけである。たとえてみれば、肉体は五穀の根とか葉のようなものであり、魂神は五穀の種や実のようなものである。根や葉は生ずれば必ず枯れてしまうが、種や実には終わりはないのである」と答えている。インドにおける仏教思想は本来、霊魂の不滅を説くものではなかったはずであるが、ともかく中国においては霊魂が滅するのか滅しないのかは神滅神不滅論争と呼ばれ、魏晋南北朝時代にかけても大論争が繰り広げられていくことになるのである。

## 仏教教団の成立と仏図澄・道安

三宝の一つとしての「僧」は、本来、サンスクリット語の「サンガ」(集団、集会の意)を漢音写した

「僧伽《そうぎゃ》」のことであり、仏教においては修行者の集まり、仏教教団を意味する。仏教伝播の当初の中国社会には仏教を信仰し、実践する者たちの集団は存在しなかったが、優れた指導者によって共通の意思をもつ者たちのグルーピングが進み、やがて教団と呼びうるものが成立してくるのである。

　西晋末期から東晋時代（三一七〜四二〇年）にかけて、中国仏教教団の基盤整備に重要な役割をはたしたのは、仏図澄《ぶっとちょう》（?〜三四八）、道安《どうあん》（三一二〜三八五）、慧遠《えおん》（三三四〜四一六）の三人であった。後趙時代の仏図澄は亀茲《きじ》国の出身で西晋の末期三一〇年、七九歳のときに洛陽に至った。彼は神異道術をよくし、後趙王の石勒《せきろく》（在位三一九〜三三三）・石虎《せきこ》（在位三三四〜三四九）の尊崇を受け、後趙仏教の中心的人物として活躍した。一一七歳、鄴《ぎょう》の都で亡くなった。著作は残されていないため、彼の思想をうかがい知ることはできないが、道安・竺法雅《じくほうが》・僧朗《そうろう》など、数多くの優秀な弟子を育成した。門徒は一万人に近く、建立した仏寺の数は八九三にもおよんだという（『高僧伝』巻九「神異篇」）。また、戒律を重んじ、拡大してきた中国の仏教教団の修行生活を戒律によって整えようとした。中国に仏教が伝播してから約四〇〇年を経て、東晋時代に至ると中国人による仏教理解がしだいに深いところにまでおよんできた。道安と支《し》遁《とん》（支道林《どうりん》、三一四〜三六六）、そして道安の弟子慧遠はこの時代を代表する仏教者である。

　道安は仏図澄の弟子であり、前秦の時代に苻堅《ふけん》（在位三五七〜三八五）に認められ、政治顧問としても重用された。師の戒律重視の傾向を受け継いで、独自の中国仏教教団の生活規則を制定した。『梁高僧伝』五によると、彼が制定した僧尼の軌範としての仏法の憲章は、(1)焼香、僧侶の着座の順序・方法、経典の読誦や講経に関する作法、(2)晨朝《じんじょう》・日中・日没・初夜・中夜・後夜の六時に仏名を唱えながら仏の周りをめぐる行道や飲食のときに仏名などを唱える作法、(3)毎月十五日と月末の二回、戒本を読み上げ、戒律に違反した行為を犯した場合には告白して懺悔し、罰を受ける布薩《ふさつ》の作法、の三条から成っていたという。やがてこの軌範は全国の寺院における僧侶の生活の基本になっていった。中国で、『十誦律《じゅうじゅりつ》』六一巻(四〇四～四〇九)、『四分律《しぶんりつ》』六〇巻(四一〇～四一二)、『摩訶僧祇律《まかそうぎりつ》』四〇巻(四一六～四一八)、『五分律《ごぶんりつ》』三〇巻(四二二～四二三)の翻訳がなされたのは五世紀初めであるから、四世紀後半において布薩の儀式を教団に導入していたことは、注目すべきことである。五〇歳を過ぎた道安は、後述する廬山《ろざん》(江西省星子県西北)の慧遠《えおん》など四〇〇人余りとともに、襄陽《じょうよう》(湖北省襄陽県)に入ったと伝えられていることから、彼の導く教団がかなりの規模に達していたことがうかがえる。

また、彼は、自らの姓を「釈」(釈尊の始めた仏教教団の一員であること、釈尊の弟子であることを示す姓)氏と名乗ったことでも有名で、こののち、東アジア文化圏において出家した者、あるいは仏教に帰依した者はすべて仏教教団の一員であるということを示すために、釈氏の姓を用いる慣習が定着していくことになった。

このほか、彼は従来の格義仏教の教理解釈から脱却して、仏教教理をそれ自身の文脈のなかで解釈する方法を提起し、数々の経典に注釈を施したり序文を書いたことでも知られている。また、漢訳された仏典の目録として『綜理衆経目録《そうりしゅうきょうもくろく》』一巻を編集した。この経録は『道安録』と呼ばれ、現存はしないが、これに基づいて梁代には僧祐が『出三蔵記集《しゅつさんぞうきしゅう》』という経録を撰しており、初期の経録として非常に重要な役割をはたしたといえる。

## 北方諸民族支配下の宗教政策と仏教

四世紀初頭以降の政治地図は、匈奴が西晋を滅ぼし、江南に東晋が建国されたことを出発点として展開していく。匈奴の劉淵《りゅうえん》(在位三〇四〜三一〇)は、三〇四年、独立して漢王と称し、その子の劉聡《りゅうそう》(在位三一〇〜三一八)は洛陽を攻めて西晋の第三代懐帝《かいてい》(在位三〇六〜三一三)を捕らえ、三一六年、劉曜《りゅうよう》(在位三一八〜三二八)が長安を攻め、第四代愍帝《びんてい》(在位三一三〜三一六)は降伏し、西晋は滅亡した。西晋による全国の統一はわずか三六年で終わりを告げた。一族の司馬睿《しばえい》(在位三一七〜三二二)は南方の建康(呉の建業)に逃れて帝位に就き、東晋を建てた。東晋は江南を支配し、三一七〜四二〇年の約一〇〇年続いた。この間、江北中原の地域は五胡(匈奴・鮮卑・羯《けつ》・氐《てい》・羌《きょう》)といわれる北方諸民族が支配し、十数カ国が次々に興廃したので、五胡十六国の時代と呼ばれる。この分裂の時代は、四三九年に北魏の太武帝《たいぶてい》(在位四二三〜四五二)が北涼《ほくりょう》を滅ぼして黄河以北を統一するまで、一三六年間続くことになる。北魏の前身は北方遊牧民族の一部族にすぎなかった鮮卑族の拓跋部《たくばつぶ》である。拓跋珪《けい》の時代、三八六年には諸部族に推されて代王となり、国号を魏と改めた。その後、黄河以北を平定すると、三九八年、平城に都を定め、北魏の初代皇帝道武帝《どうぶてい》(在位三八六〜四〇九)として即位した。

第三代太武帝は、鮮卑族の武力に加え、崔浩《さいこう》(三八一〜四五〇)などの漢人を重用して華北統一の事業を進め、北燕・北涼などを滅ぼした。四三九年に華北を統一したことで、五胡十六国の時代は終わりを告げた。この時点ですでに、南朝では宋(四二〇〜四七九年)が成立していたが、宋と北魏(三八六〜五三四年)とが対立し、南北朝時代が始まった。隋の統一まで約一五〇年間、北朝では、北魏、東魏(五三四〜

五五〇年)、西魏(五三五~五五六年)、北斉(五五〇~五七七年)、北周(五五六~五八〇年)の五王朝を経ることになる。

北魏の太祖道武帝、太宗の時代には、仏教は国家公認の宗教として認められ、大同の都に次々と仏寺が建立された。道武帝は三九八年、詔をくだして仏寺仏像の建立を命じている。また、沙門法果《ほうか》を僧尼を統括する道人統《どうにんとう》に任じ、僧徒を統監させた。「太祖は明叡にして道を好む。即ち当今の如来なり。沙門宜しく礼を尽くすべし」(『魏書』釈老子)という法果の言葉は、北朝仏教の国家仏教的性格を如実にあらわしたものといえる。国家の積極的な保護のもとで仏教教団はおおいに発展したが、その陰で寺院は莫大な財産を蓄え、出家者の増加にともない腐敗堕落した生活を送る者も少なくない状況が生まれた。そのようななかで、中国仏教史上四度におよぶ廃仏(三武一宗の法難)のうち、最初の廃仏が北魏の太武帝によって断行されるに至った。太武帝の側近であった崔浩は、道士の寇謙之《こうけんし》(三六三~四四八)らとはかり、太武帝を道教の信者にさせた。帝は自らを太平真君《たいへいしんくん》と称して、四四〇年、年号を太平真君元年と改めた。翌四四一年には、沙門玄高・慧崇が処刑され、四四六年には廃仏の詔をくだし、多くの沙門が殺され、寺院や仏像、経巻や絵巻が焼かれた。

四五二年、太武帝が宦官にはかられて殺され、太武帝の孫が文成帝《ぶんせいてい》(在位四五二~四六五)として即位すると、再び仏教が復興してきた。四六〇年に、曇曜《どんよう》は沙門統に任ぜられ、献文帝《けんぶんてい》(在位四六五~四七一)、孝文帝《こうぶんてい》(在位四七一~四九九)の時代にかけて影響力を行使し、北魏の仏教の全盛時代をつくり出すうえで大きな役割をはたした。彼は仏教を興隆するための財政的事業として僧祇戸《そうぎこ》、仏図戸《ぶっとこ》を設立した。僧祇戸は、僧曹という管理人に僧祇粟をおさめる義務を負う労働者で、一方、仏図戸は重罪人や官奴などからなる寺院に所属する労働者で、寺院所有地の耕作などに従事させられた。四六〇年には、彼の要請のもとに山西省大同に雲崗《うんこう》の石窟が開鑿され、道武帝から文成帝に至る五代の皇帝の供養のために、釈迦立像五体を彫像した。これらが祀られている第一六洞から第二〇洞までは曇曜五窟と呼ばれており、「皇帝即如来」の思想を造形化したものといえる。また、孝文帝が四九三年に平城から洛陽に遷都する

雲崗石窟

**北魏仏像**(釈迦多宝二仏並坐像，根津美術館蔵)

と、その郊外に竜門の石窟を開鑿した。『洛陽伽藍記』には、当時の洛陽の仏教の繁栄ぶりが記されている。北魏の時代、僧尼は二〇〇万、寺院は三万余りを数えたという。

北魏は鮮卑族の打ち立てた国家であったが、自国の服装や言語などは禁止され、積極的な漢化政策が打ち出された。そのような政策に対する反発もあり、軍人の反乱を機に東魏と西魏に分裂し、東魏は北斉に、西魏は北周に倒され、やがて北斉も北周に併合された。北周の第三代皇帝の武帝(在位五六〇〜五七八)は英明な君主であり、国家の富国強兵策を推進し、その一環として廃仏を断行した。儒教を優位におこうとする宗教政策に基づき、儒・仏・道の三教の優劣を競わせる論争をたびたびおこなわせたが、第八回目の論争が終わった五七四年五月十七日、道教と仏教に対する廃棄が断行され、沙門や道士はことごとく還俗させられ、寺院や道観もすべて破壊され、経像も焼きつくされた。この廃仏によって還俗させられた僧は三〇〇万人にもおよんだといい、彼らは軍民として編戸され、寺院の財貨は没収され、北斉への攻撃の力となった。五七七年、北魏の軍隊は北斉を攻め、鄴の都を攻略した。浄影寺慧遠は、王権によって仏教を破壊することは道にはずれているとして武帝の廃仏政策に異を唱えたが、それも聞き入れられず、廃仏は断行された。北周の廃仏は武帝の死とともに終了し、隋によって天下が統一されると、仏教は再び興隆することになる。

魏晋南北朝時代は、王朝が頻繁に交替する動乱の時代であったため、国家の統制は弱まり、北方諸民族の侵入により他民族が融合するなかで多様な思想文化が花開いた。そのような状況のなかで、紀元前後頃に西域から異国の宗教として伝えられた仏教も、数百年を経てしだいに中国の地に広く深く本格的に根をおろしていった。異国の宗教であった仏教が、中国世界に根をおろし、中国人の宗教として深く浸透していくうえで、このような状況はむしろプラスに作用したといえる。強大な国家権力をもった統一王朝が、儒教という正統の思想に基づき強力なイデオロギー支配をおこなうなかでは、外来宗教がその時代のイデオロギーとして出番をうかがうことは期し得なかったであろう。このように不安定な時代であったからこそ仏教も広まることができたのであり、従来の軌範に捉われない自由な精神活動を展開することができたのである。仏教が掲げる「諸行無常」や空の思想は、頻繁に王朝が交替していた時代の支配者の危機意識を十分に刺激するものであったはずだが、一方、権力交替を虎視眈々と狙う者たちにとっては王朝の交替という変化を正当化しうるイデオロギーにもなり、さらに権力を握った暁には「当今の如来」「皇帝即如来」というスローガンまで準備されていたのである。

また、仏教の恩恵にあずかったのは一部の支配層だけではなかった。王朝の交替や南北の緊張、衝突のなかで苦しみの生活を余儀なくされた一般の民衆にとって、この世は苦しみの世界、娑婆《しゃば》世界、穢土《えど》にほかならなかった。その苦しみに寄り添う救済者としての仏陀の存在は、神秘的なリアリティのなかに生きていた当時の人々にとっては、寄りすがり、信仰するにたる存在であった。

### 漢民族支配下の宗教政策と仏教

江南の地では三世紀前半から六世紀末にかけて、漢民族によって統治された呉・東晋・南朝の宋・斉・梁・陳の六朝が次々に交替して成立し、揚子江流域の建康の都を中心に華やかな文化が花開いた。

仏教も王朝や貴族の厚い保護を受け、老荘思想や玄学的影響を受けた仏教が大きく発展した。東晋時代の清談《せいだん》玄学的仏教を代表する人物としては支遁があげられる。彼は建康を中心に仏教を広め、王羲之《おうぎし》(三〇七頃〜三六五頃)、王濛《おうもう》、王坦之《おうたんし》(三三〇〜三七五)、謝安《しゃあん》(三二〇〜三八五)、孫綽《そんしゃく》(三一四〜三七一)、郗《ち》超《ちょう》(三三六〜三七八)などの多くの貴族と親交があった。これらの貴族のなか、孫綽は儒仏道の三教一致論を唱えて『喩道論《ゆどうろん》』『道賢論《どうけんろん》』などを著した。また、郗超は父郗愔《ちいん》が天師道を奉じていたが、本人は仏教を信仰し、支遁・道安・竺法汰《じくほうた》(三二〇〜三八七)などと親交があり、『奉法要』という仏教の概説的書物を著した。

　中国における仏教を移入期から成長期へと展開せしめていくうえで大きな役割をはたしたのは、五世紀初頭に長安に至った鳩摩羅什《くまらじゅう》(三四四〜四一三あるいは三五〇〜四〇九)である。父親は天竺(インド)の人、母親は亀茲国の王の妹とされ、亀茲で生まれ、九歳で母親に連れられてインド世界に至り、仏教を学んだ。その後、紆余曲折を経て四〇一年十二月、秦王姚興《ようこう》(在位三九三〜四一六)によって長安に迎えられた。王は国師の礼をとり、経論の翻訳をさせた。一二年間に翻訳した経論は、『大品般若経』『小品般若経』『妙法蓮華経』『阿弥陀経』『思益経《しやくきょう》』『維摩経』などの重要な大乗経典、『中論』『百論』『十二門論』『大智度論』などの般若思想に関係の深い大乗論書をはじめとして三〇〇巻におよんだ。彼の門下は三〇〇〇余人ともいわれ、傑出した弟子たちがその後の中国仏教の流れをつくりあげていった。関内の四傑と呼ばれた僧肇《そうじょう》(三八四〜四一四?)・僧叡《そうえい》(生没年未詳)・道生《どうしょう》(三五五〜四三四)・道融《どうゆう》、これに道恒《どうこう》・曇影《どんえい》・慧観《えかん》・曇済《どんさい》の四英を加えて什門の八俊と呼ばれ、南朝の地でも広く活躍した。

東晋から劉宋にかけて活躍した道生は羅什門下の四傑の一人であるが、頓悟《とんご》成仏説、一闡提《いっせんだい》成仏義などの先駆的な独自の解釈を示し、当時の仏教界において大きな関心を呼んだ。頓悟説とは、悟りに関して段階的区別を認めず、迷いから悟りへただちに大転換を遂げるとする説で、これに対抗して段階的な修行の積み重ねにより、しだいに悟りへと接近していくことを説く慧観などの漸悟《ぜんご》説と論争がなされた。貴族のなかでも謝霊運《しゃれいうん》(三八五～四三三)などは彼の頓悟説を擁護した。また、成仏の可能性が断たれた存在としての一闡提も成仏しうるという一闡提成仏義は、すでに翻訳されていた六巻本の『泥洹経』には見出されない新説であったが、その後、北本『涅槃経』が翻訳され、そのなかに説かれていたことから、あらためて彼の思想の先見性に当時の学界は驚嘆した。

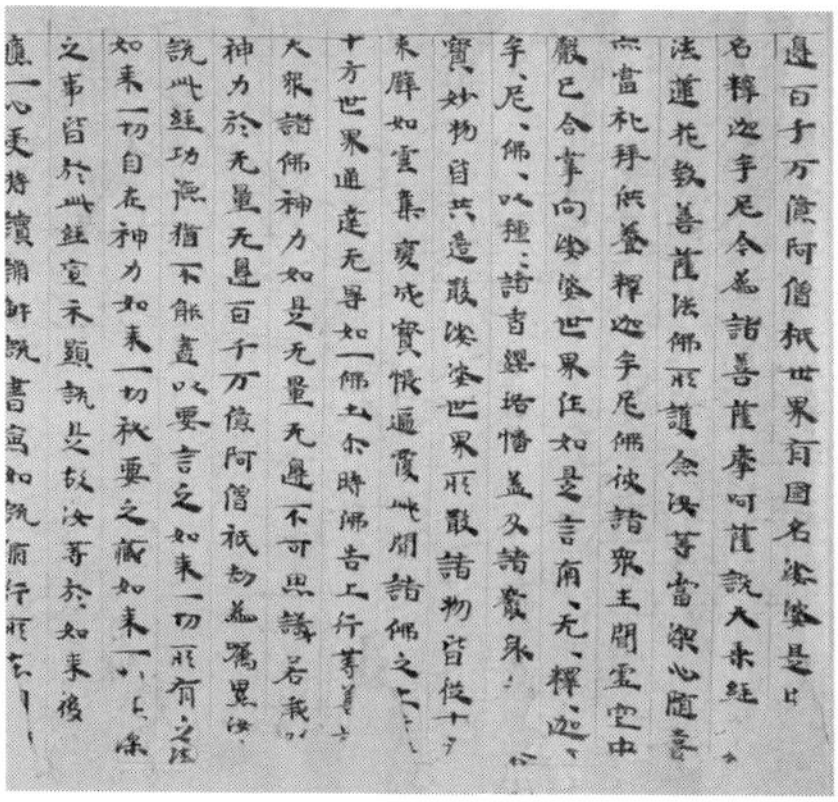

鳩摩羅什訳『妙法蓮華経』(敦煌出土，龍谷大学蔵)

外国の翻訳者たちがあいついで中国を訪れ、五世紀前半までには『法華経』『維摩経』『涅槃経』『華厳経』など主要な大乗経典が次々に翻訳され、南朝では経典の講説や注釈がさかんに進められるとともに、翻訳経典相互の位置付けを釈尊の説法の時間的な順序や教理内容の価値的判別などに基づいて評価する作業としての教判がさかんにおこなわれるようになった。なかでも慧観の二教五時《にきょうごじ》の教判は初期の教判の代表的なものであり、釈尊一代の聖教を、頓教《とんきょう》(『華厳経』)と漸教《ぜんきょう》の二教、漸教を三乗《さんじょう》別教《べっきょう》(阿含経《あごんきょう》)、三乗通教《つうぎょう》(般若経)、抑揚教《よくようきょう》(維摩経、思益経)、同《どう》帰教《ききょう》(法華経)、常住教《じょうじゅうきょう》(涅槃経)の五教に分けるという、よく整理された教判であった。

四世紀後半から五世紀前半にかけて活躍した注目すべき仏教者として、廬山の慧遠があげられる。彼は道安に師事して仏教を学んだが、五〇歳の頃、弟子たちとともに、荊州《けいしゅう》(湖北省襄陽県)に行き、上明寺に留まり、やがて廬山に行き、西林寺・東林寺に住し、亡くなるまでの三〇余年のあいだ、山を出なかったという。四〇二年には、慧遠、慧永《ええい》、慧持《えじ》、道生、曇順《どんじゅん》、僧叡、仏駄耶舎《ぶっだやしゃ》、仏駄跋陀羅《ばっだら》、儒者劉《りゅう》程子《ていし》(劉遺民)など一二三人の同志が廬山の般若雲台に集まり、阿弥陀仏の像の前に香華を供え、三世(過去・現在・未来)の業報を信じ、無常に目覚め、西方浄土の往生を誓う白蓮社《びゃくれんしゃ》を結成した。彼らの実践は、『般舟三昧経』に基づき、阿弥陀仏に専念し、阿弥陀仏を見仏するという念仏三昧の禅観を修することを中心としたもので、慧遠は廬山流の浄土教の祖とされた。また、彼は出家の法と世間の法は明確に異なるものであるから、方外の士である出家者は国家権力の外にあると主張し、沙門は王者に対して礼をいたす必要はないと主張する『沙門不敬王者論』を著した。

五世紀前半から六世紀後半にかけての南北朝時代において、南朝では宋・斉・梁・陳の四王朝が次々に交替したが、北朝でおこなわれたような廃仏もなく、仏教は王室や貴族によって厚く保護されて発展した。斉の武帝(在位四八二～四九三)の第二子文宣王蕭子良《ぶんせんおうしょうしりょう》(四六〇～四九九)は奉仏者として有名で、自ら経律論の講説をおこない、数々の斎会《さいえ》を設けるなどして、当時の仏教をおおいにさかんにさせた。自ら懺悔の儀礼をまとめた『浄住子浄行法門』二〇巻などの仏教書を著した。

また、梁の武帝(在位五〇二～五四九)も奉仏皇帝として歴史に名を留めている。四八年間の治世で政治は安定し、南朝の文化は最盛期を迎え、仏教も頂点に達した。都の建康は「都邑の大寺七百余カ所、僧尼講衆、常に万人有り」(『破邪論』巻下)という状況であった。武帝は、五〇二年に梁を建国すると、五〇四年四月には八日と十一日にあいついで詔を発し、道教をはじめとする邪道を捨て、九六種の道のうちでただ一つの正道である仏の教えに帰依すべきであると説いた。五一一年には、太極殿にインドから

**廬山慧遠**(狩野山楽「黄石公張良虎溪三笑図屛風」東京国立博物館蔵)

**梁武帝**

迎え入れた釈迦像を安置し、大赦を発し、殺生を禁止した。また、同年、「断酒肉文」をつくり、諸僧を集めて酒肉を断つことを呼びかけ、自らもそれを守った。五一七年にも「断殺絶宗廟犠牲の詔」を発し、仏教の不殺生戒を守り、宗廟にも動物の犠牲を供えることを禁じた。また五一九年には自ら具足戒を受けている。さらに、同泰寺《どうたいじ》・光宅寺《こうたくじ》をはじめとした大寺を建立し、無遮大会・平等大会・盂蘭盆会（八七頁参照）などの大きな仏教行事をおこなった。また、自ら身を捨てて寺院の奴となり、奉仕・供養する捨身もしばしばおこなった。寺院の奴の身分をやめるために群臣は財物を布施することが求められ、寺院の経済基盤はこれによっておおいに潤った。この梁の時代には数多くの高僧が輩出したが、とりわけ名高いのは光宅寺法雲《ほううん》（四六七〜五二九）、荘厳寺《しょうごんじ》僧旻《そうびん》（四六七〜五二七）、開善寺《かいぜんじ》智蔵《ちぞう》（四五四〜五二二）であり、梁の三大法師と呼ばれた。

## 2　朝鮮　三国時代

### 三国への仏教伝来と仏教交流

中国から朝鮮半島に仏教が伝えられたのは、高句麗・百済・新羅が鼎立していた三国時代である。ここでは伝来の順序に沿い、高句麗・百済・新羅の順で記していく。

**高句麗（前一世紀頃〜六六八年）**　現存する最古の史書『三国史記』には、三七二（小獣林王《しょうじゅうりんおう》二）年、中国前秦の王苻堅により仏教僧の順道《じゅんどう》が派遣され、仏像と経典を伝え、その二年後には阿道《あどう》が来朝し、三七五年には、二僧のために肖門寺《しょうもんじ》と伊弗蘭寺《いふつらんじ》が建立されたと記されている。しかし、中国梁の慧皎《えこう》（四九七〜五五四）による『高僧伝』には、すでに東晋の支遁が高句麗僧に向けて書簡を送付していることなどがあげられている。これをみると、高句麗への仏教伝来は、それ以前と考えるべきだろう。

五世紀後半になると教学面での研究がさかんになり、『高僧伝』や『続高僧伝』には、三論学派の僧《そう》朗《ろう》や印法師や実法師が、中国で精力的に活動していたこと、六世紀後半に智晃《ちこう》が中国の道場寺で説一切《せついっさい》有部《うぶ》を研究していたこと、波若《はにゃ》が天台山での修行で名声を得ていたことなどがあげられている。

ここでは高句麗仏教を代表する碩学である、僧朗について簡単に紹介する。僧朗は遼東の出身である。この遼東とは、東晋の曇始《どんし》が三九六年に経律・論数十部を携えて訪れ、早くから仏教が根づいた地域として知られている。おそらく僧朗が僧侶となった背景にも、そのような地域性が影響していたのであろう。僧朗は二〇歳で具足戒を受けたのち、四七六年頃に中国各地へ遊学して三論を学び、さらに江南の草堂寺《そうどうじ》などに住しながら三論宗の教理を広めた。五一二年には、その名声を聞きつけた梁の武帝が、僧朗のもとへ一〇人の学僧を派遣して修学させていることからみても、中国において看過できぬ存在となっていたことがうかがえる。僧朗の思想は新三論と呼ばれており、彼の特定の経論や教義に固執しない「無諍《むじょう》（争わないこと）」という思想は、その後、僧詮《そうせん》、法朗《ほうろう》（五〇七〜五八一）に受け継がれ、吉蔵《きちぞう》（五四九〜六二三）に至って大成されることとなった。

高句麗では三論のほかにも中国で盛行した地論などにも関心が高まり、『涅槃経』に詳しかった普徳は、高句麗末期に道教が盛行したため百済に移り、新羅の元暁《がんぎょう》《ウォンヒョ》（六一七〜六八六）と義相《ぎしょう》《ウィサン》（義湘、六二五—七〇二)が彼の教えを受けたとされる。

高句麗仏教は日本への仏教伝来にも影響をおよぼした。五九五年には慧慈《えじ》(?~六二三)が日本にきて厩戸王《うまやどのおう》(聖徳太子、五七四~六二二)の師となり、『三経義疏《さんぎょうぎしょ》』撰述にも深くかかわったとされている。慧慈は六一五年に帰国するが、厩戸王の訃報を聞いて菩提を弔うために講経し、一周忌に浄土で再会することを誓約した。そして、その言葉のとおり、翌年の厩戸王の命日に亡くなったとされている。

六一〇年には、曇徴《どんちょう》(生没年不詳)と法定《ほうじょう》が来日した。とくに曇徴は五経にも詳しく、また彩色、紙墨の技法を伝えたほか、碾磑《てんがい》(みずうす)による製紙技術をもたらしたとする。六二五年には、吉蔵のもとで学んだ恵灌《えかん》が、高句麗王の命によって日本を訪れ、法興寺(飛鳥寺の別称、四六頁参照)に止住して三論宗を伝えた。日本への三論宗の伝来には、この恵灌が伝えた一伝、恵灌の弟子智蔵が伝えた二伝、智蔵の弟子道慈《どうじ》が伝えた三伝があり、恵灌の一伝は元興寺流と称されている。

また、来日して大安寺《だいあんじ》に住した道顕《どうけん》は、六六二年に高句麗滅亡を予言し、『日本世記』を編纂したことでも知られている。この『日本世記』は現存しないものの、七二〇年に完成した『日本書紀』の原史料の一つになったと考えられている。

以上のように高句麗仏教は、中国に留学して仏教の礎を築く一方、六世紀末より高句麗が滅亡する七世紀後半まで、日本との仏教文化交流を積極的に進めたことがわかる。

**百済(四世紀半ば~六六〇年)**　『三国史記』によれば、百済には三八四(枕流王《ちんりゅうおう》元)年、東晋より摩羅難陀《まらなんだ》が来朝し仏教を伝え、翌年には漢山(現在のソウル市松波区地域)に仏寺を建立して僧一〇人を得度させた。

また、仏法を信じ福を求めるように詔をくだしたほど、王室は積極的に仏教を取り入れた。『法華伝記』には、梁の天監《てんかん》年(五〇二～五一九)中に発正《ほっしょう》が観音信仰者として名を連ねており、『続高僧伝』には、慧顕がもっぱら『法華経』を読誦し、三論を兼学したとある。また『宋高僧伝』には、玄光が陳に留学し、南岳慧思《なんがくえし》(五一五～五七七)から密かに法華安楽行門を継いだとある。これによって、百済では『法華経』に根拠した思想がさかんだったことが推測される。

百済仏教では戒律が重視されたと考えられる。五二六年に謙益《けんえき》がインドから『五分律』などの梵本戒律《ぼんほんかいりつ》を百済へ請来して二八人の僧侶とともに翻訳し、これを受けて曇旭《どんきょく》、恵仁《えにん》の二人が三六巻の疏《しょ》を著したとする。日本最初の比丘尼《びくに》である善信尼《ぜんしんに》(五七四～?)ら三人が、受戒のため百済に留学した事実は、こうした百済の戒律重視の傾向と関連する。

百済仏教は、三国の仏教のなかでももっとも日本との結びつきが強く、聖王《せいおう》(日本の記録では聖明王《せいめいおう》。在位五二三～五五四)が欽明《きんめい》天皇(在位五三九～五七一)に仏像や経典などを贈り、これが日本における仏教の公伝と位置づけられている。さらに『日本書紀』には、五五四年、すでに日本へ派遣されていた道深《どうじん》ら七人の僧侶にかえて曇恵《どんえ》など九人を日本へ派遣したとする記述があり、百済からの仏教伝播が単発的なものでなく、継続性を有するものであったことがうかがえる。

七世紀に入ると、六〇二年に百済僧観勒《かんろく》は、日本へ天文地理書・暦本・遁甲方術書などを伝えている。彼は六二四年に僧正の座にすえられているが、これが日本における僧官制度の始まりとされている。この僧官制度は中国南北朝のうち、南朝の制度を踏襲したものであるが、これも百済と南朝とが密接な関係にあったためと考えられている。ちなみにこの観勒は、厩戸王の師の一人であり、『三国仏法伝通縁起』には三論学と成実学に通じていたとされている。

また、同じく厩戸王の師の一人である慧聡《えそう》も百済僧である。『日本書紀』には、五九五年に令斤《りょうこん》、恵寔《えしょく》らとともに来日して、仏舎利を献上したとあり、五九六年に法興寺が完成すると慧慈とともに住し、「三宝の棟梁」と尊称されたと伝えられている。

六六〇年、百済が唐・新羅の連合軍に滅ぼされると、大勢の人々が日本へ亡命した。そのなかには僧侶も多く含まれていたのだろう。『日本霊異記』によると、弘済《ぐさい》は現在の広島県に三谷寺を創建し、義覚《ぎかく》は現在の大阪府の難波百済寺に住し、『般若心経』をひたすら読経して、口から光明を出す霊験を示したとされている。

また『元亨釈書』によると、道蔵《どうぞう》は『成実論疏』一六巻を著したが、本書は南都において長いあいだ『成実論』の参考書として重んじられていた。『日本書紀』には六八三年と六八八年の二度、祈雨の効験があったことがあげられ、『続日本紀』には「法門の領袖」や「釈門の棟梁」と尊崇されていたことも記されている。

なお、最近、唐僧であると考えられていた慧均《えきん》が、唐へ留学していた百済僧であったことが証明され、義栄《ぎえい》は百済僧として唯識《ゆいしき》に詳しかったことから、三論や法相学についても一定の流派が存在していたとみられる。


**新羅（四世紀半ば〜九三五年）**　一方、新羅への仏教伝来のケースは多少、趣が異なっており、『三国史記』には伝来から公伝へ至る三つの伝承が記されている。

第一に、訥祇王《とつぎおう》(在位四一七〜四五八)の時代、一善郡《いちぜんぐん》(現在の慶尚北道善山郡)の毛礼《もうれい》の家に滞在していた高句麗僧墨胡子《ぼくこし》が、香を焚いて祈禱することにより王妃の病気が治癒したとする伝承であり、第二に、毘処王《びしょおう》(在位四七九〜五〇〇)の時代、高句麗僧我道《がどう》が侍者三人とともに毛礼の家に数年間留まり、多くの人々を教化したとする伝承である。この二つの伝承には矛盾があり、さらなる検討の余地はあろうが、早くから高句麗の仏教が、民間レベルで新羅へ流入していたことを指し示す事例とみてよかろう。

そして第三には、異次頓《いじとん》(五〇六〜?、一説五〇一〜五〇七)の殉教で知られる仏教公伝に関する伝承である。五二七(法興王《ほうこうおう》一四)年、仏教受容に難色を示す群臣のうち、異次頓一人が死を賭して奉仏を進言し、斬罪に処される。ところがこのとき、乳白色の血が噴き出したため、仏教受容に反対する者はいなくなったとされている。これは、新羅に仏教が受け入れられる過程において、崇仏派と排仏派のあいだに政治的軋轢が生じていたことを暗示するものであり、また、貴族勢力を牽制し、王権強化をはかる意図から仏教が受容されたことをうかがわせるものと考えられよう。

新羅で仏教が公認されるまでには紆余曲折を経たが、五三五年にしばらく中断された興輪寺が再建された。法興王を継いだ真興王《しんこうおう》(在位五四〇〜五七六)の登場により、仏教は一般人も出家が許可されただけでなく、都慶州《けいしゅう》には皇龍寺《こうりゅうじ》、祇園寺《ぎおんじ》、実際寺《じっさいじ》などが建立され、多くの僧侶が留学するなど、国家的な信仰として確立した。

僧侶の動きをみると、五四九年には梁から僧覚徳《かくとく》が仏舎利をもって帰国し、五五一年には新羅と高句麗の角逐の時期であるにもかかわらず、高句麗から恵亮《えりょう》を招き入れ、僧統に任じて百座講会や八関会《はっかんえ》を催し、安弘が胡僧毘摩羅など二僧をともなって帰国し、『楞伽経《りょうがきょう》』と『勝鬘経《しょうまんぎょう》』と仏舎利を献上するなどの成果をあげている。五六五年には陳から明観《みょうかん》が経論一七〇〇余巻をもたらした。また、晩年には真興王自身も出家して法雲を名乗り、王が崩御してのちは、王妃である思道も出家したと伝えられている。

初期の新羅仏教の特徴は、王法と仏法との結びつきである。新羅では、仏教を主軸とした理想的な国家運営をめざしていた。かつて百済の聖王は、仏教的理想君主を名乗った梁の武帝の仏教統治を模範としたが、おそらく真興王も同様の理想を描いていたのだろう。それは息子に金輪《こんりん》・銅輪《どうりん》と名付け、仏教で考える理想の王である転輪聖王を意識している点からもうかがえよう。こうした理想は次の真智王《しんちおう》、真平王《しんぺいおう》ののちも受け継がれる。

また、もう一つの特徴として仏縁国土思想があげられる。これは、新羅を過去仏の有縁の地と位置づけるもので、実際、新羅には、過去仏の修行地であったなどとする伝承が多数存在する。例えば『三国遺事』には、新羅の月城《げつじょう》の東、竜宮に現劫《げんこう》第三仏である迦葉仏《かしょうぶつ》の座った石が存在することが指摘され、新羅王室が釈迦族の血統であることまでも主張されている。こうした仏縁国土思想のプロパガンダの背景には、崇仏派と排仏派の無用の抗争を回避し、仏教を主軸とする統一国家をめざしていたことが垣間みえよう。

なお、新羅仏教も日本の仏教と密接な関連をもっていた。新羅から日本へ仏像が伝わるのは五七九年であるが、以降七世紀まで日本に仏像などを送りながら交流を続けていた。そしてとくに新羅が百済・

高句麗を制圧して間もない頃から仏教交流は活発になった。ここで新羅と日本の仏教交流について、四つの側面に分けて考えてみる。

まず、日本の入唐学問僧を新羅経由で本国に帰国させたことがあげられる。例えば、六二三年に恵《え》斉《さい》・恵光《えこう》・福因《ふくいん》が、六三二年に霊雲・僧旻が、六三九年に恵隠《えおん》・恵雲《えうん》が、六四〇年に請安《しょうあん》が新羅を経由して日本に帰国する。このなかの霊雲・僧旻・恵雲・請安は六四五年に一〇師に名があがるほど日本仏教の中心人物となる。

次に新羅への留学僧があげられる。『日本書紀』と『続日本紀』によると、新羅に留学した学問僧は一三人にのぼる。そのなかで神叡《しんえい》は円測の弟子である道証《どうしょう》が帰国して一年になる六九三年に新羅に留学した。彼がいつ帰国したのかは不明であるが新羅と関係の深い元興寺に住し、当時の三論宗の道慈とともに日本仏教界を率いた。七二九年までは新羅の僧綱体制と似たものとなったが、これは新羅留学僧による仏教交流の一側面といえる。

新羅僧が来日し、日本仏教に影響を与えたこともあった。行基《ぎょうき》（六六八〜七四九）は元興寺系の僧侶で新羅の慧基に法相学を学んだとされる。また元興寺護命《ごみょう》は一七歳で得度して新羅の順本に有為法の不生滅の道理を学び、その教えを八〇歳まで記憶していたという。このほか護命は、得度する前に、円測の著述および新羅の唯識僧と推定される円弘の著述を暗誦したとされる。

そして新羅仏教の影響として取り上げるべきは写経である。まず、新羅から伝来した文献と関連して審祥《しんじょう》（審詳）の存在が重要である。彼の出自に関しては不詳であるが、日本に将来した彼の文書はたびたび写経されている。その写経の目録には、中国仏教文献もあるが新羅の元暁をはじめとする新羅学僧の文献が数多く存在する。また、正倉院文書から華厳経論帙内貼の新羅村落文書が発見されたことによって中国仏教文献も新羅経由で輸入されたことがわかった。このように新羅仏教の日本への役割は甚大であったといえる。

## 新羅的な仏教の序幕

古代三国のなかで、もっとも遅く仏教を公認した新羅であったが、導入以後は積極的に仏教を取り入れた。同時にこの時代の新羅は領土拡張にも積極的であった。とくに真興王は伽耶《かや》連盟を五六二年に新羅に服属させ、以後も高句麗と百済との戦争を続けた。彼はその最中も寺院を建立し、中国に留学僧を派遣するなど仏教の普及に努めた。次の真智王や真平王の時期も仏教の普及は加速化されていた。

この時期、陳に留学して戻った円光《えんこう》《ウォングァン》(五三二～六三〇頃)は、世俗の倫理を定めたことで有名である。それは「世俗五戒」といわれるものであり、「一には、王に忠誠をもって仕える。二には、親に孝をもって仕える。三には、友に信をもって交わる。四には、戦いに望んでは退かない。五には、殺生には時を択《えら》ぶ」である。円光はこの五つの戒を彼のもとを訪ねてきた兵士たちに与えたという。この「世俗五戒」は、中国の古典の『礼記』と大乗仏教の戒律を説く『梵網経《ぼんもうきょう》』とに基づいていることから、儒教倫理に仏教の菩薩戒を融合したものといわれている。円光は新羅で儒教の経典を読み、二五歳で中国に留学し、成実師の講義を聞いたことを契機として出家を決心したという。この「世俗五戒」には円光の知識の幅広さが反映している。仏教が他の思想と交わる傾向は珍しくないが、当時の新羅は高句麗と百済という、自国よりも強力な国家との戦いを強いられている最中であり、このように仏教は宗教の神聖性のもとに現実を後押ししたのである。

円光は、六一三年におこなわれた仏教儀礼である百座講会において、もっとも上位の僧となった。『続高僧伝』によると、円光は執着がなく、情けは深く、あまねく人を愛し、発言するときにはつねに微笑を含んで怒りを表にあらわさなかったという。こうした人格のうえに、国政のためにも能力を発揮し、国全体が彼に傾倒するほどあらゆる面で範を垂れた人として描写されている。

なお、円光は占察宝《せんさつほう》をおき、『占察善悪業報経』によって懺悔滅罪の法会をおこなったという。占察宝とは法会をおこなうための基金のことであるが、一説に隋代に中国で流行した三階教の創始者、信行《しんぎょう》がおこなった無尽蔵宝《むじんぞうほう》が念頭にあったとされる。なお、この経典は地蔵信仰の所依経典とされているが、のちの七四〇年代に活躍した真表はこの経典によって懺悔法会をおこないながらも、地蔵信仰より密教を交えた弥勒信仰との関わりを強くした。

## 国家仏教と戒律

円光に次ぐ人物が慈蔵《じぞう》《ザジャン》（五九〇頃〜六五八）である。彼は新羅の王子であり、唐に留学するのであるが、それ以前からすでに新羅で「枯骨観法」を修習し、さらに天人から五戒を受けたことを契機として国中の人々に戒を授けたという。

慈蔵は六三六年に唐に行き、摂論師の法常から菩薩戒を受けた。六四三年に留学を終え帰国すると、芬皇寺《ふんこうじ》に迎えられて大乗論を講義し、さらに皇竜寺で菩薩戒本を七日七夜講演した。そして大国統に任命され、僧侶の規律を司りながら新羅仏教を指導した。

慈蔵は戒を授けるための寺院や儀式の整備に努め、半月ごとに戒を説き、巡回使を遣わして外寺をくまなく調べて僧侶の過失を戒め、経典と仏像とを荘厳に飾ることなどを常とする法式を制定した。それによって新羅では国の八〜九割の人が戒を受けて仏を奉じ、出家しようとする人が増えたという。慈蔵はこうした事情を受けて通度寺《つうどじ》を創建し、そこに仏教の戒律を授ける場所である戒壇を築いた。慈蔵が建立した寺と塔は一〇余りにのぼるが、建てるたびに必ず不思議な祥瑞が起こったため、在家信者の寄進が集まった。

当時の仏教は呪術的な要素を含んでいた。高句麗の遼東地域に初めて仏教を伝来したとされる曇始は、まさにそのような人物であった。白足和尚ともいわれる曇始は、虎の餌になりかけたが逆に虎を屈服させたと伝えられる。

高句麗の普徳は『涅槃経』に通じた人であったが、平壌城の西の大宝山の岩穴のところで禅観に耽っていた。ある日、神異の人があらわれてそこに住むことを請い、その地に石塔が眠っているというので、掘ってみるとはたしてそのとおりであった。こうした伝承は、普徳が神異力のある僧だったのでつくられたと考えられるが、こうした僧侶の霊感は信仰の重要な対象となった。百済の観勒のように天文と地理に詳しかった僧もいれば、日本にきて還俗した高句麗僧の信成のように占いをよくする者もいた。また、百済から日本に渡った法蔵《ほうぞう》（六四三～七一二）と道基《どうき》、新羅から日本に渡った隆観《りゅうかん》などは陰陽師である。こうした神異も仏教信仰に連なるものだったのである。

しかし本格的な仏教信仰は、文殊《もんじゅ》・観音・弥勒の信仰などが中心であった。まず、文殊信仰は慈蔵の伝記から読み取れる。『三国遺事』によると慈蔵は在唐中、五台山に行って文殊の聖跡を拝したとされる。これに関しては確定しておらず、新羅の五台山地域の安定化をはかるための政策の結果とみていたが、最近、敦煌文献に彼の五台山への訪問記録が発見されたことを受け、新羅の五台山信仰の起源を慈蔵からみる意見が説得力を得ている。慈蔵は晩年に都を離れて地方に行き、水多寺を創建して住んでいたが、夢で僧に会い、彼にいわれた場所に行って文殊に感応したという。しかし、二回目に会う約束をした際には、老居士に変装した文殊に気づくことができず、のちに気づいて文殊を追ったが、会えなかったとする。

観音信仰については高句麗には北魏の観音信仰形態が入ったとみられるが詳しい資料はなく、『元亨釈書』によると、高句麗の光明寺から一尺二寸（約三六・六センチ）の大きさの如意輪観自在像が日本に流されたとするのみである。なお、百済の発正が観音信仰と関連したことはすでに述べたが、『海東高僧伝』には観音住処信仰として北岳聖住山の信仰があったことが記録されている。なお、前述した慈蔵は、両親が子どもを授けてくださるよう熱心に観音に祈禱した結果生まれたとされている。このように観音信仰は子授けという現世利益信仰と深く関連している。なお『三国史記』には、率居《そっきょ》という画家の描いた芬皇寺の観音菩薩像を神画として記録しているが、これを見た限り、独立的に本尊として観音を奉じたと推定できる。

弥勒信仰については、仏教による輪廻の観念が受容されるにつれて、古代人の死と死後の世界への考え方に変化が起きた。彼らは死後は苦を離れ、天に転生することを望むようになったのである。そこから欲界の第四天である兜率天《とそつてん》で修行する弥勒菩薩に対する信仰がもっとも盛行するようになった。朝鮮半島における弥勒信仰の発祥地は百済である。百済の武王と王妃が寺に向かう途中、竜華山の麓に至ると弥勒三尊があらわれ、それをきっかけとして百済最大規模の弥勒寺が創建されたという。

この信仰は新羅では王と貴族の子弟の組織である花郎《かろう》が弥勒の権現と設定されるほど三国時代の後期に広まったと考えられる。その一例として、真智王代に興輪寺の真慈が弥勒像の前で祈禱し、弥勒菩薩が花郎として権現すれば、仕える者になると誓った。すると、夢に僧があらわれて、熊川《ゆうせん》《ウンチョン》の水源寺に行くように夢告された。こうしたことからみて弥勒信仰の故郷は百済であったことがわかる。

新羅仏教の出発が弥勒信仰と結びついていたことは、真慈の所属寺である興輪寺では弥勒を本尊にしていたことからもうかがえる。こうした新羅の弥勒信仰は『三国遺事』に記録されている霊験説話からも確認できる。善徳王《ぜんとくおう》(在位六三二〜六四七)代の生義《しょうぎ》は道中寺《どうちゅうじ》に住していた。ある日の夢で、生義は一人の僧と出会った。僧は生義を連れて南山に行き、ある場所に印をつけ、自分がここに埋められているから掘ってみよと告げた。生義は目が覚めたあと、夢で指示された場所に行ってみた。そして、その場所を掘ると弥勒が出てきた。生義はそれを三花嶺の上に移し、六四四年そこに寺を建てて生義寺とした。慶州にある南山は弥勒の世界ともいわれるほど、弥勒信仰の本場といえるが、これにより新羅における弥勒信仰の盛行ぶりがわかる。

## 3　日本　仏教伝来〜飛鳥時代

### 朝鮮半島からの公伝

日本に仏教が公式に伝来したのは六世紀半ば頃のことであった。中国では南北朝の時代であり、北部においては北魏が東西に分裂し、南朝では梁が興起していた。仏教が文化の最先端として意識され始めていた時期である。朝鮮半島においても北には高句麗、東には新羅、西に百済、南には任那が存在し、分国の状態であったが、仏教はそれらの国々と密接な関係をもつようになっていた。このような状況のなか、朝鮮半島の百済国聖明王より公式に仏教が伝えられた。それは、『日本書紀』の記述に従えば五五二（欽明天皇一三）年のことであった。なお、朝鮮半島の記録である『三国史記』や『三国遺事』に従えば五四八年に、日本の『上宮聖徳法王帝説』に従えば五三八年のこととなる。そのときの聖明王の上表文には「願いごとをかなえるのに仏教におよぶものはない」との記述が見える。教理や修行道を念頭においたうえでの伝来ではなく、所願成就のための最善の手段として紹介されたことになる。この上表文は義浄《ぎじょう》（六三五〜七一三）訳の『金光明最勝王経《こんこうみょうさいしょうおうきょう》』の記述が下敷きにされていることが知られているが、百済が北の高句麗、東の新羅に対抗するために日本との関係を築こうとしていた意図がうかがえる。

このときの上表に対し、当時の為政者であった大王《おおきみ》は自らは裁定をくださず、臣下にその是非を尋ねることになった。渡来系の氏族であった蘇我稲目《そがのいなめ》(?〜五七〇?)は「西蕃の諸国、一に皆礼う。豊秋日本、豈独り背かんや」と述べ、仏教を信奉するのが良いとの立場に立ったが、日本の伝統的な神祇信仰に基づく祭式を司っていた物部尾輿《もののべのおこし》(生没年不詳)や中臣鎌子《なかとみのかまこ》(六一四〜六六九)らは「我が国家の天下に王とましますは恒に天地社稷の百八十神を以て春夏秋冬、祭り給うことを事とす。方に今改めて番神を拝みたまはば恐るらくは国神の怒りを致したまはむ」と述べて仏教を排斥すべきことを進言したという。ここに仏教受容に際してまったく正反対の意見が出されていたことを知る。そして仏教は蘇我氏を介して日本の社会のなかに根をおろしていくことになる。

しかし、実際に仏教が日本に伝播した時期はもう少し早いかもしれない。例えば中国の南方から五世紀末の頃にはすでに渡来人があったと考えられるので、その渡来系の人々のあいだにすでに異国の宗教として仏教が存在していたであろうことが想像される。『扶桑略記』によれば五二二(継体《けいたい》天皇一六)年には中国系の渡来人である司馬達等《しばたっと》が大和の高市郡草堂に仏像を安置したとの伝承もある。これは現在に伝わる日本の仏教が、中国の三国時代の呉国の漢字の音(呉音)を用いて経典を読む伝統から考えてみても肯定されよう。また中国の南方地方は山東半島を介して朝鮮半島の百済に直接繋がるので、百済を介したとしても、日本の仏教が中国の南方との関係を密にして始まったことはほぼ間違いない。五五四年には百済より僧曇慧や五経・易・暦・医博士らが派遣され来日している。ちなみに中国の北地の仏教は修禅の伝統を重視し、南地の仏教は講経の伝統を重視するといわれるので、この南地の仏教の特徴が日本の仏教の方向性を決めたということもできる。

## 最初の尼僧と氏族の信仰

さて、仏教僧伽（集団のこと）は在家の信者と出家の僧侶という二種類の構成員に分類されるが、日本における最初の僧侶として伝えられているのは尼僧である。帰化系の氏族であった司馬達等の娘の嶋が最初の出家を願い出て桜井道場を開き、やがて朝鮮半島の百済に渡ったという。嶋は出家して善信尼と名乗り、一緒に出家した善蔵尼などとあわせて三人が日本最初の出家者となった。このように最初の出家者が尼僧であったことは、仏教が日本にもともと存在した巫女をもつ神祇信仰との関係で理解されたことを彷彿させる。おそらく願いごとをかなえる呪術的な部分が評価されたのであろう。こうして、三人の尼僧は帰国後の五九〇（崇峻《すしゅん》天皇三）年、蘇我馬子《うまこ》（?〜六二六）の援助のもとに大和桜井に桜井道場を創建し居住することになったという。こうして尼僧が出現すると、男性の出家僧も輩出されるようになり、やがて飛鳥の地に本格的な寺院として法興寺が創建された。法興寺は蘇我馬子が創設した寺院であり、日本最初の本格的な寺院である。考古学的な発掘からもそれは首肯される。やがて都が平城（奈良）に移るとまず法興寺の中にあった禅院が移転し、ついで本寺も移され元興寺となったが、元の地の寺は飛鳥寺と呼ばれて現在に至っている。この法興寺は塔を中心に東西と北に三つの金堂をもつ独特の形式であり、その原型は高句麗にあったと考えられ、平壌近郊の清岩里廃寺の伽藍配置と一致する。

日本の六世紀から七世紀にかけてはまだ豪族が割拠する時代であった。天皇の称号もまだ存在せず、大和地方を中心に大王を中心にした政治体制が生まれつつある時期でもあった。このときには、仏教はまだ氏族の信仰に留まっていたと考えられる。勢力を伸長しつつあった豪族の代表が渡来系の蘇我氏であり、仏教を信奉したのは、おもにこれらの渡来系の人々であったと思われる。よってこの時期の寺院は氏族の氏寺という性格が強い。

大王が仏教を信奉すべきかどうか群臣にはかることも五八七（用明《ようめい》天皇二）年にはおこなわれており、大王が個人として仏教を信奉することもおこなわれるようになった。六世紀後半に一大勢力を築いたのが蘇我氏であるが、その蘇我氏との外戚関係のなかで登場する重要な人物が厩戸王である。

## 厩戸王（聖徳太子）の活躍

聖徳太子という呼称自体は諡号であり、のちの天武天皇の時代における創作と推定されるが、六世紀の後半から七世紀の初頭にかけて活躍した人物が上宮王、別名厩戸王《うまやどおう》である。ここでは厩戸王という名称を使用して述べるが、厩戸王は推古天皇の摂政として登場した。彼は、東アジア世界が仏教を文化的にも政治的にも指導理念とした時代の潮流を感じ取り、仏教を日本に定着させていくことに大きな功績を残した人物である。五九五（推古天皇三）年には高句麗の僧慧慈や百済の僧慧聡が来朝しており、慧慈は厩戸王の師となったという。五九六年には蘇我馬子の発願による法興寺が完成し、馬子の子の善徳が寺司となり、慧慈・慧聡が住したと伝わる。また六〇二年には百済僧観勒が来朝して暦や天文地理、遁甲方術の知識を伝えた。

厩戸王の主要な業績には三つが数えられる。官位十二階の制定、十七条憲法の制定、遣隋使の創始の三つである。冠位十二階制は、高句麗や百済を介して中国の制度を学んだものであり、徳・仁・信・礼・義・智をそれぞれを大小に分けて十二階としたものであった。豪族をその位階に応じて序列化し、冠の色で識別して身分の区分なく登用するためのものであったと考えられる。また中国の進んだ制度や文化を学ぶために小野妹子を隋に派遣した。さらに役人の心構えとして儒教・仏教・法家の思想に基づき官吏の心得ともいうべき十七条憲法を制定した。これは北魏の「条々」などの法規に倣ったものと推定される。その最初の条文は「篤《あつ》く三宝を敬え」で始まり、仏・法・僧の三宝を尊敬すべきであるとの意識がみえるが、全体的に官吏の心得としての性格が濃厚であり、かつ宗教思想に基づき人間性を重視した点に特徴がある。

法隆寺金堂釈迦三尊像

また廐戸王の創建にかかる寺院として四天王寺、法隆寺などの寺院が存在する。『日本書紀』によれば四天王寺は五八七年に物部守屋《もりや》と蘇我馬子の争いの際に発願され、五九三年より実際の建設が始まったと考えられる。五重塔・金堂・講堂を一直線上に並べる伽藍配置は、朝鮮半島の百済の軍守里廃寺《ぐんしゅりはいじ》などの伽藍配置と似ていることが指摘されている。

法隆寺は、若草伽藍跡が創建当初の遺構と考えられ、現在の伽藍は七世紀末か八世紀初頭に再建されたものである。今に残る日本最古の木造建造物であり、金堂の釈迦三尊像は北魏後期の様式をもち、光背の銘文によれば六二二年に廐戸王が斑鳩宮《いかるがのみや》に没したときに鞍作止利《くらつくりのとり》に命じてつくらせたものという。薬師如来像は王子が用明天皇の病気平癒を願って造立され、六〇七年に完成したと伝えるがのちの再造という。そのほかにも救世観音・百済観音・夢違観音像などが存在するが、これらは朝鮮半島の様式を濃厚に伝えるものである。また六〇六年の四月八日および七月十五日には斎会を設けたが、これが日本における灌仏会《かんぶつえ》と盂蘭盆会《うらぼんえ》の始まりとされている。

なお六二四年には一人の僧が斧で祖父を殺害するという事件が起き、朝廷による僧侶世界の取り締まりのため、僧正《そうじょう》・僧都《そうず》・法頭《ほうとう》の職が設置された。これがやがては僧綱制《そうごうせい》に発展することになり、僧侶世界に官職が存在するという形態を生み出すことになった。僧侶統制機関として中国北朝系では「沙門統」が、南朝系では「僧正」がおかれたことから、日本の制度は南朝の制度を基本として、別に俗官としての法頭をおいたことになる。基本的には南朝に倣って、僧侶世界のなかで問題の解決をめざしたものと推定されている。なお『日本書紀』では、その頃「寺四十六所、僧八百十六人、尼五百六十九人、并《あわ》せて一千三百八十五人」であったと伝える。また六二五年には高句麗僧慧灌が来朝し、三論宗を初めて日本に伝えた。

氏族の氏寺として創建された寺院としては、蘇我倉山田石川麻呂《そがのくらのやまだのいしかわのまろ》が桜井市山田に創建した山田寺（六四三年に金堂が創建される）があり、一九八二年に回廊が発掘されている。また鞍作氏の坂田寺、呉原寺、豊浦寺（ともに明日香村）なども、七世紀前半に創建が確認される寺院である。

# 第2章 国家の仏教

## 1 中国 隋・唐

### 隋の誕生と仏教

五八一（開皇《かいこう》元）年、隋の高祖文帝《ぶんてい》（楊堅《ようけん》、在位五八一〜六〇四）が北周の静帝《せいてい》（在位五七九〜五八一）の禅譲を受けて帝位に就いた。さらに、五八九年には南朝の陳を併合し、東晋の南渡以来二七三年ぶり、実質的には約四〇〇年ぶりに後漢末以降分裂を続けてきた国家を統一した。文帝は北周武帝の廃仏によって打撃を受けた仏教を復興する政策を推し進め、仏教を国家統一、支配のイデオロギー的基盤にすえ、国家仏教的色彩の濃い仏教政策が進められた。文帝の仏教復興政策のなかで注目されるのは、大興善寺《だいこうぜんじ》の設置、二十五衆（仏教の教化・教育活動を専門分野ごとに担当する二五人の僧侶）の設置、舎利塔の建立などである。大興善寺は大興城と称した都に設置された国立の寺院であり、外国僧では毘尼多流支《びにたるし》・達摩般若《だるまはんにゃ》・那連提耶舎《なれんだいやしゃ》・闍那崛多《じゃなくった》など、中国僧では浄影寺慧遠《じょうようじえおん》・曇遷《どんせん》（五四二〜六〇七）・霊裕《れいゆう》（五一八〜六〇五）など有名な僧侶が住した。

また、四五の諸州にはそれぞれ大興国寺が設置され、各地の仏教的活動を活性化させるとともに、政治的な中央集権体制を宗教的側面からも補強する役割をはたした。五九二年には仏教の学問的研究を推進する制度として、大論・講論・講律・涅槃・十地の五つの研究グループとして五衆が設置され、それぞれの代表として衆主が勅任された。また、仁寿《にんじゅ》年間（六〇一～六〇四年）には、三回にわたって舎利塔の建立が勅され、合計で一一一カ所に起塔されたといわれている。

煬帝《ようだい》（晋王広、在位六〇四～六一八）も仏教と道教を保護し、仏教興隆のための事業を展開した。帝位に就く前、揚州《ようしゅう》総管の時代から高名な宗教者を招き、四道場を開いて住まわせた。すなわち、仏教では慧《え》日《にち》・法雲《ほううん》の二仏寺、道教では玉清・金洞の二道観である。慧日道場には、江南の仏教界を代表する智脱・法澄・智矩・吉蔵《きちぞう》などの高僧が集められた。また、六〇〇年に皇太子になると、大興城（長安）に日《にち》厳寺《ごんじ》を建立し、揚州慧日道場から移った智脱・法澄・智矩・吉蔵などのほかに彦琮《げんそう》・慧常などの名僧も集めた。さらに、帝位に就いた煬帝は、六〇五年、東都洛陽《らくよう》に新都を造営し、城内に慧日・法雲の二仏寺、通真・玉清の二道観を建立した。

煬帝ととりわけ関わりが深かったのは天台智顗《ちぎ》（五三八～五九七）である。五九一年、煬帝は智顗から菩薩戒を受け「総持菩薩」の戒名を与えられ、智顗に「智者大師」の勅旨大師号を贈った。『国清百録《こくせいひゃくろく》』に収められている両者の往復書簡からは、智顗に対する篤《あつ》い帰依と外護者ぶりがうかがわれる。煬帝が智顗を厚遇したのは、三諦円融《さんたいえんゆう》をはじめとする天台の思想が、新たな統一王朝の政治的役割をイデオロギー的に補完しうるものであったからであろう。隋王朝は南北分裂の時代に終止符を打った王朝であり、強力な統一、融合のイデオロギーを必要としていたのである。しかしながら、文帝によって築かれた政治的経済的基盤は、煬帝が帝位にあったわずか一二年間に大きく揺らいでいく。高句麗遠征をはじめとしたたびかさなる外征と、東都の建設や黄河・淮河・揚子江を南北に結ぶ大運河の工事など、内政の大事業で国力が一気に衰退し、懲役に苦しんだ民衆の支持は得られず、各地の農民一揆や軍の反乱などがあいつぎ、隋はわずか四〇年足らずで滅んでいくのである。

## 唐王朝と仏教

隋にかわって王朝を開いたのは唐である。六一八（武徳《ぶとく》元）年、李淵《りえん》（在位六一八〜六二六）が煬帝の孫恭《きょう》帝《てい》（在位六一七〜六一八）から禅譲されて高祖として即位し、唐王朝が成立する。第二代太宗（在位六二六〜六四九）、第三代高宗（在位六四九〜六八三）の時代にかけて国力は充実し、長安の都は国際都市として栄えた。

唐国家の国際性のもとで、宗教的にも二重の意味で国際的な宗教空間が形成された。一つは西域からの諸宗教の伝来・普及である。すでに南北朝時代に伝来していた祆教《けんきょう》（ゾロアスター教）に加え、摩尼《マニ》教《きょう》（六九四年伝来）、景教（ネストリウス派キリスト教）、回教（イスラーム教）などの外来宗教が西方から伝来し、長安の都を中心に普及した。景教は六三五年に伝来したが、七八一年に波斯寺《はしじ》（大秦寺《だいしんじ》）に建立された「大秦景教流行中国碑」は、その経緯と普及の様子を記している。こうしたなかで、玄奘《げんじょう》や義浄《ぎじょう》などの中国人仏教者も西域・インドへと旅をして、仏教に関する情報だけでなく、当時の西方の世界情勢を中国に伝える重要な役割をはたしたのである。密教の経論を伝えた不空《ふくう》（七〇五～七七四）や金剛智《こんごうち》（六七一～七四一）も当時の国際的情勢を背景に中国に密教をもたらしたのである。

もう一つは、中国を中心とした一連の文化的発信の一つとしての、中国仏教の東アジア世界への発信である。鑑真《がんじん》（六八八～七六三）は日本に律宗を伝え、唐招提寺を建立した。また奈良東大寺には竜門石窟の大仏を模した大仏が建立され、国分寺・国分尼寺が全国に建立され、律令国家体制を仏教的政策の推進によって確立し、強化しようとした。さらに少し時代はくだって九世紀初頭には最澄《さいちょう》（七六七／七六六～八二二）と空海《くうかい》（七七四～八三五）が中国に留学し、帰国後に天台宗・真言宗を設立した。このように中国を中心として東アジア世界が文化空間として一つになっていたのが唐代であった。しかも、そのような政治的・文化的空間をつくり出すうえで、仏教という宗教が大きな役割をはたしていたのである。

高宗に続いて国家支配の頂点に立った則天武后《そくてんぶこう》（六二四／六二八～七〇五）も、仏教の熱心な保護者であ

**天台大師像**（小浜市，極楽寺蔵）

**大秦景教流行中国碑**（西安碑林博物館蔵）　漢字とシリア文字で来歴が記されている。

り、自ら弥勒菩薩の降臨に擬して、仏教保護の政治をおこなった。長安の都を中心として中国仏教の各派がさかんに活動した時代も七世紀から八世紀初頭の唐王朝の最盛期と重なっている。個々の宗派は国家の強力な支配をイデオロギー的に補完しうる世界観を要求され、教理的にも実践的にも独自性・優越性を前面に打ち出すことに心血を注いだ。教理仏教では唐代初頭の法相宗《ほっそうしゅう》、さらには華厳宗・密教と、その時々の帝室の保護を受けた宗派が仏教界において主導権を握り、実践仏教においても三階教《さんがいきょう》・浄土教・禅宗がその優位性を競った。

八世紀に入ると、玄宗《げんそう》（在位七一二〜七五六）の治世は政治・文化ともに栄えたが、国家の経済基盤の衰退により、権力は地方に分散していった。都を中心に栄えていた仏教宗派もその流れを受け、しだいに衰えていったのに対し、禅宗は地方に根を張り唐代後半から宋代にかけてますます教勢を拡大していった。

仏教教団にとって、第三回目の廃仏（八四二〜八四五）が断行されたのは、武宗《ぶそう》（在位八四〇〜八四六）の時代であった。廃仏に至った背景として、仏教教団自体の腐敗と堕落、租税逃れの現実があった。寺院は広大な荘園を所有し、正式に得度をせず度牒《どちょう》（剃度文牒）を受けていない私度僧が増加し、国家の経済を圧迫するようになっていた。また、唐王朝の道教重視の態度が、武宗の時代にいっそう強まったことも重要な要因であった。武宗は即位した年、道士の免許の札である法籙《ほうろく》を受けて道士の皇帝となり、道士趙帰真《ちょうきしん》（？〜八四六）を重用した。八四二年頃から徐々に禁圧の動きが始まり、道教を仏教の優位におく政策は極まり、八四五（会昌《かいしょう》五）年に「毀仏寺勒僧尼還俗制」が出された。このときの仏教禁圧で、四六〇〇余りの寺院が破壊され、二六万五〇〇〇人の僧尼が還俗させられたという。中国仏教史上の四度の廃仏のなかでももっとも激しい廃仏であった。

九世紀後半、塩の密売人の黄巣《こうそう》の起こした反乱（黄巣の乱、八七五〜八八四）が全国に広がり、唐は九〇七年に節度使の朱全忠《しゅぜんちゅう》（八五二〜九一二）に滅ぼされた。朱全忠は後梁を建国し、以後五〇余年間、華北では有力な節度使が建てた後梁・後唐・後晋・後漢・後周の五王朝が交替し、そのほかの地方でも一〇余りの国が興亡したので、この時代は五代十国と呼ばれる。この時代には、三武一宗の法難の一つである後周世宗（在位九五四〜九五九）の廃仏がおこなわれた。このときの廃仏は、国家の財政の窮乏を救おうとする狙いと、腐敗・堕落した仏教教団の綱紀を粛正しようとする狙いがあいまっておこなわれた。九五五年、世宗は詔《みことのり》を発して、廃仏を断行した。私度の僧尼を禁止し、出家する場合にも厳しい条件がつけられた。また、三三三六の寺院が廃絶されたという。

## 仏教諸派の展開

先述した五世紀初頭の鳩摩羅什《くまらじゅう》による経典の翻訳が、南北朝時代に仏典研究が活性化してゆく大きな起爆剤になった。五世紀前半には、曇無讖《どんむしん》（三八五〜四三三）が『涅槃経』四〇巻を翻訳し、仏駄跋陀羅《ぶっだばっだら》が『華厳経』六〇巻を翻訳するなど、大乗仏教の重要経典があいついで翻訳され、仏典研究はますますさかんになっていった。仏教者は、個々の経典の内容解釈に努めるとともに、個々の経典が仏典全体のなかで占めるべき位置についても関心をいだき始めた。前者は個別の経典の注釈や講経という作業として具体化され、後者は教判という中国仏教に特有な思想解釈の方法論として定着していった。しかし、この二つの思想的営みは独立してなし得るものではなく、多分に相補的関係のなかで初めて可能となるものであった。個々の経典の内容をより深く理解しようとするならば、仏教思想全体の展開のなかでその経典がどのような位置にあるかということについて関心をはらわないわけにはいかない。逆に、仏教経典の発展の歴史を明らかにするためには、個々の経典の内容を正確に把握しておく作業は不可欠であった。

人類の歴史のなかで、万人が、さまざまな要因からくる苦しみから解放されて、平穏無事な生活に安住できる時代というのはなかったはずである。個々の生存に不可避の生老病死という実存的苦しみに、それぞれの時代や地域における政治的・社会的背景によってもたらされる苦しみが加わり、どの時代に生きる人々も何らかの苦しみの桎梏《しっこく》のなかにもがきながら生きていたはずである。だからこそ、宗教も苦しみにあえぐ人々の帰依所としての役割を、それぞれの時代の人々の苦しみの質と量に応じて、担い続けてきたのである。中国の南北朝時代は、北地の異民族の国家と南の漢民族の国家が対立し、また南北ともそれぞれ、頻繁に王朝が変遷した時代であったから、国家という全体もそのなかに生きる個もはなはだ不安定であった。そうしたなかで、仏教者たちがおこなった経典注釈と教判の作業は、確固たる個、揺るぎなき全体を求める時代の課題と要求を、宗教思想史という分野において解決する営みであったといえよう。渾沌とした時代に生きる雑多な個人は、さながら中国へ仏教が伝播して以降、脈略なく移入されてきた個々の翻訳経典に比すことができるであろうし、教判の作業は時代に揺れる定めなき個を全体のなかで明確に位置づけ、時代のなかに埋もれることなく個の存在性を保証してくれる思想的営みであったということができよう。

南北朝時代後期から隋代にかけて、霊裕・慧遠・曇遷・曇延《どんえん》（五一六～五八八）などの仏教者が活躍し、さまざまな経典に注釈を施した。なかでも、隋の三大法師の一人に数えられる浄影寺慧遠の学問的貢献は見逃すことができない。彼は『涅槃経』『法華経』『華厳経』『維摩経』『勝鬘経《しょうまんぎょう》』『観無量寿経』『十地経論』『大乗起信論』など重要な大乗経論にことごとく注釈を加えるとともに、仏教の教理概念について網羅的に解説した仏教百科辞典として『大乗義章』二六巻を著した。この時代の著作には、南北朝時代の仏教教理研究の成果が集約されているといえる。経典の注釈においても、百科辞典的著作においても、五世紀初頭から二〇〇年にわたる研究の歩みと成果が集約され、統合された最高の水準に達した。六世紀後半から八世紀初頭にかけての仏教研究は、秦・漢以来、三六〇年ぶりの隋による統一国家の成立、続く唐という大帝国の成立と繁栄を投影したかたちで、それまでの時代の研究成果の集約的統合がなされ、非常に高い水準の教理解釈を施した仏教思想が次々に登場していった。

慧遠が著した『大乗義章』のような百科辞典的著作は、唐代に至って道世《どうせい》（?～六八三）が六六八年に著した『法苑珠林《ほうおんじゅりん》』一〇〇巻によって頂点に達した。この書には、一〇〇編六六八部の項目が分類立項されており、引用経論は四百数十種におよぶとされる。政治的に国家の統一と安定が実現したなかで、仏教界においても数百年間の仏教教理の研究が総合・統一される時代状況にあったといえる。

強力な中央集権国家としての隋・唐の誕生によって、仏教界にも大きな変化が訪れたのである。秦・

漢以来三六〇年ぶりの統一国家の誕生がもたらしたものは、政治・経済・思想・文化など人間生活のあらゆる面における変化であったが、仏教界においても、北地と南地の仏教の特質を融合した新たな仏教が次々に生まれていった。

隋の誕生から唐代の最盛期にかけての一五〇年余りのあいだに仏教界の表舞台に躍り出た諸宗を順にあげると、天台宗・法相宗・華厳宗・密教などがある。これらの諸宗には共通の特徴を見出すことができる。一つはその思想のなかに強く見出される全体性・統一性である。もう一つは政治権力との強固な結びつきである。この二つの特徴は、一見何の関係もないように見受けられるが、じつは統一国家のその時々の権力がイデオロギー政策の一環としてこれらの諸宗を利用したとも考えられ、逆に諸宗はその時々の権力の篤い庇護を受けて仏教界の中心に躍り出たということもできる。この二つの特徴は、仏教界と政治権力とのもちつもたれつの蜜月関係を物語っているといえる。一方、平易な実践によって、民衆のなかにも広く浸透して影響力を広げていった宗派もある。浄土教・三階教・禅宗などである。これらも、一方で国家の有力者との結びつきを深めて活動の基盤を維持しつつ、同時に平易な実践を武器に、民衆のなかにも支持を広げていったのである。

**天台宗**　煬帝が厚遇した智顗の代表的著作は、彼の講義を弟子の灌頂《かんじょう》(五六一〜六三二)が筆録してまとめた天台三大部である。天台宗が所依の経典とする『法華経』の思想的エッセンスを体系的にまとめた『法華玄義』、『法華経』の経文に天台独自の解釈を施した『法華文句』、仏道修行の実践的体系を総合的な止観としてまとめあげた『摩訶止観』、これら三大部には数百年間の中国仏教者の思想的営みと修行実践が集大成されているといってよい。

鳩摩羅什によって『妙法蓮華経』が翻訳されて約二〇〇年、一乗の思想と仏身常住の思想が仏教者の強い関心を引いてきたのであるが、そこにみられる統一・融合の思想や常住不変の揺るぎなき安定性への志向は、政治的転変を生き抜いてきた南北朝時代の人々の共通の願いを代弁していたともいえる。したがって、久々の統一国家隋の誕生を祝福し、正当化してくれる思想として、天台の思想が歓迎されたのも故なしとはしないのである。天台思想にみられる一心三観、三諦円融、十界互具、一念三千のようなダイナミック、壮大、体系的な世界観は、統一の時代にふさわしいものであったといえよう。

**法相宗**　六二九年、国禁を破ってスタートした玄奘の求法の旅は一六年を経て、六四五年に終わりを告げる。六一八年に唐が誕生して三〇年余り、太宗による政治的安定と、国際都市長安の経済的な繁栄がもたらされ始めた時代の真っただ中であった。インド世界から中央アジアにかけての国際情勢に関する最新の情報を一手に握った人物の帰還を、国家は国賓待遇で迎え入れた。六四五年の第二次高句麗遠征の失敗で意気消沈した皇帝であったが、玄奘の帰国によって世界情勢に対する新たな視界が開けたのである。玄奘の一六年間の求法の旅は、『大唐西域記』としてまとめられ、為政者や宗教者がそれぞれの意味において中央アジアからインド世界にかけての世界認識を広げる一助となった。太宗は玄奘の功績を讃え、御製の「大唐三蔵聖教序」を著すとともに、仏教に対する関心を急速に深めていった。

玄奘が持ち帰った経論は、当初、太宗が穆大后の追福のために建立した弘福寺において翻訳が開始され、その後、皇太子（のちの高宗）が建立した大慈恩寺《だいじおんじ》に設けられた翻経院においておこなわれた。国家が支援した一大翻訳プロジェクトは着々と進行し、六六四年に玄奘が亡くなるまでの一八年間に、『大般若経』六〇〇巻、『解深密経』五巻、『瑜伽師地論《ゆがしじろん》』一〇〇巻、『成唯識論《じょうゆいしきろん》』『唯識二十論』『唯識三十頌』『倶舎論《くしゃろん》』『順正理論』『大毘婆沙論』など、七五部一三三五巻を訳出した。ちなみに竺法護《じくほうご》は一五四部三〇九巻、鳩摩羅什は七四部三八四巻、真諦《しんだい》は五二部一二一巻であるから、玄奘の翻訳がいかに膨大であるか瞭然であろう。

玄奘には、慈恩大師基《じおんだいしき》（六三二〜六八二）・神昉・嘉尚・普光・神泰・円測《えんじき》（六一三〜六九六）など優れた弟子が数多く育ったが、法相宗の開祖として中国における法相唯識学の正統の地位を占めたのは、基である。彼は『成唯識論述記』二〇巻、『大乗法苑義林章』七巻を著し、法相唯識の教義の宣揚に努めた。

**玄奘**　629年，国禁をおかして出国し，西域・中央アジアを経てインド入りし，各地を踏破して645年，657部の仏典をたずさえ帰国，翻訳事業に取り組んだ。「経」「律」「論」に精通し三蔵と尊称される。

その教義の基本は、「万法《ばんぽう》唯識」である。すなわち、いっさいの諸法を五位百法に分類するが、精神的な要素だけでなく、物質的な要素も含めて、すべては心から生み出されるという徹底した唯心思想である。五位のなかの「心法」には、眼識・耳識・鼻識・舌識・身識・意識・末那識《まなしき》・阿頼耶識《あらやしき》の八法が含まれるが、そのなかの第八番目の阿頼耶識がいっさいの諸法を生み出す根源的な心（根本識、一切種子識、蔵識）とされるのである。

このような唯心思想が初唐の時代になぜ流行したのであろうか。物質中心主義の時代であればこそ、逆に精神的な救済や心のメカニズムに対する関心が高まったという見方も成り立つであろう。しかし、それにしても、太宗から高宗にかけての唐の全盛期に、皇帝自ら唯識の思想に関心を深めていたというのは、なぜであろうか。当時の中国において、玄奘はインドや中央アジアなどの広大な世界をおさめた

大雁塔

「心」そのものであったのかもしれない。玄奘の「心」が描き出す世界が、当時の最先端の世界だったのである。唐という国家をさらに強大にしてゆくためには、玄奘の「心」は偶然の産物としてはあまりに貴重であった。法相唯識の教義に重ねていえば、玄奘の心のなかには、宗教的・精神的世界とともに、政治権力が喉から手が出るほどほしがる物質的世界の情報が、滾々《こんこん》と湧き出る泉のごとくたたえられていたのである。

**華厳宗**　法相宗の基にかわって仏教界で脚光をあびたのは、華厳宗の大成者と仰がれる法蔵《ほうぞう》である。一〇代後半から仏道修行を志し、やがて華厳宗第二祖智儼《ちごん》(六〇二〜六六八)に師事し華厳教学を学んだ。六七〇年に則天武后の建立した太原寺に入り剃髪して以降、『華厳経』を講じて注目をあびるようになり、則天武后の篤い保護を受けて仏教界での不動の地位を確立していった。あるとき、則天武后に召されて長生殿で華厳の重要教義である法界縁起について問われ、金の獅子像を指さして説明したという(『華厳金師子章』)。実叉難陀《じっしゃなんだ》(六五二〜七一〇)が訳した新訳の『華厳経』八〇巻の訳場に参加し筆記者となったり、『華厳経探玄記』(六〇巻『華厳経』の注釈書)、『華厳五教章』四巻などを著して、華厳思想の発展に努めた。

法蔵の人生の前半は太宗から高宗にかけての時代で、唐の政治・経済・文化の絶頂期であった。仏教界では国家の篤い保護を受けた玄奘、そして法相宗の基が活躍した時代であった。則天武后が政治的な権力を強めていく時代は、法蔵の後半生にあたる。そのなかで仏教界において法相唯識にかわるものとして、華厳教学を構築し影響力を高めていくためには、時代の最先端の思想であった法相唯識の教義はなにはともあれ乗り越えなければならないものであった。しかし、唯識の三性三無性説にせよ、八識説にせよ、華厳教学の体系のなかに取り込みつつ、最終的には華厳が核心とする法界縁起の思想へと繋げている。教判においても、一、小乗教、二、大乗始教、三、終教、四、頓教《とんきょう》、五、円教、の五教判が提示されているが、法相宗は小乗に次ぐ第二の大乗始教のなかに位置づけられているのに対して華厳宗は円教に位置づけられている。

さて、円教としての華厳思想の核心は、法界縁起の思想にある。『華厳経』の教主である盧舎那仏《るしゃなぶつ》の悟りの世界にいながら世界を観じる三昧を海印三昧というが、その三昧においては、現実の世界すべてがとりもなおさず仏の真実の世界（法界）であるとして絶対肯定的に受け止められる。この壮大でダイナミックな華厳的世界観の特質は、(1)従来の玉突き的な縁起観ではなく、事物と事物の相関的な関係性において縁起を捉えようとする点（事物と事物の相関性）、(2)全体と個の相関性において世界を認識しようとする点、(3)時間と空間の両面において縁起を捉えている点（時間的空間的相関性）、(4)真実の関係性が全面的に発揮されたものとして肯定的に受容しようとする点（肯定的受容）、(5)世界変革への主体性の発揮を認める点（世界変革への意志）、(6)広がりゆく包括主義、などの点である。このような特質は、唐という国家が国際国家として、西は中央アジアを経てヨーロッパと交わり、東は朝鮮・日本を含めた東アジア文化圏の盟主となり、政治的・経済的繁栄を極めていた時代において、その国家の自己規定をする思想としていかにもふさわしい。女性として最高権力にまで登りつめた則天武后にとって、その自己規定としての金獅子のイメージは、このうえもなく似つかわしいものであったに違いない。

**密教**　神呪や陀羅尼を含む経典が伝えられたのは、三世紀前半の三国時代に遡るが、密教の思想と行儀が本格的に紹介されたのは唐代に入ってからである。

中国に本格的に密教の経典が伝えられたのは、八世紀に入ってからであり、善無畏《ぜんむい》（六三七〜七三五）・金剛智・不空の活躍によるところが大きい。善無畏は雨を降らせることに効験があったとされ、その高名は入唐前から中国に伝わって睿宗《えいそう》（在位六八四〜六九〇、七一〇〜七一二）も来夏を待ちわびていた。しかし、長安に入ったのは玄宗の時代になってからで、七一六年のことであった。玄宗はおおいに喜び、国師の礼をもって遇した。代表的な訳経としては、七二四年洛陽の大福先寺において訳した『大毘盧遮那成仏神変加持経』（『大日経』）七巻があげられる。ここでは胎蔵界曼荼羅の世界が説かれている。金剛智は、善無畏よりやや遅れて、七二〇年に洛陽に至っている。灌頂をはじめとする密教の重要な儀式作法を詳細に説いた『金剛頂瑜伽中略出念誦経』などがおもな訳経である。

不空は『金剛頂一切如来真実摂大乗現證大教王経』（『金剛頂経』）三巻をはじめ、一一〇部一四三巻の密教典籍を翻訳した訳経僧で、鳩摩羅什・真諦・玄奘と並んで、中国における仏教典籍の四大翻訳家の一人に数えられている。玄宗・粛宗（在位七五六〜七六二）・代宗（在位七六二〜七七九）の三代の皇帝から帝師として篤い信頼を受けている。一〇代半ばで出家して金剛智の弟子となり、金剛智の訳経を助けたが、七四一年に師が没すると、スリランカ、インドに学び、五〇〇余部の経論を携えて七四六年に長安に帰還した。玄宗の勅命により鴻臚《こうろ》寺《じ》で任を得て、宮中で玄宗に灌頂を授けている。雨を降らせることに効験があったとされる。七五五年に安禄山の反乱が起こると、七五六年に勅命によって大興善寺に住して攘災の修法をおこなった。その後もしばしば国家の護持安泰を祈り、息災・増益のために密教の秘法を行じている。八世紀の仏教界においては、皇室・貴族の篤い信奉を得て、密教が強大な影響力を誇っていたことがうかがえる。

八世紀に入り、唐の経済的基盤がしだいに脆弱となり玄宗の開元の治がおこなわれていた八世紀前半はまだしも、半ばから後半に至って政治的・社会的にも国家の体制が揺らいでくる。そのような時代に、除災招福の密教的儀法にたけた密教という宗教が、中央の仏教界に躍り出てきたのであり、為政者たちは密教的なマジカルなパワーによって、国家の権威と安寧を回復したいと願ったのである。大唐帝国の揺らぎの時代に、密教が仏教界で勢力を広げた秘密はそこにあったのである。やがて、不空の弟子の一人である恵果《けいか》(七四六〜八〇五)から、その弟子の空海へと伝授され、密教は海を渡って日本に伝わり、九世紀初頭の平安時代の国家の安寧を宗教的に支える役割をはたすことになるのである。

**浄土教**　南北朝時代後半から隋・唐代にかけて、民衆の宗教的救済も範疇におさめ、具体的な宗教的実践を重視した宗派が広まってきた。浄土教・三階教・禅宗などの諸宗派である。なかでも王侯貴族から末端の民衆に至るまで、広範な人々の信仰を獲得していったのは浄土教であった。

浄土教の思想と実践は奥深い教理の理解を必要としないため、民衆にとっても容易に信仰の対象となりうるものであった。その普及を爆発的たらしめたのは、⑴ビジュアルな魅力的世界観の提示(サンプルのインパクト)、⑵一〇〇%という驚異的な救済率、さらには、⑶簡便な実践による最高のゴールの保証であった。一般的に中国人の思惟方法の特質として、具体性・現実性・利便性などを求める傾向が指摘されているが、極めて具体的な、現実性をともなった最高の世界に、確実かつ容易に至る宗教思想が開発されたのである。まず第一の点に関しては、『観無量寿経』をはじめとする観仏経典の普及が不可欠であるが、そこに説かれる宗教的世界への接近は、本来的には観仏三昧というメディテーションのなかで初めて可能となりうるものであった。しかし、隋・唐代になると、一般の人々にもサンプルとして極めてビジュアルなかたちで、その世界への接近が可能となっていったのである。具体的には、仏教寺院の浄土院に描かれた浄土の壁画や、民衆にもわかりやすく浄土を宣伝するための浄土教変文や浄土変相図の普及であった。

第二、第三の点は、信仰対象である阿弥陀仏のパワーがいかんなく発揮されることで可能となるのであるが、釈迦・弥勒・観音・地蔵・薬師など、数ある信仰対象を差しおいて民衆の支持を獲得していくためには、強力な指導者が必要であった。唐代初頭に活躍した道綽《どうしゃく》・迦才《かさい》・善導《ぜんどう》・懐感《えかん》などの阿弥陀浄土教者は、民衆への浄土教の宣伝普及活動に精力的に取り組むと同時に、救済率、救済の方法の簡便性、ゴールの高低などに関して、弥勒をはじめとする他の信仰対象を仰ぐ仏教者と激しく論争を交わしている。道綽『安楽集』、迦才『浄土論』、善導『観無量寿経疏』、懐感『釈浄土群疑論』などの著作のなかには、他派と交わされたさまざまな論争を見出すことができる。

また、浄土教の念仏を中心とした実践を民衆に伝えていく活動においても、彼らは特別な貢献をしたといえる。道綽は従来の難行仏教的実践を聖道門として位置づけ、それに対して阿弥陀仏を信仰の対象とし、念仏を称えることを中心的実践とする教えを浄土門として位置づけたうえで、自らも日々七万遍の念仏を称えたといわれている。また、民衆には小豆を数えながら念仏を称える小豆念仏を勧めた。また、唐の貞観以降、『観無量寿経』を二〇〇回以上講義したともいわれている。その結果、太原・晋陽・汶水一帯の七歳以上の子女はすべて念仏の教えに帰依したと伝わっている。

続く善導は中国浄土教の大成者といわれているが、山西の道綽のもとを訪ね、浄土の教えを学び、師の没後は長安を中心に活動した。道綽と同じく民衆の教化に熱心に取り組み、『阿弥陀経』数万巻を筆写して人々に施したといわれており、実際、敦煌《とんこう》写本のなかにも善導の記名のある『阿弥陀経』の写本が見つかっている。彼の主著『観無量寿経疏』には、従来の仏教者の解釈とは異なる特色のある解釈が散見される。(1)阿弥陀仏の仏身を高いレベルの報土と位置づけ、その極楽浄土に阿弥陀仏の本願力に乗じて能力の劣った凡夫が往生できるとした点、(2)凡夫の浄土観想を容易ならしめるために西の方角を指し示して、そこに極楽世界が存するという指方立相の実在的浄土観を提示した点、(3)仏道修行の実践を浄土往生の行としての五つの正行（称名・読誦・観察・礼拝・讃歎供養）とそれ以外の諸善である雑行の二行に分け、さらに五つの正行のなかで称名を仏の願にかなった正定の業として浄土往生のための中心的実践と位置づけ、そのほかの四つの正行を助業とした点、などの解釈は日本の浄土教にも大きな影響を与えた。

**善導大師像**（京都，知恩寺蔵）

このような浄土教者の活躍によって、この世の栄光を手にした者はあの世においても、この世の栄光にありつけずに困苦にあえぐ者たちはせめてもの救いにあの世においてこそは、安楽な生活を享受したいと願った。この願いを満たしてくれる阿弥陀浄土教の地位は唐代初頭においてかなり強固に確立されていったのである。

**三階教**　唐代初頭に、都の長安において、浄土教に劣らぬ民衆の支持を得ていたのではないかと推測される宗派が三階教である。浄土教と三階教の論争のありさまは懐感『釈浄土群疑論』をとおしてうかがうことができる。三階教の開祖信行《しんぎょう》(五四〇〜五九四)は、南北朝時代末期から隋代にかけて活躍した仏教者である。隋の天下統一にともなって、隋朝の功臣高熲に招かれ長安で活動し、信者を獲得していった。

信行の遺文などを見れば、願文によって利益を願う対象は、皇帝をはじめとした国家の支配層の安寧から民衆の幸福まで多岐にわたっている。浄土教と同じく、信仰する階層が限定されることなく、幅広い人々の信仰を得ていたのであろう。

さて、三階教の教義は、末法思想と如来蔵・仏性思想をベースにして、特定の信仰対象や特定の実践に集中した個別の仏教を廃し、あらゆる仏教的実践を精力的に遂行し、如来蔵・仏性思想に基づいていっさいの信仰対象を差別なく敬う「普仏普法」の思想を提起する。いっさいの仏、いっさいの法、いっさいの僧、いっさいの衆生をあまねく敬うという普敬の思想は、阿弥陀仏という個別特定の一仏のみを信仰の対象とし、念仏を実践の中心に位置づけていく浄土教の実践とは対極に位置する思想である。三階教は浄土教を特定の仏、特定の教えを重視する「別仏別法」であるとして批判する。一方、浄土教は末世の実践的能力が劣った衆生にはすべての仏を敬い、すべての修行をおろそかにしない「普仏普法」の実践は困難であると応戦した。両者の対立は当時の長安の都にあって、激しい信者の獲得競争のなかで展開されたものであったとみなすことができるかもしれない。

では、三階教はどのような社会的背景のなかで人々に受け入れられていったのであろうか。まず第一には、いっさいを「普」の思想を軸として全体的・統一的におさめ込んでいく三階教の思想は、南北朝の分裂から隋の統一国家が誕生し、さらに唐という世界帝国へと展開していくなかで、普遍的統一的思想の一つとして時代の流れが要請していたといえるのではあるまいか。

第二に、仏だけでなく目の前の人間すべてを如来蔵仏・仏性仏・当来仏（将来的な仏）・仏想仏（現在において仏としての想いで敬うべき仏）として互いに敬い合う「人間礼拝」の実践が人々の注目をあびたのではなかろうか。この実践は『法華経』の常不軽菩薩《じょうふきょうぼさつ》の実践によるものだが、従来の仏を信仰の対象とした仏教から、人間そのものを尊重する宗教へと展開していく契機を三階教の思想と実践のなかには見出すことができる。

そして三階教の場合、このような人間尊重の思想が社会経済的実践である無尽蔵《むじんぞう》の活動へと具体的に展開されたのである。三階教の中心寺院であった長安の化度寺の無尽蔵院には、人々がつきることのない布施の活動として莫大な財産を寄付し、集められた財産は全国の寺院や経巻の修復費用など直接に仏教を興隆させる目的以外にも、社会的・経済的困窮の状況にある人々には無利子・無証文で貸し与えられた。このような活動が人々の支持を得て、三階教の無尽蔵院の活動はますます発展し、玄宗の時代には国家的な禁圧をこうむり、廃止に追い込まれた。都の中心部において一宗教がこれだけの活動を展開することに、国家は危機感をいだいたのであろう。玄宗期の禁圧はそれまでに数回経験した禁圧よりも徹底したものであった。直接の原因は定かではないが、九世紀半ば以降、三階教の教勢は衰退していくことになり、やがて中国仏教史の舞台から姿を消すことになるのである。

**禅宗**　インド仏教以来、仏教徒は戒(戒律)・定(禅定)・慧(智慧)の三学を仏道修行の基本的要素として重視してきた。そのなかの定は禅定とも呼ばれ、坐禅において心身の覚醒体験をめざして禅の修行に取り組むものである。七世紀以降、中国仏教の各派がそれぞれの独自性を主張して宗派として意識を強めていくなかで、六世紀初頭に来夏した菩提達磨を祖に仰いだ禅宗の系譜も整えられ、中国仏教における大きな流れの一つに成長していく。禅宗では、経文の一字一句に捉われないことを旨として「教外別伝、不立文字《ふりゅうもんじ》」をスローガンに掲げる。しかしその一方で、それぞれの派は『金剛般若経』『楞伽経《りょうがきょう》』『金剛三昧経(偽経)』『法句経(偽経)』などの経典を必要に応じて所依の経典として用いている。そのなかには中国で成立した偽経も少なからず含まれていることから、自己の主張を前面に押し出すための経典は最大限活用しながら、活動を展開していったのである。仏教は真理に目覚めることを目的とするが、その真理を自己に本来的に備わっている本性として確認することが重視され、「直指人心」「見性成仏」などのスローガンもまた禅宗のなかで重視されたのである。

すでに述べたように、菩提達磨の来夏によって中国における禅宗の歴史がスタートしたとされるのであるが、その後の師資相承の系譜は、初祖菩提達磨―二祖慧可《えか》―三祖僧璨《そうさん》―四祖道信(五八〇～六五一)

—五祖弘忍《こうにん》（六〇一～六七四）とされる。個々の祖師の生涯と思想に関しては不明な点も多く、後代に付加されたと思われるエピソードも含めて、それぞれの人物像は構成されることになった。五祖には多くの弟子がいたといわれるが、その後の禅宗の展開のなかで北宗禅と南宗禅に分裂したという系譜が、南宗禅によって描かれることになる。そもそも五祖の弟子のなかでは、神秀《じんしゅう》（？～七〇六）が有力な後継者の一人と目されていたのであるが、南宗禅が力をもって以降、神秀は北宗の六祖に位置づけられ、正系は南宗禅の六祖慧能《えのう》（六三八～七一三）であるとされることになる。しかしながら、神秀が北地で保持していた影響力は相当に強かった模様で、則天武后に迎えられて長安に入り活躍したといわれている。

神秀の後継には普寂《ふじゃく》（六五一～七三九）が就くが、普寂以後、北宗の教勢はふるわず、南宗が禅宗界を席巻することになる。南宗がその後の禅宗の主流になっていったのは、八世紀以降、長安を中心とした都市型仏教から豊かな経済力を備えた地方へと仏教が展開していくなかで、中国南部での活動を強化し、影響力を広げていったためであろう。長江より南を中心に展開したので、南宗と呼ばれる。さて、その南宗禅の系統は、六祖慧能から始まるが、彼の言行録として伝わる『六祖壇経』は、実際には慧能の弟子神会《じんね》（六七〇～七六二）とその一派（荷沢宗《かたくしゅう》）によって、禅宗の正統を自らの流派に位置づけるために創作された部分が多い。慧能から始まる南宗禅の系譜は五

**雪舟「慧可断臂図」**（達磨と慧可，愛知，齊年寺蔵）

家七宗として展開し、中国における禅宗の主流を形成していく。慧能には数多くの弟子が育ったが、五家の流れへと繋がるのは、まず、弟子の南岳懐譲《なんがくえじょう》（六七七～七四四）—馬祖道一《ばそどういつ》（七〇九～七八八）—百丈懐《ひゃくじょうえ》海《かい》（七四九～八一四）へと伝わり、懐海の弟子が二派に分かれ、黄檗希運《おうばくきうん》（生没年不詳）—臨済義玄《りんざいぎげん》（?～八六七）と流れて臨済宗が形成され、潙山霊祐《いさんれいゆう》（七七一～八五三）—仰山慧寂《ぎょうざんえじゃく》（八〇四～八九〇）と流れて潙仰宗が形成される。

また、もう一人の弟子の青原行思《せいげんぎょうし》（?～七四〇）—石頭希遷《せきとうきせん》（七〇〇～七九〇）へと伝わり、その法系がさらに分かれていって、洞山良价《とうざんりょうかい》（八〇七～八六九）の曹洞宗《そうとうしゅう》、雲門文偃《うんもんぶんえん》（八六四～九四九）の雲門宗、法眼文《ほうげんもん》益《えき》（八八五～九五八）の法眼宗という三宗が形成される。以上、臨済宗、潙仰宗、曹洞宗、雲門宗、法眼宗の五家に加えて、宋代中期以降、勢力を伸ばしてきた臨済宗の黄龍慧南《おうりゅうえなん》（一〇〇二～六九）の黄龍派と楊岐方会《ようぎほうえ》（九九二～一〇四九）の楊岐派を加えて、五家七宗と呼ばれている。

このように、禅宗の系譜は人物名が多く複雑に入り組んで展開していくことになる。その理由はいろいろ考えられようが、およそ次の三点を指摘しておこう。一つは、禅の悟り体験が個々の内面において発動する極めて個性的なものであるという点があげられよう。そのような個性的な行状が師から弟子へと伝承され、新たな物語が付加・増広されながら、禅者たちの言行録は『語録』として編集され、成立していくのである。その系譜の流れにあずかる者にとっては、『語録』は経典以上の重要性をもつものとして伝持されていくのである。もう一つの理由は、禅宗の勢力が伸張した地域性にもよるところが大きいのではなかろうか。すなわち、後代の禅の主流を占めていくのは南宗禅であるが、その各派が主として活動したのは中央からほど遠い地方においてであった。中央の都市型宗教として展開していくのであれば、一時的には確執もあろうが、権力構造を維持しやすく、これだけの分派は成立しえなかったであろう。最後に、もう一点、禅の系譜が鮮やかに保持されているのは、中国人の歴史意識、歴史に対する特別な思い入れが、個々の派の系譜をもれなく継承していくための陰の力になっていたといえるであろう。

## 仏教行事・儀式の庶民への浸透

南北が統一された隋・唐の強力な中央集権的国家体制のもとで、本来、異国の宗教であった仏教は、ますます中国的な色づけをされながら、国家的行事だけでなく、民衆の生活のなかにも広く、深く浸透していった。信仰の対象や行事の多様化・混在化は、統一国家のもとで、国家や民衆が現実の政治や社会のあり方に対する多様な要求を保持していたことの宗教的反映であったともいえる。大帝国の経済的成長と繁栄のもとで人々の現世的要求が肥大化していき、その要求を宗教的な手段や方法を通じてかなえることを望むと同時に、現実社会における危機や矛盾の解決を宗教的手段や方法に依拠して達成していこうとしたのであった。仏教は国家の権力の中枢においても大きな影響力をもつようになり、国家のプロジェクトとして寺院や仏塔が建立され、訳経事業が推進され、また仏教的諸行事が大々的に勤修された。このような国家的な仏教の繁栄を当時の仏教の本流と位置づけるならば、民衆のあいだに浸透していった仏教はまだまだ伏流としての位置に留まっていたともいえるが、確実に一つの流れとなり始めていたことは間違いない。本項では、やがて宋・元・明・清にかけてさらに大きな流れとなっていく民衆仏教の諸相について、隋・唐の地点に立って通観してみたい。

隋・唐代に民衆のなかにも支持を広げた宗派の一つに、前述のものがあげられる。三階教の思想と実践は、いっさいの仏・法・僧に対して軽重の区別を設けず、あまねく敬い、通仏教的な信仰を深めていくことをめざしたものであった。このような「普」をスローガンに掲げる宗派が栄える背景には、「普」の構成要素となるべき「個別」の教えや信仰対象への信仰が人々のあいだに相当に広まり、多種多様な仏教実践が容認されうる宗教的環境が整っていることが前提として必要であった。隋・唐代に至っては、仏教の因果応報思想をベースにした経典の読誦や書写、諸仏や菩薩名の念仏・称名、陀羅尼の読誦、仏像の造立や寺社の建立、斎会や持戒など、多様な宗教的実践がなされた。それらの実践は、過去世もしくは現世の罪業を懺悔して精算しつつ、さらに現世もしくは来世において意中の利益を得ることを目的としたものであり、庶民も含めて広く浸透していった。

庶民のなかに仏教の教えや信仰が広まっていくうえで、重要な役割をはたしたのは仏教的な行事や儀式であった。まず、仏教がインドで成立して以来の仏教独自の重要な記念日としては、釈迦の誕生日(四月八日が一般的)に催される仏誕会(灌仏会《かんぶつえ》)や成道会(十二月八日)、涅槃会(二月十五日)などがあった。これらの行事は、南北朝時代にすでにおこなわれていたものであり、隋・唐代においても継続されていたものと推定されるが、実際にはこれらの行事に関する記述は多くは見られない。諸仏・菩薩の誕生日を祝う行事が本格的に民衆のなかに定着していったのは、宋代以降と考えられる。

一方、儒教の孝の思想を取り入れ、中国独自の仏教行事として定着していったものに盂蘭盆会《うらぼんえ》がある。この行事は『盂蘭盆経』と呼ばれる中国撰述の偽経に基づいておこなわれたものである。主人公の目連《もくれん》尊者《そんじゃ》は神通第一の誉れ高き仏弟子であったが、あるとき亡き母親の所在を神通力によって見通すと、母親は餓鬼道に堕ちていた。自らの力だけではその母親を救うことができず、仏弟子たちの夏の修行が明けた日に大々的に供養を施し、母親を救い出したという物語である。儒教精神に基づく親孝行の思想が骨身にまでしみこんでいる中国の人々に対し、仏教側が攻勢をかけるに際して、親孝行を説く経典を撰述して普及させることは非常に効果的な方策であり、見事に成功したのである。

この仏教行事がおこなわれた早い時期の記録としては、南朝の梁の武帝が五三八年に同泰寺で盂蘭盆斎を設けたことが確認されている。やがて、唐代においては宮中の内道場に限らず広く庶民のあいだでもおこなわれるようになっていった。この行事は道教の中元節と同じ七月十五日におこなわれていたものので、その意味においても中国的な行事であるといえる。仏教が先祖供養の儀式を取り入れたことの功罪は、その後の東アジアの仏教史の展開を見渡したうえで慎重な評価を加える必要があろうが、ともかく当時においては仏教という異国の宗教が社会的に受容され階層を問わず広く深く浸透していくうえで大きな力となったことは間違いない。儒教の孝の倫理を重視する中国社会であればこそ、先祖供養の儀式を取り入れたこのような仏教行事は、仏教という宗教が社会的に浸透していくうえで大きな力となった。

このほかに、中国独自の仏教儀式として、天子の誕節や国忌に宮中や天下の諸寺で法会が設けられ、設斎行香の儀式、八関斎会、講経などの儀式が定着していった。このような行事は南北朝時代からおこなわれていたが、唐代に入ってますます盛大におこなわれるようになり、庶民もこのような儀式に参加するようになっていったのであろう。唐という強力な国家が、その体制を確立し強化していくにあたって、宗教的儀式を国家行事として執りおこない、官民を動員して、国家に対する忠誠の意識を確認し、また強化する役割を仏教教団に担わせたのである。このような行事は、道教の道観においても同じようにおこなわれたものであり、国家が宗教を深く政治的に利用しており、宗教が国家の権力基盤の確立と維持に特別の役割を担っていたといえる。とりわけ、宮廷内に設けられた仏教寺院は内道場と呼ばれ、歴代の皇帝は世に誉れ高き僧侶や外国僧を招いて住まわせ、経典の翻訳や講義、灌頂などの儀式、仏牙供養、斎会など、時々の仏教行事を執りおこなわせた。内道場に出入りした著名な僧侶には、太宗の時代に弘法院に住して翻訳にあたった玄奘、則天武后の時代の妖僧薛懐義、二京の法主、三帝の門師として重んぜられた北宗禅の神秀などがいる。神秀の没後は、弟子の普寂や義福《ぎふく》が重んじられた。義浄は中宗の七〇五年、洛陽の内道場で『大孔雀王経』三巻を翻訳した。密教の僧侶たちも、善無畏・不空など内道場で華々しく活躍した。

内道場における仏教儀式として重要な意味をもっていたものに、法門寺の仏舎利の供養があげられる。唐代では、七世紀半ば、六五九〜六六二年にかけて奉迎されたのが最初であるが、その後も八世紀に入ってから三回、九世紀に二回、合計六回にわたって迎え入れられた。このほかに、五台山、泗州普光王寺、終南山の南五台山などにも仏の指骨が祀られていたとされる。また、長安の崇聖寺・荘厳寺・大薦福寺・興福寺の四寺に仏牙が祀られていて、しばしば供養の儀式がおこなわれたとされる。また、各地の仏舎利塔の供養をする法会もおこなわれていた。

法会においておこなわれる仏教儀礼としては、行香《ぎょうごう》・読経・行道・梵唄《ぼんばい》・唱導・講経などがあり、法会の最後には斎を衆僧に供養することが多い。行香は、仏を勧請するために香を焚く儀式である。行道とは、仏を礼拝するために、仏の周りを右回りに回る（右繞《うにょう》）儀式をいう。梵唄は、仏徳を讃歎するために、節をつけて経典の偈頌《げじゅ》を歌いあげる儀式である。唱導は説法のことで、声高らかに教えを唱えるように説いて、人々を教え導くのである。講経とは、経典の内容を解説し、講述していくのである。敦煌写本のなかには『阿弥陀経変文』『維摩経押座文』『父母恩重経変文』『目連変文』『八相押座文』『降魔変文』などのように、諸経典の内容を物語風に解説して説くための変文が数多く含まれている。このような変文は、経典の内容を絵画に描いた変相図とともに、民衆を教化する俗講の場で広く用いられた。また、大きな法会では、数百人、もしくは数千人の道俗に食事がふるまわれる無遮大会も催されていた。さらに、それぞれの地域や村落には、義邑《ぎゆう》・邑会《ゆうかい》・社邑《しゃうゆう》などと呼ばれる仏教結社がつくられ、彼らは信仰共同体として、化俗法師という巡礼教化僧などを招いて法会を営んだり、信仰対象となる仏像を共同でつくったりするなど、地域に根ざした仏教信仰を展開していった。

このように仏教的儀式や行事に参加し仏教的な実践をおこなうことで、当然のことながら仏教内部において肯定的な価値評価が与えられ、それぞれの善行に応じて経典や宗教者の講説によって利益の獲得・享受が約束されたのであったが、一方で、仏教的にマイナスの評価が与えられる行為に関してはそれを精算するシステムが開発され普及していった。本来、仏教的に悪しき行為をおこなった場合には悪因悪果の理に基づいて報いを受けなければならないのであるが、自らのおこなった悪行に運良く気づいた場合に悪果を回避もしくは精算する方法として、仏教的に罪悪を悔い改めるシステムが開発されていくのである。

このような儀式を懺悔法《さんげ》（懺法《せんぼう》）と呼ぶが、南朝の梁や陳の時代に種々の懺法がしだいにおこなわれるようになっていった。『広弘明集』巻二八「悔罪篇」第九には、梁の武帝や陳の文帝などが撰述したとされる各種の懺悔文が収められており、やがて天台智顗によって南朝時代のさまざまな懺悔法が整理され、『法華三昧懺儀《せんぎ》』一巻、『金光明懺法』一巻、『方等懺法』一巻、『方等三昧行法』一巻、『請観世音懺法』一巻などにまとめあげられた。このような懺悔法がしだいに普及して、唐代になると、善導『転経行道願往生浄土法事讃』二巻、『往生礼讃偈』一巻、『依観経等明般舟三昧行道往生讃』一巻、法照『浄土五会念仏略法事儀讃』二巻などの浄土教者による礼仏・懺悔の法や、禅宗の宗密による『円覚経道場修証儀』一八巻なども著され、唐の智昇撰『集諸経礼《らい》懺儀』には、善導の日中礼讃や六時礼讃、三階教の信行禅師撰「昼夜六時発願文」や七階仏名に基づく仏名礼懺など、諸派の礼拝・懺悔法を集めた行儀文も編纂された。また、数多くの仏名経典が翻訳され、中国で偽作されたが、菩提流支訳『仏説仏名経』一二巻をはじめとした仏名経典が翻訳され、それをもとに『仏説仏名経』三〇巻などの増広経典もつくられ、それらの経典に基づいて数多くの仏名を称えて懺悔する仏名懺悔の行法もおこなわれた。

## 仏教文化の爛熟

仏寺の建立、および仏像の鋳造の歴史は後漢代まで遡り、笮融《さくゆう》が三〇〇〇人以上を収容する大寺院を建立して、黄金を塗った銅の仏像を安置して礼拝したことが記録に残っている。

そもそも漢代以降、国家の正統思想と位置づけられてきた儒教では、祖先を祀る儀式はおこなうが、開祖の孔子にしても仏教の開祖の仏陀のように一般的に像として祀られ礼拝の対象になることはなかった。仏教が中国に伝来したことによって、中国における宗教芸術の水準は劇的な変化を遂げていった。都を中心とした地域や各地の拠点となる都市においては、大規模な寺院が建築され、そこに仏像が安置され、絵画が描かれることによって、宗教文化・芸術の普及とその水準の向上が保障された。その後、仏教が中国社会のなかにさらに浸透して影響力をもち始めてくると、岩山をくりぬいて、大規模な石窟寺院を建立する営みもみられるようになった。中国仏教の歴史のなかでとくに規模の大きい石窟寺院に数えられるのは敦煌の莫高窟《ばっこうくつ》、雲崗《うんこう》の石窟、竜門の石窟で、三大石窟寺院と呼ばれる。このような石窟寺院が造営されたのは、その時々の王朝の都に至近な所や東西交通の要路であった。

なかでも、最大の規模を誇るのは敦煌莫高窟である。敦煌の鳴沙山《めいさざん》の東麓の断崖をくりぬき、五〇〇余りの主要な石窟が造営された。そもそも、前秦の三六六(建元《けんげん》二)年、楽僔という旅の僧侶が鳴沙山が朝焼けに光り輝いて仏があらわれたもうたことを契機として、一窟を開鑿したのが始まりとされている。その後、北魏から西魏・北周・隋・唐・五代・元に至る一〇〇〇余年にわたって、五〇〇以上の石窟が営々と造営されていったのである。なかに安置された仏像の芸術的水準の高さは目を見張るものがある。

また、壁面や天井に描かれた絵画もじつにすばらしく、すべてをあわせると五万平方メートルにもおよぶ。これが世界最大の美術館と呼ばれる所以であり、まさに中国仏教芸術の宝庫といえる。莫高窟の仏像や絵画を目にする者は、教えられなくとも最盛期がいつであったか、自ずと知れる。すなわち、現在主要な石窟には四九二窟まで番号が振られているが、そのなかで三〇〇以上は隋・唐代の石窟である。

また敦煌莫高窟は、一九〇〇年、敦煌学という学問分野を新たにつくり出したほどの衝撃的大発見があった場所である。第一七窟蔵経洞は第一六窟の側道に塗り込められた隠し窟であったが、一九〇〇年に道士王圓籙《おうえんろく》がこの窟の存在を発見し、そのなかに数万点にもおよぶ仏教典籍を中心とした写本が発見されたのである。現在、イギリス・フランス・中国・ロシア・日本などの国々に分散して所蔵されているが、二十世紀の一〇〇年をかけてもとうてい研究しつくせないほど膨大な写本が、各学問分野に投げかけた衝撃は大きかった。すでに消失したとされていた禅宗・三階教をはじめとした各種の仏教文献に留まらず、当時の戸籍や証文など社会・経済・政治・芸術についても、莫高窟が刻まれ続けた各時代の生き証人が次々と甦ってきたのである。したがって、莫高窟は一宗教の遺産を超えた歴史的に重要な意義を今日においても留めているのである。敦煌の近郊には、このほかにも西千仏洞・東千仏洞・楡林窟《ゆりんくつ》などの仏教石窟が点在しており、莫高窟とあわせて、東西交通の要所に造営された宗教施設が、歴史的遺産として今日も残っている。

雲崗石窟は山西省大同市の郊外に位置する。北魏の文成帝《ぶんせいてい》の時代に曇曜《どんよう》という僧侶が開鑿したのが始まりとされる。現在、おもな窟は五三窟、小龕一一〇〇余、大小の造像五万余体が保存されている。とくに、第一六窟から第二〇窟にかけての五つの窟は、曇曜が北魏の五人の皇帝（道武《どうぶ》・明元《めいげん》・太武《たいぶ》・影穆・文成）を模した大仏を造営した曇曜五窟として名高い。

竜門石窟は、北魏の孝文帝《こうぶんてい》が四九三（太和《たいわ》十七）年に洛陽に遷都すると、相前後して開鑿が始まり、東魏・西魏・北斉・北周・隋・唐にかけて四〇〇年ほどのあいだに、仏洞一三五二、仏龕《ぶつがん》七五〇、仏塔四〇余、造像約一〇万体がつくられ、北地の政治・文化の中心地の一つであった洛陽にふさわしく、宗教

**敦煌・莫高窟の壁画**　仏教の中国伝来の道筋にあたる西域のオアシス都市敦煌では，4世紀以後千年あまりにわたって，壮麗な石窟寺院が造営された。写真は西魏時代の窟の天井部分に描かれた壁画。正面にみえるのは阿修羅で，風神・雷神や飛翔する天人《てんにん》などが躍動的に描かれている。

**竜門石窟**　北魏時代の石窟はわずかで，唐の則天武后の頃に完成期を迎えた。写真は竜門石窟最大の盧舎那仏（右）と脇侍で7世紀後半のもの。

文化・芸術は高い水準を保っている。なかでも、奉先寺の毘盧舎那仏の坐像は高さ一七メートルの巨大な大仏で、唐の高宗と則天武后によるもので、その顔を則天武后に似せてつくられたといわれている。造営にあたって武后は二万貫の化粧料を寄進したといわれている。唐代になると浄土教の流行によって弥勒仏よりも阿弥陀仏が多く彫られるようになり、竜門石窟でもこの時期のものは阿弥陀仏の像が多いが、同時に奉先寺《ほうせんじ》の主尊は華厳宗の盧舎那仏であり、二十五祖を彫った大万洞や二十九祖の看経洞などは禅宗の窟であるといってよい。したがって初唐代には、さまざまな文化的広がりが宗教的信仰対象の多様化としてあらわれている。逆に考えれば、多種多様な信仰を容認した時代の寛容さというのは、その時代が政治的・経済的・文化的に最盛期を迎えていたことの証しであったといえる。多様性を認めても権力が揺るがない、むしろ多様性を容認するところに権力の基盤が存在していた時代であったといえる。

このほか、シルクロードには、キジル千仏洞（亀茲《きじ》〈クチャ〉）、ベゼクリク石窟（タリム盆地の東北トルファン。五、六世紀高昌国《こうしょうこく》時代開鑿）などがつくられ、敦煌から長安に至る地域には、河西回廊の張掖《ちょうえき》の馬蹄《ばてい》寺《じ》石窟群、武威《ぶい》の天梯山《てんていざん》石窟、須弥山《しゅみせん》石窟、黄河流域の炳霊寺《へいれいじ》石窟、麦積山《ばくせきざん》石窟などがあり、さらに黄河をくだって河南省安陽付近や山東省にも石窟がある。このほか、四川省にもいくつかの石窟が掘られている。南北朝時代から隋・唐代、さらには宋・元・明・清代に至るまで、中国各地に石窟寺院が開鑿され、人々の仏教信仰の活動を支える場所として機能してきたのである。

さて、隋・唐代における仏教文化の爛熟という点に関連して、もう一つ見逃すことのできない動きは、仏教聖地巡礼の活動が高まりをみせたことである。東アジア世界で仏教を信仰する者にとって釈尊の活動した聖地インドへの憧憬は極めて強いものがあり、玄奘や義浄をはじめとした数々の仏教者が、インドの仏教聖地を巡礼することを一つの目的としてインド世界に旅立った。逆に、中国も東アジア世界の中心地であり、最先端の仏教を学ぶ目的で朝鮮や日本の仏教者が数多く留学しており、それぞれの国に帰国して、自国の仏教の発展に重要な役割をはたした。また、中国国内でも仏教聖地の巡礼活動は盛んで、文殊菩薩が住するとされる五台山(山西省)、普賢菩薩が住するとされる娥眉山(四川省)、観音菩薩が住するとされる普陀山(浙江省)、地蔵菩薩が住するとされる九華山(安徽省)の四大仏教聖地が整備され、発展していった。仏教信仰に基づく中国国内・インド世界・東アジア世界の周辺部とのネットワークが総合的に強化され、中国における仏教文化の爛熟の大きな力となったのである。

## 2 朝鮮　統一新羅

### 大衆仏教への念願

朝鮮半島の三国は、領域の争いを繰り返しているなか、勢力がもっとも弱かった新羅が、唐との連合で六六〇年に百済を滅ぼした。その後、百済は日本との連合で復活を試みたが、白村江《はくそんこう》の戦闘で、日本と百済の連合軍が、羅唐の連合軍に負け、夢に終わった。六六八年には高句麗も滅びて三国を統一することに成功した。これが統一新羅である。新羅は今の平陽以南を占有することに合意したが、唐は百済地域から撤退せず、新羅は六七六年にようやく唐軍を退ける。なお、平陽以北には高句麗の遺民が中心となって六六九年に渤海が建国される。

　三国の争いの最中、仏教が庶民にまで普及することとなった。これを仏教の大衆化というが、仏教は朝鮮半島に公伝してからしばらくは、おもに身分の高い人に許可されたものであった。一般人の出家は真興王《しんこうおう》代の五四四年にようやく許可された。仏教の大衆化はまさにここを起点とする。しかし仏教の大衆化に努める僧侶が出てくるのは、それよりあとになる。『三国遺事』によると、真平王《しんぺいおう》代から善徳王《ぜんとくおう》代にかけて活躍した恵宿は、城のなかにある檀家へ七日斎のために行ったといわれる。同時期の恵空《えくう》は、人の病気を治す神異をみせたほか、出家してからは狂ったように酔っぱらい、簣《あじか》(竹などで編んだかご)を背負って、歌ったり踊ったりしながら町の隅々まで歩いたという。彼は教理にも通じていたらしく、晩年には元暁《がんぎょう》《ウォンヒョ》と質疑をおこない、また時には互いに冗談を交わすほどであったという。二人とも身分が高くなかったことが共通しており、王族より大衆のなかに入って仏教を伝えた。

　元暁の俗姓は薛《せつ》氏で、仏地村の北(今の慶山郡)、沙羅樹の下で生まれた。僧となった元暁は武烈王《ぶれつおう》(在位六五四〜六六一)代に破戒して俗服に着がえて、大きな瓠《ひさご》のようなものをもって無碍《むげ》と命名し、たくさんの村を念仏による衆生の救済のために歌い舞いながら教化し、文字のわからない人々に南無阿弥陀仏を念ずるようにさせた。彼は生涯をかけて九〇種を超える膨大な著作を残したが、晩年に『華厳経疏』を著す際に『華厳経』「十廻向品」におよび、ついに絶筆したとされる。これも元暁の仏教大衆化に向けた意志をあらわしている。

『宋高僧伝』には、彼が『金剛三昧経論』を著した伝承が記録されている。王の后の病気を治すために使臣を唐に遣わして薬を求めると、使臣は海中の竜宮に導かれた。竜王は『金剛三昧経』を流布させれば病気が治るといいながら、新羅の大安聖者に経の内容を綴らせ、元暁に要請して疏《そ》をつくって講義させればよいといった。そして元暁は『疏』を著して説法した。こうして元暁の神異と思想が世に知られることになったと考えられる。

元暁の思想は一般に「和諍《わじょう》」といわれ、異なる立場や思想の調和をめざす。彼は当時流行したすべての経典や論疏を網羅したが、それはその原理を究明するためと考えられる。彼の著述のなかに『華厳経』「光明覚品」の注釈がある。そこでは如来がすべての方向に光明を放ち、大衆をして暗い障害をなくさせて如来の真理がすべての存在世界に限りなく渡る無碍を論じている。この無碍こそ和諍の究極的なあり方である。元暁によれば、その事実を知るためには止と観との両方を行ずるのが肝要となる。

元暁は、存在と非存在とに執着しないことが成仏への近道であると説いた。こうした世界は無碍の境地によってのみ認識が可能である。元暁によれば無碍の境地とは、一のなかに無量を知り、無量のなかに一を知ることで、すべてにさえぎられないということである。元暁はこうした無碍を実践してこそ『華厳経』の偉大さを認識し、時間と空間の相対化を超越することが可能になると考えていたが、このように元暁の和諍思想は『華厳経』の真理観と実践観に基づいて成り立つものである。

元暁の思想は、中国の法蔵に多大な影響をおよぼしている。日本においても奈良時代以降、元暁のほとんどの著述が筆写され、日本の各宗派に大きな影響をおよぼした。しかしながら、元暁の著述のほとんどは散逸しており、完全なかたちで残っているのは『大乗起信論疏』『大乗起信論別記』『金剛三昧経論』『法華宗要』『涅槃宗要』など一部だけである。残りは逸文や目録を通じて知られているだけである。

同様の民衆布教者には前述した新羅の大安聖者がいる。彼はつねに市場を回り、銅鉢を打って心を安めなさいと唱えていたという。また大安は経典にも詳しく、竜宮からバラバラになって届いた『金剛三昧経』の順序を整えると、それが仏意にかなったという伝承がある。

## 実践信仰

国家の保護のもと、新羅の仏教は隆盛を誇ったが、とりわけ、義相《ぎしょう》《ウィサン》(義湘)は日本にもその名が伝わる高僧である。彼の俗姓は金氏(異説あり)で貴族の出身であり、二〇歳以前に皇福寺で出家したとみられる。新羅では義相の出家前後に唐から帰国した円光《えんこう》《ウォングァン》と慈蔵《じぞう》《ザジャン》の仏教を中心に、国の僧団を結束させていた。またこの時代は、新羅の僧侶が唐への留学に満足せずにインドまで求法に出かけて教学を学ぶなど、新しい宗教に対する熱意が沸きあがっていた時期である。さらに中国では、インドから六四五年に帰国して唐の仏教に新しい学風を引き起こした玄奘のもとで、円測・神昉・義寂《ぎじゃく》などの新羅僧らが新唯識を学んでいた時期でもある。

こうした時代状況のなか、義相は八年先輩の元暁と、陸路で中国に向かった。しかし、これは当時の高句麗・百済・新羅との軍事的な緊張関係のため失敗に終わった。二人はこれに屈せず六六一年にもう一度唐への留学をはかった。ところが今度は留学の直前になり、元暁が入唐を諦めて新羅に戻り、義相一人が中国に行くこととなった。

義相は華厳宗の智儼のもとで学び、六六八年に、一般に『一乗法界図』と呼ばれている『一乗法界図合詩一印』を著した。本書は『華厳経』の要点を二一〇字の詩句に要約したものである。彼はその三年後の六七一年に帰国すると、六七六年に浮石寺《ふせきじ》を創建して、そこで本格的に『華厳経』と『法界図』とを講説することにより、その後、新羅において華厳仏教は人々の篤い信仰を得た。

『法界図』では存在世界の本来の姿を中道とみる。これは三世（過去・現在・未来）にわたって不変なものであり、それを旧来中道という。後代には、偈の部分（法性偈）は民衆のあいだで「お守り」のように信仰された。『法界図』は義相の弟子たちにより研究と註釈がなされ、高麗時代にそれらが『法界図記叢髄録』に集成された。さらに朝鮮時代に入っても、金時習《きんじしゅう》（一四三五〜九三）が『大華厳法界《ほっかい》図註並序』を残し、十八世紀の道峰有聞《どうほうゆうもん》が『法性偈科註』を著すなど、『法界図』は時代を超えて尊重された。

義相の思想で重要なのは、哲学的には相即論、宗教的には旧来成仏、信仰的には阿弥陀仏信仰である。相即論は、華厳教学の伝統の四法界の原型というべきもので、華厳の世界では、理事相即・理理相即・事事相即・各各不相即が可能であると明言する。ここで独特なのは理理相即である。『法界図』によると、これは理因陀羅の世界である。これと対比して事因陀羅が使われるが、それは事事無碍である。通常、中国の華厳教学では、事の裏に理を想定して事事相即を語るが、義相はそれを用いない。『法界図』においては銭を数える比喩を用いて相即を説明する。それによると、一銭とは根本の銭であるが、縁によって成立する一銭であるがゆえに、そこで理とは縁起の理となる。のちに法蔵の影響を強く受けた弟子の時代になると、理を事の根拠とする法蔵の考えに基づいて理解される。この理理相即の概念は中国や日本に受け入れられた形跡がみられ、とくに日本では宗派の学問討議の場である論議の題目となり、長く江戸時代まで議論された。

旧来成仏は智儼の影響を受けて『法界図』で初めて使われた用語であり、すべての衆生が初めから成仏しているという概念である。これは『法界図』の最後の偈にある「旧来不動名為仏」（昔からずっと不動であるものを名づけて仏という）と同じ意味である。義相は、煩悩を断じるとそれを旧来成仏といえると述べている。修行して初発心の階位に至って初めて、自分が旧来仏であることを自覚するという意味である。この思想は日本で活躍したとされる新羅見登の『華厳一乗成仏妙義』に受け継がれた。見登によると、旧来成仏とは已成仏の状態で、念念成仏とほかならないし、結局のところ刹那刹那に悟る自己体験の反復と理解していたと考えられる。

この義相の成仏論と関連して五尺身の思想が重要である。これは現在の吾身（五尺身）が仏と同一であることを意味する。このときの吾身とは心仏である。すなわち心と身と仏の一体化された事態をあらわす。のちに『法界図』註釈の一つである『真記』では五尺身について「五尺法性」という表現を用い、五尺という表現がもたらす誤解を防いでいる。

そうだとすれば、すでに仏なのになぜ実践が必要なのか疑問となるのは当然である。義相の語録とされる『華厳経問答』では、吾身が仏でないとすれば、どんなに教化しても成仏できないという。われわれは、本当は本来的に成仏しているのだが、自らそれを知らないので、教化によりそれを明らかにするのである。そこに実践が成立する。教化による実践について義相は、未来仏が吾身を修行させるというが、過去身としての吾身も同様である。これは徹底的に吾身に三世を凝縮させて実践を考える姿勢であるといえる。

義相は、自分を教化する仏が自身の自体仏であると観ずることこそ、正しく観法を実践する修行者のもつべき姿勢だという。その結果は「返迷」となる。これは迷いを翻すことである。「返迷」とは「返情」とも通じる表現であるが、心に執着がなく、教えの本来の意味をつかむことをいう。『法界図』の註釈である『大記』は、「現在凡夫である自分が、どうして十仏(華厳教学で説く理想の仏)となるのか」との問いに対して、凡夫を超越する方法は「反情」であるという。それによって法界がまどかに明るい(圓明)ことを観察でき、すべての煩悩を断じ、福と知恵とが成就されると断言する。また、「反情」は私たち凡夫が十仏であることを認識する修行方法とまでいわれている。

義相を理解するためのもう一つの鍵が阿弥陀信仰である。義相が開創した浮石寺は、華厳の寺であるにもかかわらず本尊は阿弥陀仏である。なぜ阿弥陀仏か。一説では、師匠の智儼が臨終に際して、衆生教化のために、まず阿弥陀仏の極楽浄土に行き、そこから『華厳経』の蓮華蔵世界に行くことを説いたとされるが、確かなことはわからない。今のところ、義相が民衆を念頭において、阿弥陀仏に対する念願こそ蓮華蔵世界を現実化するという信仰的な立場から、浮石寺の本尊を意図的に阿弥陀仏にしたと推測するに止める。

## 仏教に対する熱意――インドへの巡礼

新羅人でインドに渡った人は少なくない。義浄の『大唐西域求法高僧伝』には、インドに渡った新羅僧として阿離耶跋摩《ありやばつま》について記載されている。彼は仏法を学ぼうとして最初唐に渡ったが、ブッダの足跡を訪ねようと長安を離れインドへ向かい、インド仏教の学問寺である那爛陀（ナーランダ）寺に留まり、写経などをしながらそこで七〇余年の生涯を終えたという。

ほかにも恵業《えごう》・恵輪《えりん》・玄恪《げんかく》・玄泰《げんたい》・求本《ぐほん》などが唐からインドへ向かい、ある者は途中で亡くなり、またある者は新羅に帰ることなく、インドで生涯を終えたことが記されている。恵業は那爛陀寺で『維摩経』の漢訳とサンスクリット原本とを細かく対照しながら研究し、また『摂大乗論』を筆写したともいわれる。恵輪は『倶舎論』に詳しかったとされる。玄恪は、玄照と一緒にインドへ向かい、インドの大覚寺に留まりながら、仏教研究に励んだが、四〇歳で病死したという。なお、玄泰はのちに中国に帰ったが、新羅には戻らなかったと伝えられる。こうした新羅人のなかで旅行記を残したことで名が知られているのは慧超《えちょう》《ヘチョ》である。彼は金剛智や不空を師とした密教の僧であるが、若い頃に新羅より唐に渡り、さらに海路でインドに向かったという。そして七二七年に安西（クチャ）に帰り、旅行記である『往五天竺国伝』を残した。慧超は中国帰国後、七三三年に金剛智より密教の法を受け、さらに金剛智の仏典の翻訳場で筆受の役を担当し、さらに七七三年には同じく密教の不空より法を受けている。朝鮮半島の僧侶のなかで、インドに向かった高句麗僧は玄遊一人しか記録されていないことからも、当時の新羅僧の仏教に対する情熱や高い仏教水準が読み取れる。

## 禅の伝来と結社信仰

中国から新羅に禅が本格的に伝来するのは、長年の唐への留学のなかで、馬祖道一の弟子の西堂智蔵《ちぞう》（七三五〜八一四）から法を受けた道義《どうぎ トウィ》が、八二〇年に帰国してからである。中国から禅をもたらした僧侶たちは、主として地方で活動しながらも、しばしば王権との関係も結びながら勢力を伸ばしていった。こうした時代の変化に応じたかたちで華厳宗における結社が始まる。

新羅に初めて禅宗をもたらした人は法朗《ほうろう》とされている。彼は唐道信の法を受けた。法朗の弟子の神行は唐に留学して、北宗禅の普寂の弟子となる志空から法を受けて新羅に戻った。神行の業績を記した碑文によると、神行は『大蔵経』を要約し、遠方にも回っていたようで、志空の入滅にあたって灌頂授記を受けたという。

その後、前に述べた道義を嚆矢《こうし》として、次々と山門（新羅内の山岳を拠点とする禅の法脈）が開かれるようになった。昔から、これらを総称して九つの山として九山禅門というが、実際には高麗初まで一四の禅門にのぼる。

**迦智山門**　道義は迦智山門の初祖である。禅宗史の一つである『祖堂集』によると、彼の法号は明寂であったが、七八四年唐に渡って曹溪《そうけい》に至り、祖師の堂に礼をして、西堂智蔵に会って道義に改名したという。のちに頭陀行《ずだぎょう》で百丈懐海にも会い、八二一年に帰国した。しかし、当時はまだ禅の道理を説いても、でたらめと捉えられたので山林に隠遁したという。彼の帰国後の行跡は、達磨と梁の武帝との話に喩えられる。それは道義こそ新羅禅の始まりだという自派意識のあらわれであるとみられるが、その意識を強めたのが普照体澄《ふしょうたいちょう》である。

ところで、唐から禅宗をもたらした禅師のなかには新羅国内では華厳を学んだ者が多く、唐に留学した当初の理由は華厳をもっと学ぶためであった者もいる。彼らは禅師として新羅に帰り、山門を開創して華厳宗から禅宗に転向しているものの、依然として華厳との関わりは深かった。まず、体澄は幼い頃から仏門に入り、経典を中心に修行して、二七歳のときに普願寺で具足戒を受けた。この寺は新羅末から高麗初に活躍した華厳宗の坦文《たんもん》（九〇〇〜九七五）が住していたことから、華厳宗の寺であることがわかる。彼はその後、道義の法を受けた廉居《れんきょ》の門下となり法印を受けたという。さらに八三七年に唐に渡って善知識《ぜんちしき》を歴訪し、それによって性相無異であることと、それは迦智山派の禅風と変わらないことを知ったという。

**桐裏山門**　桐裏山門を開創した慧哲《えてつ／ヘチョル》は、義相学派の伝統的な寺である浮石寺で『華厳経』の講義を聞き、二二歳で大戒を受け、律と禅をよくしたとされる。彼はブッダの教えと祖師の密義を伝える所がないことを嘆き、それを契機として八一四年唐に留学し、馬祖の弟子の西堂智蔵のもとで印可を受けた。しかし、まもなく西堂が亡くなったため、その後、西州浮沙寺に行き、三年間ひたすら『大蔵経』を読み、教学が禅の道理にかなうことを自覚したという。彼は在唐一五年ののちに新羅に帰国するが、その間には天台宗の総本山である天台山国清寺にも滞在するなど、宗派を問わず教えを受けた。彼が新羅に戻ると、教と禅の人々が雲集したとされる。このように慧哲の禅は、華厳から出発しており、禅のなかでも経典を重んじる禅風を築いたと考えられる。さらに慧哲はいつも神衆（護法衆）の法席を開いたとされる。これらを総合すれば、慧哲の禅は、華厳・禅、そして民衆信仰を兼ね備えた独自の禅風であると考えられる。

聖住寺無染《むせん ムヨン》（八〇〇～八八八）は五色石寺で出家し、中国に留学して楞伽門（北宗禅）を受けた法性禅師のもとで学び、次いで義相が開創した浮石寺の釈登《しゃくとう》大師から華厳を学んだ。その後、中国の至相寺に行き、そこでは浮石寺とまったく同様の遺風を感じ取った。最後には麻谷宝徹《まこくほうてつ》に海東の大父として印可を受けて、その門下で作務に励んだことが記録されている。無染は八四五年に帰国するが、華厳宗と禅宗の関係が対立的であるという認識をもっていなかったと思われる。あるいは自らを禅宗であるとする自派意識があったとしても華厳宗に対する批判の意図はなかったとみられる。

このように新羅の禅宗は華厳宗との関わりが深い。これは義相に禅宗の影響がみられることや、義相学派の書物に禅を思わせる伝承や議論が少なくないことと関連する。高麗時代の後期の資料『禅門宝蔵録』（一二九四年編纂）には、禅師と華厳の人が教理論諍をして禅のほうが勝ったという話を載せている。しかし、新羅末期（八～九世紀）の資料からは宗派間の大きな軋轢を見出すことはできない。ただし、禅宗側から経典を重んじる人々を批判し、華厳側からそれに対応するかのように経典を軽んじる宗派を非難することは見受けられる。それは、それぞれの宗派を崇めるため書かれた碑銘や結社文によって確認されるもので、特定の禅宗と教派を指すものではない。

新羅末期の華厳宗は義相学派がおもな勢力で、自派間の教理的な疑問などの教理論争を経て実践的な宗教伝統を蓄積してきた。それは高麗時代の華厳宗の学僧である均如《きんにょ》《キュニョ》（九二三～九七三）の伝記に当時、問題となっていた教理をまとめている（『先公鈔三十余義記』）ことから、その様子がうかがえる。それに比べると、禅門のあいだで禅の宗旨をめぐる論諍のようなことは起こらなかったとみられる。禅門間の禅風の違いも明確ではない。例えば九山禅門のなか、八つの山が中国の馬祖道一の系統であるが、それぞれの独得な色彩はみられない。これ以後も禅門の多様性はあまりみられず、高麗時代を経て朝鮮時代の初期になると、それらは臨済宗に収斂されることになる。

新羅末期には、禅宗の伝来に対応するかのように華厳信仰結社が次々と結成された。例えば、義相・智儼を崇める結社の願文が残っている。また、崔致遠《さいちえん》（八五八～？）が九〇四年に『法蔵和尚伝』を著したのも、新羅末期の華厳の流れと関連して考えるべきである。それらは禅の広がりを目のあたりにして、危機意識を感じた華厳宗内の新しい信仰運動であるといえる。ただ、これらの結社門のなかに、禅に対する批判はみられない。九世紀末の性起などが義相を追慕するために作成した結社文（「海東華厳初祖忌晨願文」）を見ると、そのなかには義相の華厳の一つの中心概念であった五尺身（吾身）が重要視されている。ここから当時の華厳学は、おもに義相学派の流れを汲んでいたと考えられる。

## 唐における新羅人の仏教

唐における新羅人の仏教については、三つほど特筆すべきことがある。禅宗の無相《むそう》《ムサン》（六八四～七六二）と地蔵信仰の金喬覚《きんきょうかく》（六九六～七九四）、そして赤山院《せきざんいん》の仏教である。

**無相**　無相は新羅の王子で、入唐して蜀の地（現在の中国の四川省を中心とする地域）に入り、北宗の智詵門下の処寂《しょじゃく》から法を受けた。成都の浄衆寺に住したことから浄衆宗の祖とされる。また、益州の金和尚とも呼ばれる。無相は毎年十二月と正月に道場を開き、出家・在家の人々を集め念仏と坐禅とを取り入れた受戒儀式をおこなった。その際に無相は引声念仏をとおして教えたが、声を出した念仏に一気をつくして声が絶えて念も停止していたときにいわゆる三句語を唱える。三句語は無憶・無念・莫妄であるが、それらは仏教修行の基本である戒・定・慧にあてられる。この三句は無相の独創的な宗教的儀礼といえるが、そのなかでもすべてに対して分別のないことをあらわす概念である「無念」がもっとも重視されていた。

成都における無相の宗教的能力は頭陀行や神異によって知られるが、草衣に節食をし、食がつきると土を喰《は》んだとし、さらには猛獣も感化されて無相を衛護したという。のちに保唐宗の祖となる無住《むじゅう》（七一四～七七四）は、成都四川の浄衆寺に行き、無相に一度会っただけで弟子となったほど、その能力は世間に知られていた。以後、無相の系統は九世紀まで続き、無相は神異の僧としてチベットにまで知られることとなった。

**金喬覚**　金喬覚は金地蔵と呼ばれ、今でも地蔵菩薩の化身として信仰されている。伝承によると、金地蔵は二四歳で出家して、白い犬と一緒に船に乗り、中国に行って安徽省の九華山で七五年間修行したとされる。金地蔵が亡くなったあと、九華山は地蔵菩薩の道場となり、金地蔵は地蔵菩薩と信仰されることになる。また、金地蔵の信仰から地蔵像はほとんど統一されたといわれる。通常、菩薩の像は貴族の姿であらわされ、体には多くの宝石など装身具を身につけるが、地蔵菩薩だけは声聞のような比丘像である。そして右手に錫杖《しゃくじょう》を、左手に如意宝珠《にょいほうじゅ》をもち、頭には布をかぶっている。さらに金地蔵は等身仏信仰の求心力となった。伝承によると金地蔵は九九歳で亡くなってから三年のあいだ、死体は生前と同様であって、それをそのまま塔に安置して本尊としたとする。これにより九華山には同類の等身仏信仰が次々と発生している。

**赤山院の仏教**　赤山院は、新羅人が唐の山東半島に建てた寺である。日本天台宗の円仁《えんにん》(七九四〜八六四)は赤山院を訪れ、『入唐求法巡礼行記』に講経の模様を記している。それは『法華経』の講義であり二カ月ほど続いたという。これは単純な講義ではなく、論議の形式を交えたものであり新羅語でおこなわれていた。それは次のような次第であった。

午前八時に講経の始まりを告げる鐘を打つ。講師と読師が入堂すると僧たちはいっせいに仏名を唱え、なかには梵唄を唱える僧もいる。講師は北の座にのぼり、読師は南の座に座る。講師は高座にのぼり終えると経の題目を唱える。次いで維那師が、法会を開催する趣旨と施主の名と供養の品目とを読み聞かせる。それを講師が受けて、施主に対して祈願の言葉を述べる。それが終わると、論議役の僧が質問を提起し、講師は問者に礼をいう。論議が終わると経文の内容に入り、講義して終了となる。講義が終わると、皆が仏を讃える言葉を唱えるが、そこには廻向《えこう》の言葉も入っている。翌日には副講師が前に講じた経文を読み、意義深いと思われる部分は、講師が解釈し、副講師が繰り返す。円仁は、この儀式が日本の儀式と似ていたと記す。もし赤山院の講経儀式が新羅本土と似ているならば、当時の日本天台の講経儀式を通じて新羅本土のそれが復元できる可能性もあると考えられる。

## 3 日本 奈良・平安

### 朝廷の関与——天武・持統朝

仏教は氏族のあいだで信奉されるところから始まったが、やがて大王も個人的に信奉するようになっていった。その嚆矢が舒明《じょめい》(在位六二九~六四一)であったと考えられる。舒明は六三九年に飛鳥の地に百済大寺を造営したという。この寺院は厩戸王(聖徳太子)の熊凝精舎《くまごりしょうじゃ》に起源するといわれ、それが磯城郡百済川畔に移されたものである。

六四五年、大化の改新がおこなわれ蘇我入鹿《そがのいるか》(六一〇~六四五)が失脚したが、そのときの大王であった孝徳《こうとく》(在位六四五~六五四)は、同年八月に大王が仏教を奨励し、大王の氏寺をはじめ諸氏族の氏寺にまで援助をおこなうことを宣言した。また仏教界の内部に十大徳を選定し仏教を統制することもおこなったが、それは蘇我氏にかわって仏教の興隆をおこなうことと、大王の支配を支える理論に神祇信仰と仏教信仰との双方を立てることを意味した。

七世紀の前半から中期にかけての東アジア世界は、激動の時代であった。大陸においては李淵が隋を倒して唐王朝を創始し、朝鮮半島においては新羅が勢力を伸ばし唐と連合して朝鮮半島を統一しようと試みていた。百済はこのような状況において日本との結びつきを強め国の存続をはかろうとし、一方、日本では朝廷の中心にいた斉明《さいめい》（在位六四二〜六四五、六五五〜六六一）が、さまざまな革新を進めた。都の飛鳥地方に朝鮮半島の石の文化の影響を受けた庭園を築いたことが発掘資料から知られるが、六六三年、朝鮮半島における白村江の戦いで唐と新羅の連合軍に敗れてしまった。百済が滅亡するとその緊張は高まり、また百済の遺民である鬼室福信《きしつふくしん》などが日本に亡命した。『日本書紀』の六六九年の記事によれば、百済からの渡来人七〇〇人余りを近江国蒲生野（滋賀県蒲生郡）へ移住させたという。彼らは琵琶湖の湖東地方に移住し、その地に百済の文化を伝えたのである。湖東の百済寺や石塔寺、鬼室集斯《しゅうし》の墓所とされる鬼室神社などはその名残であり、百済様式の石塔などが現在に伝わる。

白村江の戦いののち、日本では天智《てんち》（在位六六八〜六七一）が即位し、国内の引き締めがはかられた。都は一時期、近江の大津京に移されたが、これは朝鮮半島から少しでも離れる意図があったと考えられる。六七二年の壬申《じんしん》の乱を経て天武《てんむ》（在位六七三〜六八六）が即位するが、この後、大王は天皇と呼称されるようになった。天武は都を飛鳥浄御原宮に遷してさまざまな改革をおこない、現在に繋がる天皇制の基礎を築いた。

天武の治世下に仏教も朝廷との結びつきを強くしていった。六七三年には飛鳥の川原寺において一切経の書写がおこなわれ、百済大寺が移され高市大寺となった。この寺はやがて六七七年には大官大寺となり、朝廷の関与する寺院として威勢を誇った（平城京遷都にともない移築され大安寺となる）。また六八〇年には国の大寺が定められた。さらに天皇の病気平癒を願って薬師寺が建立された。この時期の大きなできごとは、六八三年、僧侶世界を監督するために僧正・僧都・律師の僧綱制が設けられたことである。

この制度は平安時代を通じておこなわれ、中世の時代には形骸化するが、仏教界の僧侶の上下関係を示す名称として継承され、現在にも影響を与えている。

朝廷が支配のおよぶ地域のすべてに仏教を奨励したのも天武の頃であり、『日本書紀』によれば六五八年に「諸国の家毎ごとに仏舎を造り、仏像を礼拝供養」させたという。天武天皇が亡くなったときには飛鳥寺・大官大寺などに、貴賤の区別なく食を施す無遮大会が開催されたと伝えられる。このように天武の頃より朝廷は仏教を積極的に取り入れ、国の安穏のために利用するようになった。それは天武の後を継いだ持統《じとう》(在位六九〇〜六九七)にも継承され、六九三年には『仁王般若経』を諸国に読ませたり、六九四年には『金光明経』を諸国におき、毎年正月に読ませたという。『仁王般若経』も『金光明経』もともに国家の安寧を念願する内容を含む護国の経典である。国の安寧を仏教の力を借りて実現しようとしたものであり、仏教が朝廷公認の宗教として存在するようになったことがわかる。

さらには七〇一年には本格的な律令である『大宝律令』が完成し、翌七〇二年には大官大寺で「僧尼令」が説かれた。この「僧尼令」は唐令の「道僧格」を下敷きにしていることが指摘されているが、僧綱を選挙によって選び任命しようとした点、私度僧を禁じ僧尼の引き締めをはかろうとした点などが注目される。

また、七世紀の中葉頃には直接唐に渡り仏教を伝える者もあった。六五三年には道昭《どうしょう》(六二九〜七〇〇)が入唐し、玄奘に師事し六六〇年頃に帰国している。道昭は法相唯識宗および禅観を日本に初めて伝えたという。六五八年には智通・智達が入唐し、同じく玄奘から法相を学び、日本に伝えた。これが法相宗の第二伝とされている。

## 鎮護国家の完成

天武・持統朝の頃から朝廷は積極的に仏教に関与するようになったが、その体制をより推し進めたのは聖武《しょうむ》(在位七二四〜七四九)である。七一〇年に都は飛鳥京から平城京へと移ったが、その新しい都にはすぐに藤原氏の氏寺であった山階寺が移り、興福寺と称された。また法興寺も先に禅院が移転し、のちに本寺も移転して元興寺となり(ただし法興寺の伽藍はもとの場所に残り、今の飛鳥寺になった)、薬師寺も移転した。聖武は当時、民間に布教し勢力をもちつつあった行基《ぎょうき》の活動を禁止し、一方で僧尼の学業・修行を奨励した。七一八年には唐に留学していた道慈《どうじ》が戻り、三論宗を伝え(三論の第三伝)、大安寺に住した。こうして平城の都には興福寺・元興寺・薬師寺・大安寺という大寺がまず整備され、僧侶には学問・修行が期待された。

聖武の治世において注目すべきものは、諸国に国分寺・国分尼寺の創建をおこなったことと、都の奈良の地に東大寺を創建したことである。ここには、朝廷の立場からすれば、学問・修行に励むことが護国に繋がるとの発想がみてとれる。そのような場を諸国に整備することが朝廷の任務と考えられ、聖武は七四一年、諸国に国分寺・国分尼寺の創建を発願した。そして、これらの国分寺・国分尼寺において、僧尼は正月の七日間に護国経典を講じることが義務づけられたのである。護国の経典とは『法華経』『金光明経』『仁王般若経』の三つであり、国分寺の正式名称が「金光明四天王護国之寺」であったことは、如実にこの体制が護国のためであったことを物語る。尼寺の正式名称は「法華滅罪之寺」であり、こちらは滅罪悔過を中心にしており、滅罪と護国とが対にされたことがわかる。

諸国に寺院を建立し護国を祈念するという発想は、唐の則天武后が中国の全土に設置した大雲経寺がその模範となったと考えられる。ちなみに大雲経寺は則天武后の子の中宗のときに中興寺さらに龍興寺とその名を変えた。

国分寺造立の詔を出した二年後の七四三年には、盧舎那《るしゃな》仏像の造立の詔が出された。最初は紫香楽宮《しがらきのみや》

興福寺全景

東大寺大仏殿

に、その寺地が探され造立が始まったが、七四五年には平城京の東端に移され、これが現在の東大寺となった。やがて大和の東大寺は総国分寺として、また法華寺は総国分尼寺として位置づけられた。東大寺の盧舎那大仏の開眼供養には日本に渡来していた外国人僧の菩提僊那《ぼだいせんな》（七〇四〜七六〇）や道璿《どうせん》（七〇二〜七六〇）が、来朝した鑑真とともに参加している。道璿は、戒師招請のために唐土に渡った栄叡《ようえい》（?〜七四九）や普照《ふしょう》（生没年不詳）の招請に応じ、七三六年に先に渡日していた僧侶である。また東大寺の前身と考えられる金鐘寺には新羅から審祥《しんじょう》が渡来しており、七四〇年に東大寺に『華厳経』を講じている。

## 南都六宗および天台・真言二宗

七世紀の前半の天平年間には将来された経典を書写する大事業がおこなわれた。一般に天平の写経と呼ばれるこの事業は、おもに玄昉《げんぼう》（?〜七四六）が将来した典籍に基づくと考えられる。玄昉は義淵に法相宗を学び、七一六年に入唐して法相の第三祖に列せられる智周《ちしゅう》（六六八〜七二三）に学んだ。玄宗から三品の位と紫衣を賜ったと伝えられ、七三五年に帰国したが、その際に『開元釈教録』に基づく経論五〇〇〇余巻を持ち帰った。この写経事業には写経生・校正生が存在し、非常に精度の高いものであった。この写経がのちの時代の写経の際に書写される原本になったと考えられる。玄昉は興福寺に住し、七三七年に僧正に任じられた。また彼は皇太子夫人の宮子の看病にかかわり験をあらわしたと伝えられ、吉《き》備真備《びのまきび》（六九五〜七七六）と親交を結び、政界に対しても大きな力をもったという。玄昉は藤原広嗣《ふじわらのひろつぐ》（?〜七四〇）の乱の原因をつくったとされ、七四五年には筑紫の観世音寺に流され筑紫において亡くなった。

日本にもたらされた経論を研究する集団が各寺院につくられたのも、この八世紀の前半頃から確認される。その最初は五宗であったと思われ、『続日本紀』七一八年十月の太政官符の記事に「五宗之學、三蔵之教」との言葉が見出される。「或いは衆理を講論して諸義を学習し、或いは経文を唱誦して禅行を修道し、各業を分かたしめよ」ともあり、この頃から学問をもっぱらにする者と修道をもっぱらにする者への分化がみられる。律を勉学する律衆、成実論を勉学する成実衆、倶舎論を勉学する倶舎衆、三論を勉学する三論衆(清弁系の三論は別三論衆と呼ばれた)、法相を勉学する法相衆あるいは華厳経を勉学する華厳衆など、衆と呼ばれる集団が各寺院に存在した。彼らは各寺院の「師所」に学んだものと推定される。やがてこれらの衆は「宗」との語でも表現され、一つの寺院のなかに同居したが、寺院ごとに得意とする宗が存在し、それが本宗となり、やがてはそれが各寺の特徴となった。なお倶舎宗は法相宗に、成実宗は三論宗に付属する(寓宗と呼ぶ)かたちで存在し、初期には五衆(宗)の存在が知られた。

やがて法相教学を本宗とする寺院として興福寺や元興寺・法隆寺・薬師寺が重要となり、三論教学では大安寺が重要となった。のちに東大寺において華厳教学を学ぶ華厳宗が成立し、七六〇年に発布された太政官符のなかに「三学六宗」として、初めて六宗の名称が登場する。なお東大寺は華厳宗を中心とするが、六宗(のちに八宗)を兼学する寺院として特異な立場を保った。それらは寺院内の各院家に固有の宗が修学されるかたちをとった。しかし日本人僧侶の手による本格的な仏教書は八世紀の後半を待たなければ登場せず、その嚆矢と目されるのが元興寺智光《ちこう》(七〇九〜七八〇)の手になる『浄名玄論略述』である。天平の写経に始まる経論の書写から本格的な研究がおこなわれるようになるまでに、しばらくの時間を要したのである。

平安時代の初期になると、南都の六宗に加えて天台・真言の二宗が加わることとなった。天台宗は最澄により、真言宗は空海によって創始されたが、両者とも入唐し、大陸の仏教に学んだ。最澄も空海も八〇四年に唐に渡り、最澄は台州の天台山に学び南地を遍歴し、空海は唐の都長安の青龍寺に学んだ。最澄はすでに天台の学匠として名声を高めつつあったときであり、入唐は還学生(短期留学生)としてであったが、空海は留学生(長期留学生)としてであった。この入唐時に二人とも密教に接するが、その接し方が日本における両宗の展開を方向づけることになった。最澄は中国の南方において雑密を中心に相承をはたすが、空海は都長安において、恵果和尚より胎蔵界・金剛界という本格的な密教を相承した。本格的な密教を相承した空海に、帰朝後の受法を請う最澄と、密教は面受を大切にすると考えていた空海とのあいだに軋轢が生じた。最澄は、会津の徳一《とくいち》と三一権実論争に時間を費やさざるを得ず、密教の勉学とその継承は最澄の弟子たちの課題として引き継がれた。なお、空海の密教は、インド・中国では別々の歴史的展開をもった金胎両部の密教を融合する独自のものであり、また最澄の密教は不完全なものであっただけに、弟子たちにその関心が継承され、やがて金胎両部に蘇悉地《そしつじ》部を加えた三部の密教という独自のものとして結実した。

また空海は密教を中心に立て、それ以前の仏法を顕教と位置づけ、顕密二教《けんみつにきょう》の教判を打ち立てた。その体系は、『弁顕密二教論』や主著になる『十住心論』において主張され、空海以降、仏法は顕教と密教という二つの範疇に大別されて理解されることになった。

## 僧伽の再生機能

仏教を信奉する人々の集団は僧伽《そうぎゃ》と呼ばれる。仏教の僧伽は基本的には出家者によって構成されたが、男性の構成員である比丘《びく》からなる比丘僧伽と、女性の構成員である比丘尼《びくに》からなる比丘尼僧伽の二つに分かれる。日本では正式な男性出家者を僧、女性を尼僧と呼ぶ伝統があるのでこの呼称に従う。しかし僧は僧伽の略語としても使用されるので、この点では、個人と集団が意図的に混同されることもあった。

さて、二つの僧伽にはそれぞれに見習いが存在する。見習いは沙弥《しゃみ》、沙弥尼《しゃみに》と呼ばれ、女性の場合には式叉摩那《しきしゃまな》（見習いと正式な尼僧の中間）と呼ばれるもう一つの構成員が存在した。これらに在家の信者である優婆塞《うばそく》（男性信者）と優婆夷《うばい》（女性信者）が加えられると、七衆と呼ばれる構成員が成立する。

日本において最初期に成立したのは尼僧集団であったが、蘇我氏の氏寺である法興寺が建立されてからは男性の集団も成立したと考えられる。入門希望者は、まず正式の僧に入門して見習いの沙弥となり、やがて成人に達すると正式に受戒して僧となった。在家信者は五戒を保ち、見習いの沙弥・沙弥尼は十戒を保ち、正式の僧尼になるとそれぞれ具足戒を保つのが僧伽の伝統であった。しかし日本の古代においてこの原則が保持されていたのかは不明である。またそれぞれの入門の際に、伝統的な戒を授ける儀式が如法におこなわれていたのかどうかも疑わしい。しかし、七世紀になれば氏寺や天皇家が信奉する寺院も成立しているので、何らかの入門の儀式があったことが想像される。

正式な僧になるためには大僧一〇人からなる三師七証を揃え、白四羯磨《びゃくしこんま》形式（戒を授けるという表白が一回、確認の作法である羯磨が三回おこなわれる形式。重要な事項の採決に用いられた）で具足戒を受戒する必要があったが、この形式が日本に正式にもたらされたのは、八世紀の中葉の七五四年、唐僧の鑑真の来朝によってであった。このとき、東大寺の大仏殿前において授戒会がおこなわれ、聖武上皇・光明皇后らには菩薩戒が、僧侶には具足戒が授けられた。しかし、日本人僧の賢璟《けんけい》（七一四〜七九六）らは、三聚浄戒を受戒してすでに僧になっていることを理由に受戒を拒否したことが伝えられている。このことから、鑑真以前は菩薩戒である三聚浄戒を受戒して、具足戒の受戒に相当させた『占察経』を根拠とした受戒がおこなわれていたのであろうと推定される。

このように日本の僧伽に正式の受戒方式が導入されたのは、中国から渡来した鑑真によってであった。鑑真は栄叡や普照の招請を受け、五回の渡航の失敗ののち、六度目に来日したが、そのときには視力のほとんどを失っていたという。鑑真の弟子たち一七人の正式の僧侶がともに渡来し、ここに正式の伝戒が成立した。翌七五五年には東大寺に戒壇院がつくられ、国家管理の正式の戒壇が成立した。のちに、筑紫の観世音寺、下野の薬師寺にも戒壇がつくられ、中央の東大寺では三師七証の一〇人で、地方では半数の五人で受戒がおこなわれることになった。この時以降、日本の僧尼は出家のときと具足戒受戒のときと合わせて二回、朝廷に正式に把握管理されることとなった。

南都系の三戒壇が成立してからは、正式の出家と認められるには東大寺、薬師寺、観世音寺の三カ所のどこかで受戒することが求められた。受戒ののちには『四分律《しぶんりつ》』や『四分律行事鈔』などの修学が求められたが、畿内の僧尼の場合、そのためには奈良に滞在することが必要であった。このような状況下、比叡山の最澄の弟子のなかには奈良に受戒のために出たのち、戻らぬ者も出現するようになった。最澄はそのような状態を回避するとともに天台の独自性を主張するために、八一八年「六条式」「八条式」を制定し、翌八一九年には「四条式」を制定し、比叡山に大乗戒を授けて正式な菩薩僧を生み出す戒壇を設立したい旨を宣言した。この主張は、最澄の大乗戒運動と呼ばれるが、護命を代表とする僧綱は真っ向から反対した。七衆戒を受戒せず、菩薩戒を受戒しただけで正式の比丘とすることはあり得ない、と伝統に則った見解を述べ、承認を拒んだのである。しかし最澄の「四条式」の主張は、八二二年最澄の死後七日目に朝廷から勅許され、比叡山に大乗独自の戒壇設立の許可が出された。これ以降、日本の仏教界には具足戒を受戒して正式の比丘となる南都系の戒壇と、大乗の菩薩戒である三聚浄戒のみを受戒し、『梵網経』に説かれる十重四十八軽戒を守ることで正式の菩薩僧となる比叡山の戒壇と、二つの基準をかかえることとなった。以降、南都系の僧侶からは、比叡山は七衆戒と菩薩戒とを混同しているとの執拗な批判が続くことになった。

## 民衆と貴族の宗教

仏教は民衆にどのようなかたちで受容されたのであろうか。おそらく飛鳥・奈良時代においては、願いごとをかなえるのに最適なものとして受け入れられたと思われる。それは戦勝祈願によって四天王寺が創建されたことなどにもあらわれている。また国家レベルで国の安泰を祈るものであったことなどにはすでにふれたが、山岳において修行をおこなった僧侶による病気治療なども重要なものであったと考えられる。古代を通じて存在する看病十禅師などはその典型であった。また、奈良時代の半ば頃の動きとして注目すべきものは、行基の民衆救済活動である。行基は民衆に布教し、多くの人々を教化して知識集団を築き、また社会事業にも貢献した。彼は四十九院と呼ばれる道場を創建し布施屋を設置し、また池・溝・橋などを築造した。そのように民衆の救済につくしたことから、彼は行基菩薩と慕われた。朝廷は最初、その活動を恐れて僧尼令違犯として弾圧したが、七三一年頃より弾圧はゆるやかになり、盧舎那大仏造立の詔が出された七四三年以降は積極的に登用され、行基は民衆とともに大仏の建立に協力している。行基は七四五年には大僧正に任じられた。彼は民衆布教僧として多くの説話を生み、また後代になると行基信仰が生まれた。

このように古代の仏教においても民衆との関わりは重要な視点となるものであり、その記録は『日本霊異記』という説話資料からもうかがうことができる。本書は善悪の報いを明らかにする、いわゆる「善因楽果、悪因苦果」の因果律を民衆に知らしめることを目的として著述された説話集であるが、仏教が霊異として理解されており、神祇に対する意識と似通うところがあることが指摘できる。また法会に参加する庶民の姿も描かれており、民衆が願いごとの成就を仏教に期待していたことや、正式ではない僧侶すなわち私度僧が多く存在し、積極的に活躍していたことも知られる。

平安京に都が移転した九世紀以降、朝廷内で権力を掌握したのは藤原氏であった。藤原氏は良房《よしふさ》（八〇四〜八七二）が八五七年臣下として初めて太政大臣となり、翌年には最初の摂政となった。基経《もとつね》（八三六〜八九一）は八八七年には初めて関白となっている。以降、藤原北家の出身者が朝廷の枢要な地位を占めるようになった。政治の担い手となった貴族が仏教に求めたものは、最初は一族の安泰と繁栄であったと考えられる。古代の氏寺の存在は、共同体としての一族の繁栄と国家の安寧を願うためのものであったと推定される。玉体安穏や五穀豊穣が祈願の眼目であったことからも、それは首肯されよう。それは願いごとの成就や死者への追善供養、および病気の平癒などに繋がっていったと考えられる。それらは格式の高い法会の場を通じて祈願されることもあったことが『和漢朗詠集』などに残された願文や表白から推測される。

また経典を読誦することによって特別な験力を授かることができるとも考えられ、そのような営みに励む持経者の存在も忘れることはできない。いずれにしろ、仏教は庶民にとっては教理的に信奉されたのではなく、願いごとをかなえるものとして受容されたのである。

## 僧侶の営みと階層分化

奈良・平安時代を通じて、僧侶にとって重要なことは、法会を執行することと学問の研鑽に励むことであったことは間違いない。日本に紹介された仏教が朝鮮半島を介していたとはいえ、中国南朝の仏教を起源に持つものであり、それは法会を重要な要素としていたのである。また飛鳥時代の最初の僧が女性であったことは、仏教が所願の成就をかなえる祈禱的な部分をもって受容されたことを物語る。氏寺から始まり氏族共同体の安寧を願うところから、朝廷が関与する寺院が成立する段階になると、その目的も護国の色彩を帯びるようになったが、その基本的な性格は変わらず、朝廷にとっての所願である国家の安寧が祈願されたのである。その成就のために僧侶に求められたことは護国の三部経典を正月の法会などで読誦することであった。例えば、聖武天皇によって設置された全国の国分寺・国分尼寺においては、僧尼の営みの基本は護国の経典である『法華経』『仁王般若経』『金光明最勝王経』を講説し、また読誦することであった。その性格は平安時代になっても変わらず、例えば天台宗の僧侶が輩出されるようになってからも、天台僧が国分寺や定額寺の講師に任命されるよう訴えが出され、実際に太政官符によってそれが認められている。

このように僧侶は護国体制のなかで、玉体護持や五穀豊穣を祈願して法会を執行することがまず重要な責務と捉えられたのである。しかし、実際にはそれだけに留まらない。僧侶は奈良時代から平地の、機構の整った寺院に居住するとともに、近郊の山間部に存在した出先機関的な寺院において、山間修行にもかかわっていた。興福寺にとっての室生寺、元興寺にとっての比蘇山寺などがそれにあたる。『続日本紀』七一八年十月の太政官符に登場する「或いは衆理を講論して諸義を学習し、或いは経文を唱誦して禅行を修道し、おのおの業を分かたしめよ」との文章は、当時から僧侶のなかに得意とする分野での区分が生じ始めていたことを物語る。そして、禅行を修道する場所は山間がふさわしい。とすれば山間の霊性にふれ、特殊な力を得たと称する僧侶が生まれることは必然であり、そのような僧侶が闘病平癒にかかわる看病十禅師などに任命されたと考える。やがて比叡山や高野山に密教がさかんになると、験力に支えられた加持祈禱が重要な責務になった。平安初期に内裏の大極殿に執行された後七日御修法などはその典型となる。ところで、平地と山間の寺院とを往復していた僧侶に平安時代初期の護命《ごみょう》（七五〇～八三四）があげられる。護命が月の半分は平地の寺院に、月の半分は山間に籠もったことが確認されており、それは当時の僧侶の一般であったのかもしれない。

法会が重要な要素であったことは源為憲が九八四年に編纂した『三宝絵』からも知られる。本書は冷《れい》泉《ぜい》天皇（在位九六七～九六九）の第二王女尊子内親王のために献上したものであるが、下巻には当時おこなわれていた重要な法会・仏事が三一個、取り上げられている。正月の修正会に始まり、十二月まで法会が数多く存在する。

なかでも格式の高い法会が奈良に三つ存在したが、それらが興福寺維摩会・宮中御斎会・薬師寺最勝会のいわゆる南都三会（南京三会とも）であった。御齋会は七六六年または七六八年に創始され、正月の八～十四日まで宮中の大極殿に『金光明最勝王経』を講じる法会であった。薬師寺最勝会は八三〇年に創始され、三月七～十三日にかけて同じく『金光明最勝王経』を講じた。興福寺維摩会は七世紀より創始され『維摩経』を講じた。やがてこれらの法会には講説だけではなく、論義（仏法に関する質疑応答）が付随した。論義は竪義論義と講問論義の二つに大別されるが、竪義論義は僧侶の登竜門を意味し、竪義を経た者が格式の高い勅会の講師になれるようなシステムがやがて整った。

これらの道筋の成立に大きな役割をはたした人物は、桓武《かんむ》天皇（在位七八一～八〇六）であった。桓武天皇は、僧侶が政治に関与する平城京時代の仏教を改革することをめざし、平安京において天台・真言の二宗を新たに公認して八宗体制を築くと同時に、僧侶の営みを学問中心に向かわせる役割をはたした。そして、南京の三会の講師を経た者が已講《いこう》と呼ばれ、順次に律師・僧都・僧正の僧綱に任命されていくという基本的な形態ができあがったのである。

奈良でおこなわれる格式の高い法会が南都僧によって独占される事態が生じると、しだいに京都にも同様の法会が整備された。院政期になると、円宗寺法華会・最勝会・法勝寺の大乗会の天台系の三大法会が北京三会と呼ばれることになった。

やがて南京の三会と北京の三会が同格となり、そのうえに三講と呼ばれる講会が設けられた。法勝寺の御八講、宮中の最勝講、仙洞の最勝講がもっとも格式の高い勅会の三講となり、僧侶世界の頂点を極める法会と位置づけられた。これらの法会への出仕者は前任者による推挙や貴族の推薦、いわゆる公請や御請と呼ばれる招請で決められた。藤原道長(九六六〜一〇二七)の栄華を伝える『栄華物語』のなかに僧侶が公請《くじょう》に預かることを「面目」とし、招請されないことを「口惜しき」こととする記事が見える。それは格式の高い法会に聴衆または講師として招請されることが、僧侶世界の名誉であるとの認識が生じていた証拠である。三会や三講は中世の時代にまで継承されているので、法会がいかに重要な役割をはたしていたかがわかるが、これらは顕教を修学する僧侶にとっての出世の階梯であった。

また、院政期における僧侶世界の特徴として、僧侶の身分階層化が進んだことがあげられる。貞慶《じょうけい》(一一五五〜一二一三)の書いた「戒律興行願書」のなかに学問研鑽をもっぱらとする学侶と、そうではない堂衆に二大別されることが記されている。実際にはもっと細かい区分が存在したが、学侶とそれ以外の堂衆や禅衆、禅侶と呼ばれる僧侶が登場するようになる。学侶以外は僧綱への道も厳しかったと思われる。世俗世界では藤原北家出身の貴族が摂政関白を独占するようになり、そのほかの貴族の出世が拒まれたが、そのかわりに貴族の子弟が寺院社会に入るようになった。ここに寺院社会に世俗の身分制が持ち込まれるようになった一因が存在するが、やがて寺院社会のなかにも厳然とした出自による区分、すなわち貴種・良家・凡人の三区分が生まれた。院政期には僧侶もその出自と職掌に応じて、さまざまな階層に分化していたのである。

## 密教の隆盛と浄土信仰

平安時代の仏教の特徴としてあげられるものが、密教の隆盛と浄土教の勃興である。高野山の密教は空海によって開創され、弟子たちも祖師の教えをよく守ったが、比叡山においては事情が多少異なり、弟子たちのなかには密教の体制確立をめざして唐に留学する者があった。

空海・最澄のあとには六人の入唐僧侶が注目され、一般に入唐八家と呼ばれる。在唐時期を示せば、それぞれ常暁《じょうぎょう》(八三八〜八三九)、円仁(八三八〜八四七)、円行《えんぎょう》(八三八〜八三九)、恵運《えうん》(八四二〜八四七)、円珍(八五三〜八五八)、宗叡《しゅうえい》(八六二〜八六五)である。円仁・円珍《えんちん》(八一四〜八九一)の両名は入唐した天台宗僧侶として名高い。円仁は九世紀の前半に入唐し、会昌の破仏に遭いながらも無事に帰国し、天台の密教に大きな影響を与えた。在唐中の記録が『入唐求法巡礼行記』である。円珍も入唐し、さまざまな仏典を将来したが、彼はその在唐中の記録として『入唐求法巡礼行暦』を著した。密教に関する日本人僧侶の関心は高く、中国に渡る僧侶に託して質疑応答が文章でなされた。それらの記録はまとめられて『唐決』と呼ばれた。円仁・円珍以外の四人は、真言宗に属する。彼らに関する史料として、八八五年および九〇二年の序をもつ入唐八家の将来目録である『八家目録』が伝わる。常暁が伝えたものに大元《たいげん》帥法《のほう》があり、それは正月八日から一週間かけておこなわれる鎮護国家の修法となった。この大元帥法は山城国小栗栖の法琳寺が修法の場と定められていたが、醍醐寺理性院の賢覚が一一三五年に醍醐寺の別当になって以来、理性院におこなわれるようになった。この修法は怨敵調伏のためにおこなわれ、一八七一(明治四)年まで毎年正月に宮中の後七日御修法とともに修されてきた特別なものである。

このように平安時代には密教が怨敵調伏や天皇の玉体安穏、五穀豊穣、時には降雨を祈るなど、重要な役割をはたした。そして貴族たちの所願をかなえるものとしても密教がさかんに利用されるようになっていた。しかし一方で貴族たちの猟官祈願には日本の神祇に祈るなど、信仰の使い分けがなされていたことにも注意が必要である。

入唐僧のなかには八六二年、真如親王のように仏跡巡拝のために渡海した者もあった。また八九四年には遣唐使が廃止され、中国の文化の直接的な影響が弱まるが、そのようななかでも、九八三年、奝然《ちょうねん》(九三八〜一〇一六)が入宋し五台山などを巡礼し、九八七年に帰国している。奝然は新たに印刻された『宋版大蔵経』五〇〇〇巻および仏像を将来した。その仏像は京都嵯峨野の清涼寺に安置され、のちに清涼寺式釈迦如来像の原型となった。この清涼寺式釈迦如来像は生身の仏と考えられ、鎌倉時代に律僧らによって日本全国に広められた。奝然は晩年、東大寺の別当になっている。さらに一〇七二年には天台僧の成尋《じょうじん》(一〇一一〜八一)が六二歳の年齢にもかかわらず、源信《げんしん》(九四二〜一〇一七)の『往生要集』や円仁の『入唐求法巡礼行記』を携え入宋した。成尋は宋において訳経に参加し、また祈雨の功として善慧大師号を賜り、帰国を許されず宋に没した。また遼・金・契丹などの経論を参照して作成された高麗義天《ぎてん》《ウィチョン》（一〇五五～一一〇一）の教蔵（『高麗続蔵経』とも）が日本に将来され、南都や真言系の寺院で修学された。東大寺の覚樹（一〇八一～一一三九）はその中心にいたと推定される。このように十一、十二世紀においても中国との交流が存在したのである。

平安時代の仏教の特徴として浄土教の隆盛もあげられる。浄土教は七世紀前半に日本に伝えられたが、九世紀の前半に円仁が五会念仏法を比叡山に伝えたことが注目される。この念仏は中国の五台山の念仏三昧法であり、三昧法門すなわち修行道の一つとして紹介された。止観念仏とも呼ばれ常行三昧として実修され、心を沈静化する一つの方法と考えられた。

比叡山ではのちに、源信が経論から地獄のありさまを詳細に抽出し、また極楽浄土のありさまも抜粋した『往生要集』を著した。本書は極楽浄土世界の観想を勧める著作であり、当時の人々によって浄土が希求される原因となり、平安時代末期の浄土教の隆盛を築く原因となった。なお源信は『一乗要決』も著しており、平安時代初期から続いた三一権実論争に終止符を打つ役割もはたしている。

貴族のなかにも浄土思想が流行し、死後は極楽浄土世界に往生することが理想とされるようになった。藤原氏のなかには壮大な浄土庭園をもつ浄土寺院を建立する者があらわれ、藤原道長は京都鴨川の右辺（現在の上京区鴨沂付近）に法成寺と呼ばれる巨大な浄土寺院を築いた。この寺院は道長が病気平癒を願って出家し、金色の丈六九体阿弥陀如来像を本尊とした無量寿院を建立したことに始まり、一〇二二年に定朝《じょうちょう》作の大日如来像を安置した金堂や五大堂が建立され、法成寺と呼ばれるに至ったものであるが、一

山越阿弥陀図（京都，永観堂禅林寺蔵）

○五八年に火災に遭い消失した。のちに藤原頼道がほぼ元通りに再建したが、一三一七年金堂が倒壊し再び廃滅に至って以後、再建されることはなかった。なお、藤原頼道は宇治に浄土教建築の傑作とされる平等院鳳凰堂をつくっており、また関東では金沢氏が称名寺を建設し、東北では毛越寺が建立された。いずれも本堂の前に浄土の池を模した池と、その池の中央に橋を掛け、此岸から彼岸の本堂へと渡れるように計画した、典型的な浄土庭園を備えた浄土教寺院であった。

また重源《ちょうげん》（一一二一〜一二〇六）が建立したという播磨の浄土寺は、春秋の彼岸に本堂のなかに日の光が差し込むと、雲座に乗る阿弥陀如来像が空中に浮かび上がったように見える趣向をもった浄土寺院であった。また天台系では良忍《りょうにん》（一〇七二〜一一三二）が「一念一切念、一切念一念」と述べ、一人の念仏が一切の人の念仏に通じると述べ、大きな勢力を築いた。良忍の門流は融通念仏宗と呼ばれ、一時期断絶するが、復興されて現在にまで継承されている。

南都においても浄土信仰は存在し、東大寺の別所とされた山城の光明山寺はその中心であった。永観《ようかん》（一〇三三〜一一一一）は『往生拾因』を著し、念仏が往生の原因になるとの見解を述べたが、その念仏は仏の姿を観想するいわゆる観想念仏が中心であった。称名念仏にも言及するが、それも修行道の一つとして考えられたものである。平安時代までの念仏は伝統的に行の意味合いが強く、奈良の地においては念仏と真言とは菩提を得るための修行道の一つとして捉えられていたことに注意しなければならない。これは中世の時代に登場する称名念仏に主力をおき、新たな教理的な意味を付加し、一宗として自立する浄土宗や浄土真宗とは大きく異なるものであった。

# 第3章　仏教の土着化

## 1　中国　宋・元・明

### 宋以降の仏教の特徴

唐王朝崩壊後、五代十国という約五〇年の分裂期間を経て、宋(九六〇～一二七六)が中国を統一した。宋代には、科挙制による官僚体制が強化され、貴族の世襲がなくなり、君主独裁体制が確立する一方、民間の経済や社会は自由度を増した。このような宋代の君主独裁体制は元・明・清に継承され、近現代中国の国家建設にも深い影響を与えている。また、元と清は異民族が征服王朝として中国全土を統治したが、彼ら統治者はチベット仏教を尊崇していた。こうした中国社会の大転換を背景に、仏教にもさまざまな変化が生じたが、巨視的にみると、統合・固定化の趨勢が一貫して顕著である。

まず印刷技術の発展が、唐代までの筆写による経典流通と知識伝達の状況を一変させた。筆写に比べて製作が容易で、見やすく正確に複製された印刷物をとおして、仏教経典は迅速に広範囲に普及するようになった。版本の製作は往々にして朝廷の命によるもので、そうでない場合も「皇帝の長寿を祈念する」といった文言が付されることが多く、仏教が皇帝に従属するかたちだったことが明らかである。宋代以降も、経典の筆写はさかんにおこなわれているが、その祖本は印刷物である場合がほとんどで、唐代以前の写本を転写したものは基本的に姿を消し、経典のテキストは数の限られた版本に統合され、固定化していった。

次に、唐代以前は三論・天台・法相唯識《ほっそうゆいしき》・華厳・禅などの諸派が併存していたが、宋代以降は禅宗と蓮宗(浄土教)が中国仏教の主要な勢力になり、互いに競い合いながら、融合の道をたどっていく。これが、現在に至る中国仏教の基調となっている。唐末の会昌《かいしょう》の廃仏によって仏教の寺院経済が崩壊し、天台宗・華厳宗・法相宗の経典や著作の多くが散逸し、新羅や日本に伝本を求める試みまでなされた。また、インド・西域からの経典の伝訳流入による刺激がしだいになくなり、経典解釈の伝統も衰退してしまった。これに対して、禅宗は初めから論著に重きをおかなかったため、被害は比較的少なく、中国人の仏教として発達していった。五代・宋初に活躍していた永明延寿《えいめいえんじゅ》(九〇四～九七五)が諸派融合の方向性を理論として自覚的に打ち出し、後世に決定的影響を与えている。

## 宋代仏教の前奏——五代十国の仏教

五代というのは、後梁の太祖が九〇七年に唐を滅ぼして以後五〇年余りのあいだに、華北にあらわれた後梁・後唐・後晋・後漢・後周の五王朝の時代である。このうち後周の世宗は九五五年に詔《みことのり》をくだして廃仏を断行し、勅額のない寺をすべて廃するとともに、出家を禁じ、仏像を貨幣に改鋳するなどして、仏教を迫害した。これが、いわゆる「三武一宗の法難」の最後の一つである。その原因はそれ以前の三回の廃仏とは異なり、仏・道二教の宗教的抗争を背景とするのではなく、国家の財政的窮迫に対処し、あわせて堕落した仏教教団の粛清を目的とするものであった。

呉越阿育王塔（銭弘俶八万四千塔，奈良国立博物館蔵）

同時期に、南方においては呉・楚・閩《びん》・呉越・南唐・南漢などの十国が興亡したが、仏教は継続的に発展した。とくに杭州を中心とした呉越と、金陵（南京）を中心とした南唐において、仏教は異常なほどの隆盛をみせた。呉越の歴代の王はいずれも仏教に深く帰依し、なかでも呉越王銭弘俶《せんこうしゅく》は熱心な仏教者であり、アショーカ王の故事に倣って八万四〇〇〇の小宝塔を広く領内各地に安置させた。彼の知遇を得た天台宗の義寂《ぎじゃく》は、戦乱と廃仏のために中国では散逸した天台章疏の収集を請い、王は朝鮮や日本に使者を派遣してこれを求めさせた。高麗はその求めに応じて、『天台四教儀』の著者である諦観《たいかん》に法華三大部などをもたせて呉越に使わした。

呉越王に高僧として礼遇された禅宗の永明延寿は、禅（宗）・浄（土）・教（天台・法相・華厳）の融合を主唱し、『宗鏡録』一〇〇巻・『万善同帰集』三巻・『唯心訣』一巻など六〇余部の著作を残した。さらに、儒教や老荘の思想も仏教のなかに融合させ、宋代以後の総合的仏教の端緒となった。また、禅僧雲門文《うんもんぶん》偃《えん》は南漢の雲門山（広東）で雲門宗を開き、禅僧清涼文益《せいりょうぶんえき》（八八五〜九五八）は南唐の金陵清涼寺で法眼宗《ほうげんしゅう》を開き、唐代に成立した潙《い》仰宗《ぎょうしゅう》・臨済宗・曹洞宗とあわせて、禅宗の五派が出揃うこととなった。従来、長安・洛陽《らくよう》を中心に栄えた仏教は、五代十国時代、杭州・揚州《ようしゅう》・福州・広州を中心とする華南地方に展開し、宋・元の仏教の発展の新たな舞台が用意されることとなった。

永明延寿の『宗鏡録』は、唐代以前の仏教を総括し、宋代以降の中国仏教の正統思想を形成した書物であり、高麗仏教におよぼした影響も大きい。ここでは、柳幹康《やなぎみきやす》の研究に依拠して概略を紹介しておきたい。「宗鏡に略して二意有り。一は頓悟して宗(一心＝仏心)を知ると為し、二は円修(＝頓修)して事を辦《おこな》うと為す」(『宗鏡録』巻四〇)と述べられるように、『宗鏡録』の核心は、理論と実践の両面から、仏道をめざす者を頓悟円修の境涯に導くことにあった。理論面では、仏教の一切の教説が等しく説示している一心(＝仏心)を看取し、実践面ではその一心に即して仏として生活することが主張されている。

当時の呉越は、各地方から難を逃れた僧侶たちが雲集した仏教の一大中心地となっており、さまざまな考え方を観察できる恰好の場所でもあった。延寿は、僧侶たちのおさめる仏教が、それぞれの立場に偏りすぎているとして、学僧・禅僧・律僧という三類型にまとめて批判した。学僧は文字の教えには通じているが真理を見抜く眼をもたず、禅僧は真理の観察を重んじるが経論や戒律を軽視しており、律僧は戒律を遵守するものの根本の心をみていないためにさまざまな過ちを犯している、という。これらの偏った立場に対して延寿が提示するのは、経論の学習、真理の体得、戒律の遵守のすべてを兼ね備えた総合的実践者としての仏教者の理想である。延寿は禅の実践者であるが、経論を軽視せず、それを衆生の教化方法として重視している。経論学習・真理体得・戒律遵守という三者を「一心」に集約することによって、このような総合的実践が可能とされている。延寿は、もろもろの教説のみならず、もろもろの修行・善行をも「一心」のもとに包摂したといえる。従来の中国仏教は、延寿によって、理論と実践の両面から「一心」に統合されたのだ、と評価することが可能である。

全仏教を統合するという延寿の思想は、後世の仏教に絶大な影響を与えた。明末までに定着した「禅浄一致」「教禅一致」という思想言説は、その根拠を絶えず延寿に求めている。雲門宗の禅僧円照宗本（一〇二〇～九九）と弟子の大通善本（一〇三五～一一〇九）は、『宗鏡録』を再評価し、それを大規模に印刷して普及させた。結果として『宗鏡録』は大蔵経へも編入され、正統的な地位を得ることとなった。宋代において、延寿は禅宗祖師として仰がれる一方、蓮宗（浄土）の祖師としても尊ばれた。さらに、明代になると雲棲袾宏《うんぜいしゅこう》（一五三五～一六一五）が、浄土によって禅の逸脱を防ごうとする自身の立場を延寿に投影し、禅と浄土を兼修する偉大な祖師として延寿を絶賛した。袾宏が没後、蓮宗祖師として権威化されたことで、延寿の思想を「禅浄一致」とみる袾宏の理解も広く定着した。かくして延寿は、禅宗と蓮宗という近世中国仏教の二大潮流の統合をはたした、偉大な祖師として人々に記憶されることとなった。

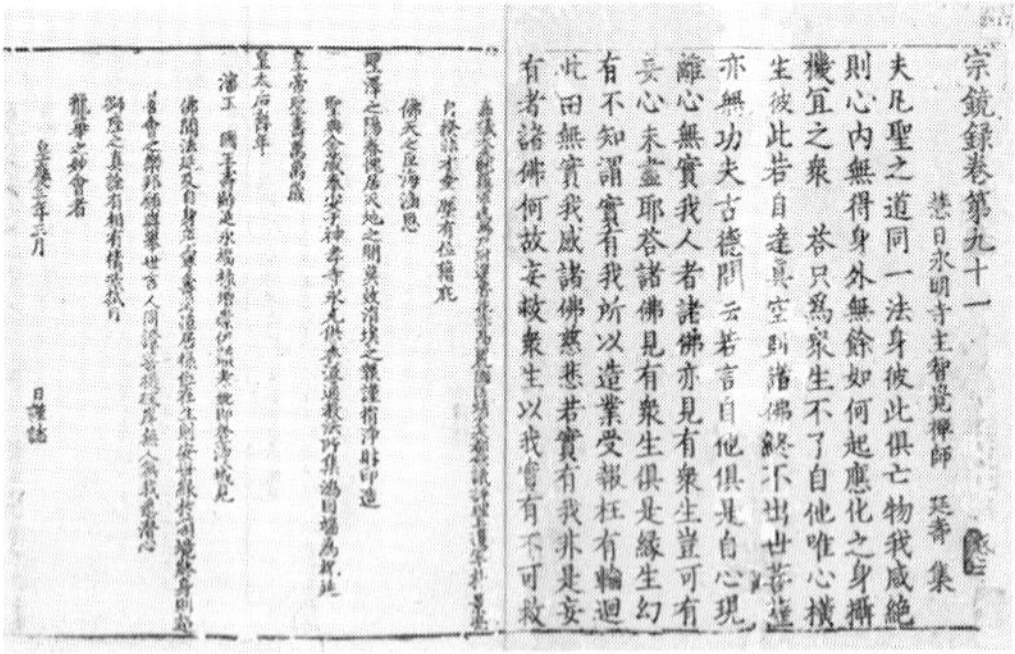
宗鏡録巻第九十一
慧日永明寺主智覚禅師　延寿　集
夫凡聖之道同一法身彼此俱亡物我咸絶
則心内無得身外無餘如何起應化之身攝
機宜之衆　荅只爲衆生不了自他唯心攝
生彼此若自達眞空則諸佛終不出世菩薩
亦無功夫古德問云若言自他俱是自心現
離心無實我人者諸佛亦見有衆生豈可有
妄心未盡耶荅諸佛見有衆生俱是緣生幻
有不知謂實有我所以造業受報枉有輪迴
此田無實我咸諸佛慈悲若實有我非是妄
有者諸佛何故妄救衆生以我實有不可救

『宗鏡録』（宋版，早稲田大学図書館蔵）

一方、宋代以降、「教禅一致」つまり「教宗」（天台・法相・華厳など）と禅宗が一致するという思想の流れも形成される。北宋の禅僧覚範慧洪《えこう》（一〇七一～一一二八）は、「延寿の『宗鏡録』は、「心宗（心という宗）」によって賢首（華厳）・慈恩（法相）・天台の三宗の相違を調和した」と述べている。元代の仏教界を代表する禅僧であった中峰明本《ちゅうほうみんぽん》（一二六三～一三二三）は、『宗鏡録』を教禅一致の思想として理解し、禅を認めない教宗の人々に対して広く経文を引用して禅の道を明らかにし、教宗の偏見を正し、禅宗が教宗と対立しないことを示したのが『宗鏡録』である、と主張した。明末に至り、教宗や禅宗の対立を超えて、仏教全体を復興させようとする機運が高まると、延寿は「教禅一致」の提唱者に留まらず、仏教内部のあらゆる対立の解消をはたした仏教全体の統合的再興者である、という見方もされるに至った。清代においては、雍正帝（在位一七二二～三五）が延寿を「震旦（＝中国）第一の導師」、『宗鏡録』を「震旦宗師の著述中の第一の妙典」と称えている。延寿は宋代以降の仏教にとって、統合の象徴として欠かせない重要な存在となっていたということができる。

## 宋代の仏教

九六〇年、宋の太祖趙匡胤《ちょうきょういん》（在位九六〇～九七六）は都を卞京（開封）に定めて帝位に就いた。以後一一二七年までが北宋である。この北宋は徽宗・欽宗の時代に北方の金の侵略によって滅亡したが、その一族の高宗が南に逃れ、杭州を都として建てたのが南宋（一一二七～一二七九年）である。宋は三二〇年ほど続いたが、しだいに衰退し、元の世祖に滅ぼされた。

宋代の仏教の特色は度牒制度・僧官制度・寺院制度の確立、大蔵経の出版と翻訳、仏教史学の発展、諸宗融合などにある。宋朝は仏教を保護し、王朝と皇帝の安寧を祈る祝聖という祈禱が仏教の儀式に組み込まれ日常的におこなわれた。僧侶になるための試経《しきょう》（試験）度僧が制度化される一方、皇室の恩恵による特恩度僧、売買による進納度僧の道も開かれた。また印経院が設置され、大蔵経の印刷も本格的に始まり、大蔵経の権威性が国家によって保証された。教学面では、天台・華厳・浄土教・律などが復興し、とくに禅宗が繁栄した。

大蔵経が開版されたことは、宋代の仏教でもっとも注目すべきできごとである。大蔵経の刊行は仏教の三宝の一つである法宝を流通するための重要な方法として、宋代以降の仏教史において極めて重視され、中国仏教の発展にともなって継続されてきた。中国で編纂・刊行された大蔵経は、時代によってその編纂・分類の基準が異なっているが、それはある意味で、その時代の仏教研究の思潮と水準をあらわしていると考えられるから、大蔵経の編纂・刊行の歴史が中国仏教の本質と性格を反映しているということも可能である。

宋代以前にも個別の仏典が印刷された例はあるが、大蔵経全体が木版印刷されたのは宋の太祖の功績である。太祖は九七一年に蜀の成都で大蔵経の出版事業を起こし、一二年を費やして、蜀版・勅版・開宝蔵などと呼ばれる五〇〇〇余巻の大蔵経を完成させた。当時、入宋していた日本の奝然《ちょうねん》は、この蜀版と新訳経論二八五巻とを将来している。蜀版は九九〇年には高麗王の求めによって高麗にももたらされ、のちの高麗版大蔵経出版の基礎となった。北宋期に刊刻が始められた大蔵経としては、蜀版のほかに、福州の東禅寺版と開元寺版、湖州の思溪版がある。南宋から元にかけては、磧沙版・普寧寺版などがつくられている。ほかにも、蜀版を模した金版大蔵経をはじめとして、契丹版大蔵経・西夏文大蔵経・明の南京大報恩寺版大蔵経（南蔵）・北京勅版大蔵経（北蔵）・万暦版大蔵経など、仏教の普及・発展と相即するかたちで、多くの大蔵経が刊行された。

経典翻訳が仏教展開の主要な原動力となっていたのは唐代までであるが、北宋にも、その余波はみられた。太宗の時代にインドより法天《ほうてん》（九七三年に来宋）・天息災《てんそくさい》（九八〇年に来宋）・施護《しご》（九八〇年に来宋）・法護《ほうご》（一〇一八年から『大乗菩薩蔵正法経』を翻訳した）などが来朝し、訳経に従事した。また、多くの中国人沙門《しゃもん》が西域求法のために遣わされ、仏舎利・経典などを持ち帰った。太宗は訳経院を設け、経典の翻訳は継続的におこなわれていた。宋代に翻訳された経論はおよそ六〇〇巻にのぼったが、その大部分は密教経典であったため、影響は限定的で、仏教全体にはおよばなかった。

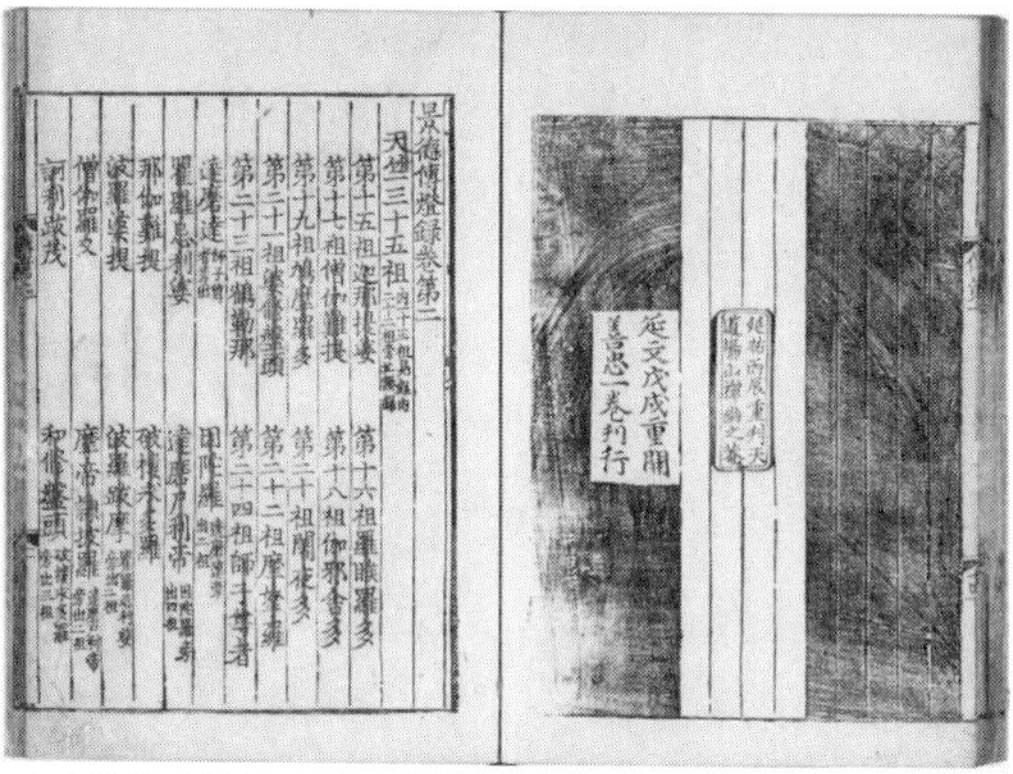

『景徳伝灯録』（五山版，京都大学付属図書館蔵）

仏教史学は宋代に大きく発展した。宋代の初め、賛寧《さいねい》（九二〇〜一〇〇一）が唐以後の高僧の伝記を集大成した『宋高僧伝』三〇巻を編纂し、さらに全仏教史を事項別に整理して『大宋僧史略』三巻を撰述したことが、宋代における仏教史学発展の出発点となった。この時期、禅宗は多くの伝灯書を作成し、天台宗も自派を中心とする仏教通史を完成させていた。禅宗では覚範慧洪の『禅林僧宝伝』三〇巻、本覚《ほんがく》の『釈氏通鑑』三巻など、天台宗では宗鑑《すうかん》の『釈門正統』八巻、志磐《しばん》の『仏祖統紀』五四巻などが知られる。禅宗の伝灯書のうち、道原《どうげん》の『景徳伝灯録』三〇巻をはじめとする「五灯録」、契嵩《かいすう》（一〇〇七〜七二）の『伝法正宗記』九巻、『伝法正宗定祖図』一巻などは、いずれも『大蔵経』に収められた。これらの伝灯書の入蔵が許されたことは、この時期に禅宗の伝灯が国家に公認されたことを意味する。

唐代に大きく発展した禅宗は、五代にかけて潙仰《いぎょう》・臨済《りんざい》・曹洞《そうとう》・雲門《うんもん》・法眼《ほうげん》の五家分立の形勢を示した。宋代に入り、潙仰宗は比較的早く衰亡した。曹洞宗には宏智正覚《こうししょうがく》（一〇九一〜一一五七）が出て、黙照禅を唱えて『頌古百則《じゅこひゃくそく》』を著し、黙然として言語を超えた境地にこそ、悟りが明らかにあらわれると説いた。万松行秀《ばんしょうぎょうしゅう》（一一六六〜一二四六）が示衆・著語・評唱を加えて『従容録』を著した。法眼宗では永明延寿が出て、おおいに宗風を高めた。もっとも隆盛したのは臨済宗で、黄龍慧南《おうりゅうえなん》、楊岐方会《ようぎほうえ》が出て、黄龍宗と楊岐宗を建てた。この二宗五家を合わせて禅宗の五家七宗という。そして楊岐宗の仏果克勤《ぶっかこくごん》（一〇六三〜一一三五）は『碧巌録《へきがんろく》』をつくり、その門下からは大慧宗杲《だいえそうこう》（一〇八九〜一一六三）が出て看話禅《かんなぜん》を唱えた。

宋代の禅は「公案禅」の時代である。唐代の禅問答が、修行生活の現場に生じた臨場感ある問答であったのに対し、宋代の禅門では、先人の問答が共有の古典＝「公案」として選択・編集され、それに対する参究がおこなわれた。その参究の方法は、おもに「文字禅」と「看話禅」という二つの形態に大別される。「文字禅」とは、「代別語《だいべつご》」「頌古《じゅこ》」「拈古《ねんこ》」「評唱《ひょうしょう》」などを施すこと、すなわち寸評をつけたり、その趣旨を詩に詠んだり、散文で論評を加えたりすることによって、公案の批評や再解釈をおこなうものである。「看話禅」とは、特定の「公案」に全意識を集中することによって、意識の爆発を起こし、言語・論理を超えた劇的な「大悟」の体験を得させようとするものである。形成時期からみれば、北宋期は「文字禅」が主流を占め、そこに、北宋末から南宋初に大慧宗杲によって「看話禅」が加えられていった、という流れになる。「看話禅」は「文字禅」に取ってかわったわけではなく、むしろ「看話禅」で悟り「文字禅」で表現するという両者の併用が、南宋以降の大勢となっていったようである。この点は、「看話禅」を代表する大慧が、この時期の禅僧としてもっとも多くの文字作品を残していることからも容易に理解されよう。

宋代では、仏教は教（天台・法相・華厳など）・律（宗）・禅（宗）に三大別されるようになり、唐代の各宗並立の情況とは大きく異なる。教宗のなかでは、天台宗がもっともさかんであった。天台宗では、山家・山外両派の論争が激しく続けられた。天台宗の第六祖湛然《たんねん》（七一一～七八二）から五代目の清竦《しょうしょ》には二人の弟子、義寂と志因があり、ここから二系統に分かれた。義寂―義通《ぎつう》（九二七～九八八）―知礼《ちれい》（九六〇～一〇二八）の系統が山家派と呼ばれ、志因―晤恩《ごおん》（九一二～九八六）―源清《げんせい》―智円《ちえん》の系統が山外派と呼ばれる。

宋代の約三〇〇年間を通じて浄土教は興隆し、その信仰は民衆のあいだに深く浸透した。浄土教は多くの場合、天台宗・禅宗などの諸宗と一体となって展開し、台浄融合、禅浄双修の思潮が形成された。

その代表人物としては、延寿・知礼・遵式《じゅんしき》(九六四〜一〇三二)・元照《げんしょう》(一〇四八〜一一一六)・省常《しょうじょう》(九五九〜一〇二〇)などがいる。また浄土信仰に基づく白蓮社《びゃくれんしゃ》や浄業会《じょうごうえ》などの念仏結社もさかんとなった。

一方、宋代の儒者は仏教思想の影響を受けて、独特な「宋学」を樹立した。宋学は華厳や禅の思想を取り入れて儒教の深化をはかったものであるが、その一方で、痛烈な仏教批判も展開している。欧陽脩《おうようしゅう》(一〇〇七〜七二)は『本論』三篇をつくって廃仏を主張し、朱子《しゅし》(一一三〇〜一二〇〇)も仏教教理を批判している。朱子は歴史と思想の両面から仏教批判を展開した。歴史の面からは、仏教は中国に伝わってから三つの段階を経ており、実践的な斎戒から理論的な義学(教理学)へ進み、最後に禅に変じたという。この変化の過程において、仏教徒は中国固有の学問、とくに荘子の説を盗用して深い道理を説き始め、達磨が伝えた禅では段階的な修行を経ずに一気に悟りに至ることができると主張するようになった、と朱子は指摘する。中国仏教は、釈迦が説いた真の仏教の本義とは異なり、中国の仏教者によって歴史的に捏造されてきたものにすぎないとされ、根本的に否定されることとなった。教義の面においては、仏教が説く「空」や「真如」は言語に絶する「空理」であって、世界の自然法則と道徳原理である儒教の理と背馳するものとして批判された。このような朱子の議論は、後世の儒者に広く継承され、中国仏教は長期にわたってその呪縛に苦しむこととなった。

排仏論に対する仏教側からの反応としては、契嵩の『輔教篇《ぶきょうへん》』、張商英《ちょうしょうえい》(一〇四三〜一一二二)の『護法論』、劉謐《りゅうひつ》の『三教平心論《さんきょうへいしんろん》』などがあげられるが、いずれも儒仏道三教の調和一致を主張したものである。契嵩は儒教が世をおさめ、仏教が出世間をおさめるという役割分担を認めながらも、出世間をおさめるというのは心をおさめるという意味であり、それは治世のための治心であるから、儒仏は一致している、と主張した。この論点は後世の仏教者に広く受け継がれることとなった。

## 遼・金の仏教

一二七九年にモンゴル族が南宋を滅ぼして中国を統一し、元朝を建てた。それに先立って、中国北部には、遼と金という王朝があいついであらわれている。遼は十世紀の半ば、東部蒙古から興った契丹族国家であり、金はその後に満洲から興った女真族《じょしんぞく》の国家である。遼を滅ぼした金が、さらに蒙古族に滅ぼされ、元の時代となった。

遼は建国以来、仏教保護政策をとり、十一世紀後半には『契丹版大蔵経』を完成させている。朝廷の重視を受けて、仏教研究もさかんとなり、音義の研究や華厳学・密教学が興隆した。代表的人物として、鮮演《せんえん》・道殿《どうしん》があげられる。鮮演は華厳学を軸に教禅一致を主張し、融合的な総合仏教を提唱した。道殿は『顕密円通成仏心要集』を著し、顕密融合論を打ち出している。

金代に入り、王室の道教保護政策のもとで、仏教界は厳しい統制を受けたが、曹洞宗の万松行秀や、その門下の在家仏教信者、李屏山《りへいざん》、耶律楚材《やりつそざい》（一一九〇〜一二四四）などが活躍した。李屏山は『鳴道集《めいどうしゅう》説《せつ》』を著し、朱子学の排仏論を批判し、三教一致を主張した。また、金代にも『大蔵経』の刊行がおこなわれており、一九三四年に山西省趙城県の広勝寺から『金刻大蔵経』が発見されている。

北方に拠点をもったこれらの異民族王朝は、政治・軍事の面では宋と対峙したが、文化的にはむしろ宋をモデルとし、それに対抗しうる思想文化の創生をはかっていた、とみることができる。仏教大蔵経の出版も、仏教的思想世界における正統性を獲得する重要な方法の一つであったといえよう。

## 元の仏教

モンゴル族によって建てられた元朝は、漢民族を含めた諸民族を征服・併合し、史上空前の広大な統一王朝を築いた。チベット仏教を尊崇する政権のもとで、元代の仏教制度は宋代とは大きく異なるものとなった。世祖フビライ（一二一五～九四）が帝位に就いた年（一二六〇）に、チベット僧のパスパ（一二三五～八〇）が帝師として迎えられた。元代の初期に全国仏教を統合する機構である「釈教総制院」が設置され、パスパがその最高指導者となり、やがて「宣政院」と改名され、中書院・枢密院・御台史と並ぶ高い権力をもつ国家機関となった。

江南などには「行宣政院」が設立され、中央の宣政院には僧録・僧正・僧綱という僧官職が設けられた。僧侶の社会的な地位もかつてないほどに高められた。当時の社会身分を一〇階層に分けた言い方があるが、一官（天子任命の役人）、二吏（地方長官任命の下級役人）、三僧侶で、最後が九儒、十丐《じっかい》（乞食）とされており、僧侶の社会的地位が儒者に比べてはるかに高かったことをうかがわせる。元朝の支配方法として、人民をモンゴル人・色目人（西域人）・漢人（旧金王朝治下の人々）・南人（旧南宋治下の人々）の四種族に分類し、蒙古人以外は官吏の長官の地位には就けないと定められていた。これは、儒学を学んで官僚として出世するという道が閉ざされたことを意味するから、僧侶になるのが有望な出世の道と考えられ、多くの優秀な人材が仏教へ流れ込むようになっていった。また、元王朝は支配下の諸民族内部の問題について、それぞれの民族固有の慣習に基づいて処理し、その内部に立ち入ることをしなかったため、ほかの民族と同様に、漢民族の南宋以来の生活や文化は、ほぼそのまま維持された。宗教についても同様で、反モンゴル的な活動をしない限りは、そのまま容認された。

元代には仏寺もさかんに建設され、寺院と僧尼の数は増加し、教団を統制する僧官制度も整備された。一二九一年には、寺院が四万二三〇〇、僧尼が二一万三〇〇〇余人との統計がある。全国すべての仏教寺院が宣政院と行宣政院によって統轄され、教・律・禅と専門ごとに区分され、「固より各々其の業を守る」(『元史』「釈老伝」)と規定されていた。教・律・禅の区別は宋代にすでにあらわれていたが、元代になって、それが厳格に制度化された。これは、唐宋仏教のあり方を根底から変えた政策であり、明代にも継承された。この制度において、教・律・禅の三者は決して平等的に扱われたわけではなく、「教を崇《とうと》び、禅を抑える」といわれたように、元朝は教宗を優先し、律・禅をその下においた。このような扱いは、チベット仏教が唯識を重視した姿勢とも無関係ではない。教宗のなかでは法相宗・華厳宗がおもに北方でさかんにおこなわれ、天台宗が江南を中心に展開していた。

元代仏教の寺院経済は、宋代に比べて格段に発展した。元朝は全国の土地を「官田」として、それを貴族や官僚と寺院に賜予したが、その規模は歴史上まれにみるものであった。この施策によって、チベット仏教を含む仏教寺院は広大な土地を資産として獲得した。そのうえ、寺院は租税や徭役も免除された。寺院の富裕さを示す一例をあげると、一二九九年のこととして、「中書省臣は、江南諸寺の佃戸は五十余万と報告している（中書省臣言、江南諸寺佃戸五十余万）」という記録がある（『元史』「成宗紀」三）。江南の各寺院が所有する農地の小作人が五〇万人を超えていたというのである。『至順鎮江志』によれば、鎮江では、一人あたりの平均土地所有面積は六畝であったが、僧尼は一人あたり五〇畝所有していた。江南では、民が貧しく、僧が豊かだといわれていた。当時の官僚の言として、「今、国家の富の半分がチベットに入っている（今国家財富、半入西蕃）」（『歴代名臣奏議』巻六七）とか、「国家の経費の三分の二は僧侶のものとなっている（国家経費、三分為率、僧居二焉）」（張養浩『帰田類稿』巻二）という指摘がなされている。寺院は、農地だけではなく、山林も所有していた。許有壬の『乾明寺記』には、「海内の名山は、寺が八・九割を占拠している（海内名山、寺拠十八九）」とあり、寺院が山林を大規模に所有していた様子がうかがわれる。

元朝はチベット仏教を国教としたが、イスラーム教・キリスト教・摩尼《マニ》教も信仰されていたし、律宗・禅宗などそのほかの仏教諸派や、白雲宗《びゃくうんしゅう》・白蓮教なども活動していた。仏教諸派のうち、北方では曹洞宗、南方では臨済宗がとくに栄え、史書や清規《しんぎ》の編纂もさかんにおこなわれた。思想面では、禅浄一致・教禅一致・儒仏一致を基軸とする諸教融和の傾向が顕著であった。白雲宗は、北宋末期に形成された儒仏道の三教一致や自給自足などを主張する仏教信仰集団であった。白蓮教は廬山慧遠《えおん》の念仏三昧を継承した仏教信仰団体で、白蓮社ともいう。

元朝の制度としては、律宗・禅宗より教宗が尊ばれたが、実際の僧侶の数からいえば、教宗の僧は禅宗より少なく、特筆すべき活躍をした人物も少なかった。その例外的人物として、華厳教学に励んだ女真人の行育（?～一二九三）をあげることができる。行育は、道教と仏教の論争に加わり、その功によって世祖皇帝から赤僧伽梨（大衣）を賜り、扶宗弘教大師の号を加えられ、江淮地域の仏教界を指導し、白馬寺の修復を指揮したと伝えられている。

禅宗の寺院は、多く山林におかれ、禅僧は農業に従事するようになり、農禅一致の思想も発達した。

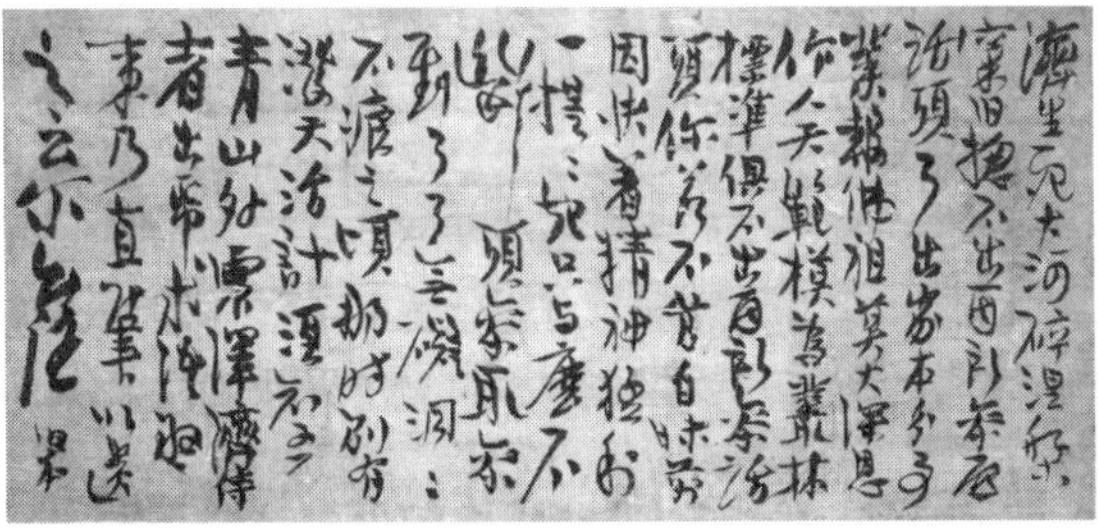

中峰明本墨蹟「済侍者宛警策」（常盤山文庫蔵）

この時代に活躍した禅僧の多くは臨済宗の人々で、中峰明本はその代表的な高僧である。著作には『中峰和尚広録』三〇巻があり、一三三四年順帝《じゅんてい》のとき『大蔵経』に収められ、「普応国師」と追諡された。教禅一致、とくに禅浄双修思想を説いたことで知られている。日本からの入元僧の多くは、明本の禅風を受け継いでいる。元代の禅宗の著作について、とくに注目されるのは、『新五代史』『資治通鑑』を代表とする宋代史学発展の影響を受けて、梅屋念常《ばいおくねんじょう》の『仏祖歴代通載《ぶっそれきだいつうさい》』二二巻や宝洲覚岸《ほうしゅうかくがん》の『釈氏稽古《しゃくしけいこ》略《りゃく》』四巻などの仏教史書が編纂されたことである。従来の「灯史」（伝灯書）が禅宗の系譜だけを顕彰したのと異なり、これらの史書は仏教全体の歴史を叙述しているが、そこには、他宗の衰退を背景として、禅宗が仏教全体を支えていく必要がある、という意識が生まれていたのだろう、という指摘もある。

元代仏教の特徴をよくあらわすものとして、東陽徳輝《とうようとくき》（十四世紀前半）が重修した『勅修百丈清規』があげられ、国家主義的性格の強化が指摘されている。これより先、宋代には『禅苑清規《ぜんおんしんぎ》』（一一〇三年）があり、当時の叢林でおこなわれたさまざまな規則をもとに編集・刊行されたもので、中国のみならず、日本・朝鮮においても寺院生活規範の基礎として広く流布している。南宋には『叢林校定清規総要』（一二七四年）もあった。元代になると、これらの清規の伝承がしだいに衰えていったため、教・禅・律の各派がそれぞれに清規を編集するようになった。教宗には『増修教苑《きょうおん》清規』（一三四七年）、律宗には『律苑事規』（一三二五年）があり、禅宗には『禅林備用清規』（一三一一年）と『勅修百丈清規』があった。『勅修百丈清規』は一三三六～四三年に王朝の勅令を受けて、東陽徳輝が編集したものであり、古来の清規中もっとも整備されたものだといわれる。全体は「祝釐《しゅくり》」「報本」「報恩」「尊祖」「住持」「両序」「大衆」「節臘《せつろ》」「法器」の九章からなるが、冒頭に国家の安泰を祈る「祝釐」をおき、報恩においても「国恩」を強調するなど、国家による統制が強く反映されている。また、『勅修百丈清規』では、住持が知事や頭首を任命する際には大衆の同意が必要だとしていた従来の規定が削除されたため、叢林の共同体的な性格が弱められたともいわれる。

　南宋以降寺院の等級を公的に定めた五山十刹《ござんじっせつ》制度も、元代に固定化された。南宋朝廷によって、杭州の径山をトップとした五山と呼ばれる五つの寺の下に、杭州の中天竺寺以下の十刹（十の寺）があり、さらにその下に甲刹《かっさつ》と呼ばれる三十数カ寺があるというかたちで、寺院と住持の地位が序列化された。これらの寺院には、全国から選ばれた高僧が勅任によって住持として派遣され、国家によってその権威が認められた。同時に「官寺」として「祝聖」などを通じて国家に奉仕する義務を負い、官憲からの監察を受けることとなった。また、国家のための祈禱に携わることで、官寺が課税を減免されたこともあった。この制度が元代にも受け継がれ、一三三〇年には文宗(在位一三二九〜三二)が金陵に大龍翔集慶寺を創建し、これを「五山之上」とした。寺院の組織化によって、寺院の官僚化が進む一方、仏教内部の出世競争をもたらし、元代仏教の展開の一つの原動力となった。明代にもこの体制はほぼそのまま受け継がれた。五山十刹の制度は日本にも影響を与えた。

仏道二教の論争は、元代にもおこなわれている。全真教の道士によって再刊された『老子化胡経』とその図像は、仏教を道教の一支流とみなす主張を背景とするものであったから、仏教の僧侶が強く反発し、一二五八年八月、皇帝の主導のもとに両者が対決し、その正否が決せられることになった。数回にわたる議論の結果、道教側が敗北し、その経と図像が焼き捨てられ、道教の支配下に入っていた仏寺は仏教側に復帰させせられることとなった。その後も二教間の争いが続いたため、一二八一年には、全真教弾圧の詔勅が出されている。

白雲宗と白蓮宗は、元代に勢力を伸ばした。白雲宗は浙江と江蘇にまたがる地域で流行していた。孔子第五二代の子孫とされる孔清覚《こうしょうかく》(一〇四三〜一一二一)が創設したが、華厳宗の流れを汲み、信者は菜食主義で、結婚しなかった。南宋では邪教とされたが、元代になると、他の教派とは別の正式な仏教教団として王朝に認められ、白雲宗摂所が設立され、別に僧録司が設置され、南山普寧寺の道安が僧録に任命された。元の中期には、徭役の逃避や田宅の奪取、孝行の放棄、無断での教団拡大などが問題となり、白雲宗は何度か弾圧され、解散させられたが、その勢力は元末まで続いていた。元版大蔵経の「普寧蔵」は、白雲宗によって刊行されたものである。

白蓮宗は、東晋慧遠の結社念仏に基づき、南宋の茅子元《ぼうしげん》(一〇九六〜一一八一)によって創設された在家者中心の念仏教団で、厳しい五戒の実践を求めるものであったが、その教義を宣揚したのが、『廬山蓮宗宝鑑《ろざんれんしゅうほうかん》』一〇巻を著した廬山東林寺の普度《ふど》(?〜一三三〇)である。普度は禅と教との融合を主張し、儒教との折衷もはかりつつ、念仏三昧を宣揚している。しかし白蓮宗の一部信者は呪術信仰を混入し、既存の社会秩序を攪乱させるとみなされたため、左道乱世の術としてしばしば禁止された。このような信仰形態は、白蓮宗と区別して「白蓮教」と呼ばれている。元末になると、白蓮教のなかに弥勒信仰が入り込み、弥勒仏が救世主としてこの世に降臨するという主張が大きな反乱運動を引き起こし、元朝滅亡の一因ともなった。

## 明の仏教——仏教政策と僧官制度

元朝を倒し、明王朝を樹立したのは、明の太祖となった朱元璋《しゅげんしょう》(在位一三六八〜九八)である。一三六八年、彼は南京を都に定め、帝位に就いた。その後、明は一六四四年に満州族に滅ぼされるまで約三〇〇年近く続いた。漢民族主導の明は儒教の倫理と学問を極めて重視し、元代に官学化された朱子学を科挙試験の主要な内容と定め、朱子学による思想統制をはかった。その結果、元代においては思想界の中心的位置を占めた仏教が、明においては脇役に回ることとなり、王朝からの統制が強化された。

朱元璋は一七歳のときから、数年間沙弥《しゃみ》として寺で生活したことがあり、仏教を尊重し保護する一方で、宗教教団の取り締まりもおこなった。明初、南京に設立された善世院は、仏教を統制しようとする朝廷の機関であった。大明教や弥勒教といった新興仏教の信仰が禁止されただけでなく、元朝滅亡の大きな原動力であった白蓮教も邪教として禁止された。一方で、公認の仏教団体に対しては、僧官制度が整備された。中央の礼部に設けられた僧録司には善世・闡教《せんきょう》・講経・覚義という役職がおかれ、府・州・県各レベルの地方行政機関にそれぞれ設けられた僧綱司・僧正司・僧会司には都綱・僧正・僧会という役職がおかれ、いずれも禅門や教宗の優秀な人材があてられた。このような整然たる僧官制度は、のちの清朝にも継承された。また、出家僧認定の試経制度が復活させられ、三年に一度の経典の試験をパスしなければ度牒を発給しないこととされた。試験された経典は、『般若心経』『金剛経』『楞伽経《りょうがきょう》』の三つであったとされ、高僧が試験向けの注釈書を作成し、刊行頒布された。さらに出家年齢も男子は一四歳から二〇歳のあいだ、女子は五〇歳以上と厳しく制限された。明の成祖（永楽帝、在位一四〇三〜二四）時代になると、女性の出家が禁止されるようになり、その後も「婦女が尼僧になることは禁絶する」という法令がしばしば出された。

明の初期に、仏教は従来の教・禅・律から「講・禅・教」の三種類に区分が変わり、すべての寺院と僧侶は、そのいずれかに所属することが義務づけられた。また、僧侶が所属している宗派が外見から区別できるように、僧服の色も定められた。新分類の「講」は元代仏教の「教」に相当するもので、華厳・法相・天台などの教学を講じる者である。「教」は、祈禱や祭祀の儀式を治める者で、瑜伽僧《ゆがそう》や赴《ふ》応僧《おうそう》とも呼ばれた。このように分業化された僧団は、各自の伝承と専門に精進することが求められ、仏教は、国家の側からすれば管理しやすく、社会秩序の安定や民衆の教化に役に立つ、便利な宗教となった。

チベット系仏教に対しては、明朝はその初期においては、元と同じくサキャ派を重視し、その高僧を南京に招き、国師の称号を与え続けたが、成祖の時代になると、サキャ派以外のチベット仏教各派も重視し、とくに迅速に一大勢力として成長したゲルク派を厚遇し、その創始者であるツォンカパ（一三五七〜一四一九）の弟子シャーキャ・イェシェーを国師として北京に招き、「大慈法王」の称号を与えて、北方辺境の安定をはかった。

『大蔵経』の刊行は明代にもさかんにおこなわれた。とくに万暦版『大蔵経』（万暦蔵）は閲読に便利なため、広く流通され、清朝の大蔵経刊行にも多大な影響をおよぼした。

## 明末四大家の融合論

明代には禅宗がもっとも興隆し、この時代の仏教思想は禅浄一致・諸教融合という前代からの傾向を強めつつ展開した。重要な仏教者としては、明初の楚石梵琦《そせきぼんき》（一二九六〜一三七〇）・道衍《どうえん》（一三三五〜一四一八）や、明末に「四大家」と呼ばれた雲棲袾宏・紫柏真可《しはくしんか》（一五四三〜一六〇三）・憨山徳清《かんざんとくせい》（一五四六〜一六二三）・蕅益智旭《ぐうやくちぎょく》（一五九九〜一六五五）などをあげることができる。

道衍は明初の政治に深くかかわった僧であり、燕王（のちの成祖・永楽帝）に仕え、太祖が没すると、燕王に建言して靖康の変を起こさせた人物であり、その後、仏教界の最高階位である僧録司・左善世に任命された。優れた政治才能が高く評価され、永楽帝からは還俗を強く勧められた。「姚広孝《ようこうこう》」という俗名が下賜され、朝廷の高官を務めた。教学の面では天台学を学び、臨済宗の法脈を受け継ぎ、浄土教を強調する著述もあり、儒教の学識や詩文の教養もあった。儒教の排仏に反論した『道余録』という著作が明末に至って初めて出版され、広く読まれた。

明の仏教は万暦時期に入ると、興隆の機運が高まった。陽明学が出現すると、それに呼応するかのように多くの高僧があらわれたのである。「万暦の三高僧」と呼ばれる雲棲袾宏・紫柏真可・憨山徳清はその代表的な存在である。袾宏は『水陸儀軌』や『放生儀』を著して仏教儀礼を整備すると同時に、一般民衆のあいだに普及していた「善書」と「宝巻」を吸収・消化して『自知録』を著した。「善書」とは、因果応報や勧善懲悪を説いて、民衆の道徳の向上を目的とした一群の書物で、宋代以来民間に流通していた。「宝巻」は善書のなかの一類型で、唐代に流行した講唱に起源をもつ勧善懲悪の書が、明代になってそう呼ばれるようになったのである。袾宏は善書・宝巻を民衆の道徳的向上をはかる手段として活用し、「功過格」を普及させた。一日の行動を自ら反省して、善門（功）と過門（過）に分けて記録し、それを点数で示すものである。儒仏一致の観点から、民衆に悪を避け、善を実行することを勧めたもの、ということができる。真可と徳清が、高い社会的地位と朝廷管理下の活動によって高く評価されるのに対し、袾宏は民衆からの信望を集め、その禅浄一致論は広範な求道者の心の拠り所となった。念仏や公案を容認する袾宏の教学は、たんに禅と浄土を中心としつつ、天台・華厳・唯識などを接合させた、というような表面的意味において評価されるべきではなく、その当時および後世の民衆の仏教信仰に与えた深い影響に注目する必要がある。

智旭は初め儒教を学んだが、一七歳のときに袾宏の『自知録』を読んで仏教に入ったという。彼は天台宗に属したが、華厳・法相にも通じた。禅を仏心、教を仏語、そして律を仏行と捉え、三学一致による諸宗融合を主張し、最終的には浄土に帰することを提唱した。また『天学初徴《てんがくしょちょう》』『天学再徴』を著して、キリスト教を批判した。

以上の「明末の四大家」は、それぞれ異なる思想の重点をもっているものの、総体としてみれば、明末清初の仏教に共通する思想的課題が明らかに認められる。それは、まず仏教内部における諸教融合、教禅一致、禅浄一致という主要問題であり、さらに対外的に三教論であった。この四つの課題を順にみていこう。

**諸教融合**　明末以来の仏教思想のなかで、諸教融合の問題は、(1)性相《しょうぞう》融合、(2)天台と華厳との融合、(3)浄土と華厳との融合という三つの側面から展開されたと考えられる。

(1)性相融合　天台・華厳を主体とする性宗と、法相唯識を代表する相宗との融合である。賢首法蔵は、法相唯識の思想を始教と判じ、『大乗起信論義記』では真如薫習の説を認めて、法相宗の主張と対立していた。延寿の『宗鏡録』の序文では、「性相二門は自心の体用である」という性相融合論が掲げられ、のちに大きな影響を与えた。袾宏は、性(本性、本質)は相の性であり、相(現象)は性の相であり、両者は分離できないと論じる一方、性を本、相を末として軽重の差を残す考え方を示している。

真可は「仏教を学ぶ者が、性宗に通じて相宗に通じないならば、相似の般若の道に迷わざるを得ない」と断言し、法相唯識の重要性を強調している。徳清は『性相《しょうぞう》通説』を著わし、そこで「三界唯心、万法唯識」という表現で性相融合を論じた。馬《め》鳴《みょう》（八〇頃〜一五〇頃）の『大乗起信論』のなかで提出された「一心二門」という論理を利用して、法性と法相は一心の体（本体）と用（はたらき）にほかならないと論じ、性相の融合をはかった。ここで、法相と法性のあいだに高低優劣の差がなくなっていることは、とくに注目に値する。この点について、徳清はさらに宋代の永明延寿の『宗鏡録』を有力な根拠として、「性・相・教・禅といえども、みな一心の妙を顕《あら》わす」といっている。智旭も徳清と同じように、「性相二宗は波と水のように分割はできない」「三界唯心、万法唯識である。これは性相二宗が成立する拠り所である」と主張している。

以上のように、個人により若干の違いはみられるが、性相融合が明末仏教の思想的な趨勢の一つであったことは明らかである。

⑵天台と華厳との融合　そもそも両者のあいだの対立は、おもに教判理論や、教と観（観法・坐禅などの実践）、仏性などの問題に対する異なった主張によって生じたものである。華厳教学は教判のなかで、『法華経』を最高とする天台宗を同教一乗（すべての教説は同一の仏乗に帰するという教え）と判じ、『華厳経』を最高とする自宗を別教一乗（他を超絶して優れた教え）と判じている。別教一乗が円教という最高の位置におかれていることにより、華厳宗が天台宗より優れているという結論が導かれる。逆に、天台宗では、教判のなかで自宗が円教とされており、天台宗が華厳宗より優れていると主張された。天台宗は、教と観（一心三観）を同様に重視しているから、華厳宗を「有教無観」（教があるが、観がない）として批判し

ている。また、天台宗の「性具十法界」（人は本性上、仏界から地獄界までの十界すべてを具えているという説）という宗旨も、華厳宗の自性清浄という如来蔵理論と矛盾するものであった。

こうした問題は、宋代になって議論がいっそう深められた。同教・別教の内容規定、性具と如来蔵などの問題をめぐって、両宗のあいだのみならず、宗派内部においてもさまざまな論争が起こった。あるものは両宗の融合に努め、あるものは両宗の峻別に固執するという状態となり、その結果、天台宗は三つの学派、いわゆる山家・山外・後山外に分かれ、華厳宗は智儼・法蔵へ復古するか、あるいは澄観（七三八〜八三九）・宗密によるか、という分派対立を生じた。

明末においては、宋代以来の融合の傾向が受け継がれ、天台宗と華厳宗との調和が進んだ。真可は華厳の法界と天台の実相が同じく「縁起無生」の義を説いているといい、『華厳経』と『法華経』はみな円宗を示していると力説している。明代の顧仲恭は「跋紫柏尊者全集」という一文のなかで、真可の融合的な姿勢に対して「仏法においては、宗をもって教を圧せず、性をもって相を廃せず、賢首（華厳の大成者、法蔵）をもって天台を廃さず」と称讃している。袾宏は天台と華厳との高低優劣を強く否定し、「のちの人は『法華経』が根本であり、『華厳経』が枝葉であるといっているが、天台（智顗《ちぎ》）がそんなことをいったことがあっただろうか」と批判している。

智旭はその融合の規模を仏教全体に広めた。彼の自伝である『八不道人伝』によれば、仏教の学問を進めるために、華厳・天台・慈恩を宗とするのか、あるいは自ら宗を立てる（自立宗）のかを籤《くじ》で占ったところ、天台の籤を引くことが多かったので、天台を研鑽することにしたという。しかし、彼は自身が天台宗の継承者であるとは認めていない。その理由は「近世の台家（天台宗）は、禅宗・賢首・慈恩とそれぞれ門戸を執り、和合することを拒絶しているからだ」と説明している。彼自身は、「教観並彰、禅浄一致」という諸宗の融合をめざし、天台と華厳が、仏教思想全体の枠組のなかに、それぞれあるべき位置を有すると主張した。

⑶浄土と華厳との融合　宋代以降、浄土思想が各宗派において占める比重が高くなってきた。とくに天台宗と禅宗において、浄土思想が盛行した。永明延寿は天台・華厳・禅・浄土など全仏教を統合し、禅と浄土を悟りの世界へ繋がるものとして同一視した。宋代には唯心浄土思想と念仏結社が主流となったが、そのなかで中心的な役割をはたしたのは天台宗の知礼と遵式である。知礼は『妙宗鈔』のなかで、『観無量寿仏経』の「この心、仏となり、この心、これ仏なり」の経文を中心思想とし、「唯心の浄土、本性の弥陀」という標語を初めて提唱した。この標語は、のちに浄土思想と諸宗とが融合していく際の鍵ともなった。

しかし、天台によって基礎づけられた唯心浄土思想のこの強い流れに対して、明末に入ってから、華厳思想を用いて浄土思想の基礎づけをしようという動きがあらわれた。雲棲は明末に『阿弥陀経疏鈔』を著し、『阿弥陀経』と『華厳経』とを同じく円教として捉え、華厳と浄土との平等・融合を強く主張した。

**教禅一致**　宗密によって完成された教禅一致論は、それ以来、禅と教を融合させようという傾向の仏教者に広く継承され、提唱されてきた。明末に至って、この種の教禅一致の論説は四大家によっていっそう精緻なものとなった。

雲棲は、参禅者と念仏者のあいだにみられる、「不立文字」と「経典不要」という「二輩人」の言論を、教理に通じないものとして斥けている。「教外別伝」を口実とする参禅者に対しては、「教を離れて参禅することは邪因であり、教を離れて悟りを得ることは邪解である」と厳しく批判し、「仏教を学ぶ者は必ず三蔵十二部を模範としなければならない」と求めた。

真可は禅と文字の不二の関係を訴え、徳山・臨済の棒喝も文字であるし、清涼・天台の論疏も禅であると指摘し、禅と文字を水と火のようにあいいれないものとする見方を批判している。徳清は「仏祖一心、教禅一致」と明快に述べている。智旭は「そもそも禅というのは教の綱であり、教というのは禅の綱である」とし、これも禅と教が不可分であることを説明している。

このように、禅宗から教を排除する弊害を指摘したうえで、禅と教とが矛盾しないとする「教禅一致」の主張は、清末の楊文会《ようぶんかい》(一八三七〜一九一一)に至るまで大きな影響をおよぼしており、その歴史的意義は深い。

**禅浄一致**　『壇経』に見られる慧能《えのう》が西方浄土と念仏往生に対して示した否定的な考え方は、後世に禅を実践する者の浄土軽視の論拠としてしばしば引用されている。これに対して延寿は、正しい禅定を強調する一方で、浄土の実践を認め、天台・華厳・禅・浄土の「万善同帰」を主張し、後世に大きな影響を与えた。これによって、禅浄一致的な考え方はますますさかんに主張されるようになり、明末に至ると、雲棲をはじめとする四大家においては、「禅浄一致」の考えが、彼らの融合的な思想体系中、もっとも重要な主張の一つとなってくる。

雲棲は延寿の説を「禅浄一致」論の拠り所としながら、理事円融の論理をもって『壇経』に見られる慧能の言葉を再解釈し、それが西方浄土を否定するものではなく、むしろ浄土を称讃したものであると考えた。禅と念仏との争いに対しては、雲棲は双方ともに偏った見方であり、「念仏は参禅を碍《さまた》げない（念仏不碍参禅）」という禅浄一致論を明快に打ち出している。

真可においては、禅浄一致に関する明確な見解はみられないが、かつて仏教界に存した弊害を「七大錯」にまとめあげたなかで、禅と念仏との争いを厳しく批判し、その円融的な見方を示している。禅を浄土より高いとみる傾向に対しては、徳清はそれが自己を誤らせるばかりのものだと退け、念仏が「一心不乱」の境地に達すれば、その念仏はすなわち参禅であり、参禅はすなわち浄土に生まれることだと主張している。徳清はまた、「仏祖の修行の要はただ禅・浄二門である。……念仏はすなわち参禅であり、それ以外の方法はない（仏祖修行之要、唯有禅浄二門。……念仏即是参禅、更無二法）」とも述べている。

智旭に至ると、浄土は禅より低級なものであるどころか、律・教・禅はいずれも浄土の法門から流出したもので、浄土の法門に帰するのだ、とまで宣言している。

明末の四大家の共通点は、若い頃禅に熱中したが、晩年になると浄土信仰に転じているという経歴にある。彼らは禅浄一致という主張をもちながら、禅より浄土へ傾斜する姿勢を示し、ある意味では、浄土をもって禅をおさめ、禅も浄土に帰するというかたちで禅浄一致を主張としているとみられる。その主張の背後の論理には、それぞれに異なる部分があるが、浄土教が円頓《えんどん》の教えであり、あらゆる機根に対応していると捉え、上根のみに対応する禅宗よりも普遍性の高い教えであると主張する点は一致している。このような姿勢と考え方は、清代に禅浄一致論を主張した僧たちにも受け継がれている。

**三教論**　仏教は外来の思想として受容されたが、その過程において、中国固有のさまざまな思想・信仰と融合し、その関わり方は中国仏教思想史の重要な一側面となっている。中国仏教者の儒仏二教論、あるいは儒仏道三教論は、歴史のなかで繰り返しあらわれた排仏論を契機として理論化されたものである。中国仏教者による二教論・三教論は、ほとんど例外なく、二教・三教思想の本質的一致と仏教の優位を前提とする枠組を出ていない。

明末の四大家も、いずれも儒仏道を会通・調和する姿勢をとっている。彼らは三教一致を論じる際に、例外なく、朱子を代表とする宋明理学の排仏論を視野に入れ、儒・道の始祖の孔子や老子に遡って、儒・道の真の教えを再発見・再解釈するという形式を踏んで、その思想が仏教と完全に一致すると訴えている。また、儒・道の経典を取り上げて、それに仏教の視点から注釈を加えることもさかんにおこなわれた。こうした姿勢と手法は、清代の仏教者にそっくりそのまま受け継がれている。

融合・一致の論説は、決して本来の思想の主体性と独自性を揺るがすものではなく、あくまで根本的には仏説は一つであるという確信に立ったうえで、儒・道に対しては仏教の立場から、諸思想のあいだに矛盾や対立はなく、互いに補完し合うもので、本質的に同一である、とする主張であった。

清代に入ってからは、上述の課題は依然として残されているにもかかわらず、これを理論的に新しく展開した仏教者は、僧侶には一人もおらず、居士の彭紹昇《ほうしょうしょう》(法名は際清、一七四〇〜九六)だけが注目すべき言説を遺している。彭紹昇の影響は、晩年に仏教に帰依した官僚・文人の龔自珍《きょうじちん》（一七九二〜一八四一）や思想家の魏源《ぎげん》（一七九四〜一八五七）らにおよんでいる。このような流れを受けて、清末に至って楊文会が登場し、明代以来の思想課題に正面から立ち向かい、仏教復興の気運を呼び起こしたのである。

### 陽明学・キリスト教と仏教

上述のように、「明末の四大家」の出現は陽明学の興起と密接に関連している。中国明代中期に、王《おう》守仁《しゅじん》（号は陽明、一四七二〜一五二八）は、南宋後期以来正統とされてきた朱子学を継承・発展させ、ある意味で朱子学と対立する新たな儒学思想を打ち立てた。いわゆる陽明学である。朱子学が「天即理」「性即理」を主張し、人間には本性として先天的に儒教的道徳が備わっており、それを完全に体験して発揮していけば、聖人になることができるとしていたのに対し、陽明学では、すべての人の心のなかに、人間の本質（性）は、善悪を完全に正しく判断する能力（「良知」）として、完全な明証性をもって顕現していると考えられた。この考え方は、仏教の人間の心に対する理解と相似していたため、王陽明およびその後継者は仏教に積極的に接近し、強い親近感をもった。

また、社会が大変動して混乱の時代を迎えると、自己の主体性を確立し、世間の立て直しに取り組もうとする知識人のなかには、心の鍛錬成果の強靭性や民衆教化の有効性などから、儒教よりも仏教に大きな可能性を見出す者もあらわれた。彼らと陽明学関係者とのあいだには、往々にして深い交流や強い共感・連帯が生まれ、互いのあいだで思想的な切磋琢磨がおこなわれた。このため、儒教の知識人と仏教僧侶が、社会的立場の違いを超えて、一つの思想的場を共有することも可能となった。陽明学の出現は当時の仏教界の沈滞を破る契機ともなり、明末仏教の復興を促したと考えられる。しかし、明朝滅亡とともに、儒学の主流は朱子学・考証学へと流れ、陽明学は急速に衰退し、したがって儒学と仏教との深い思想的交流も失われていくこととなった。

明末において、仏教とキリスト教のあいだでおこなわれた論争は、明代仏教に特徴的な事柄として特筆されなければならない。

一五八二年、イタリアのイエズス会からキリスト教の宣教師のマテオ・リッチ（中国名は利瑪竇《りまとう》、一五五二～一六一〇）が中国に派遣されたが、北京での布教活動が認められるまでには長い時間がかかり、「天主教」（カトリックの中国名）として合法的な地位が得られるようになったのは、一六〇一年のことである。当時マテオ・リッチらは最初、仏教の一種を装ってキリスト教を広めようとしたが、失敗に終わった。この失敗の中国社会において、仏教そのものの地位・影響力が想像以上に低かったことが原因であった。この失敗に対する反省から、彼らは中国社会において儒教が支配的な位置にあることを悟り、キリスト教は儒教と一致する、と主張するようになった。また、布教の戦略として、西洋の自然科学を積極的に紹介し、『坤輿万国図』『幾何原本』など世界地理や数学の書籍を中国語に翻訳した。さらに、マテオ・リッチは布教のための教理書『天主実義』を著し、天主は無始無終の存在であり、万物の根源であるとする一方、仏教の無や空の概念を嘲笑し、六道輪廻や戒殺放生の思想を批判した。これらの仏教批判は、仏教の経典を研究したうえでなされたものではなく、偶像崇拝といった一般通俗的な印象に基づいたものにすぎなかったから、仏教側からの激しい反論を引き起こした。のちに徐昌治が仏教側の反批判の論説を集めて、『聖朝破邪集』という資料集を編纂しているが、そのなかでも雲棲袾宏の「天説」、密雲円悟《みつうんえんご》（一五六六～一六四二）の『弁天説』、費隠通容《ひいんつうよう》（一五九三～一六六一）の『原道闢邪説』などは代表的な論文である。

ほかに、智旭も『天学初徴』『天学再徴』を撰述し、キリスト教を批判している。雲棲は、天主とは仏教でいう神々の一つにすぎないと論じており、理論的には単純なものだった。円悟は『心経』に基づいて、空と現象との一体性を説き、それを悟れない天主こそが迷いの存在にほかならないと主張した。円悟の弟子の通容は、空と現象の同一性の世界観を展開し、仏教の大道は虚空のように万物を包含すると同時に内在しており、悟りの有無にかかわらず天地と自己は本来的に一体であるとした。極めて異質なキリスト教と出会った仏教は、こういった批判の議論を展開したが、興味深いことは、この過程で、仏教徒が従来の三教の枠を超える普遍性と世界観をますます強く自覚し、表現するようになったことである。つまり、キリスト教伝来は、仏教徒の単純な拒絶と排斥を招いたのではなく、仏教徒の仏教自体に対する深い省察を促し、仏教がより高度な宗教理論を構築する契機ともなったのである。

清朝初期、天主教は中国での活動を継続していたが、結果的には「典礼問題」によって国外へ追放される事態に至った。中国の伝統概念である上帝と聖書の神は同一のものであるのかどうか、また中国人改宗者に祖先崇拝と孔子崇拝が認められるのかをめぐって議論が起こったが、ローマ教皇が勅令でそれらをすべて否定したため、康熙帝（在位一六六一～一七二二）は天主教の布教を禁止し、雍正帝も禁止令を出し、乾隆帝（在位一七三五～九六）はすべての宣教師を国外へ追放した。イエズス会もローマ教皇によって解散され、中国布教は中断するに至った。

## 民衆の仏教信仰

明代以後、仏教は深く広く民衆へ普及していった。仏教聖地の興隆と民衆の巡礼の盛行は、明末清初に完成した四大霊山の信仰に代表される。四大霊山とは、文殊菩薩の霊場の五台山、普賢菩薩の霊場の峨眉山、地蔵菩薩の霊場の九華山、観音菩薩の霊場の普陀山である。近世中国では、この四大菩薩への信仰が仏教の根本教義をあらわすという考えが普遍的にみられた。文殊菩薩は智(智慧)、普賢菩薩は行(実践)、地蔵菩薩は願(祈願)、観音菩薩は悲(慈悲)の象徴である、と考えられた。四大霊山は、従来の王朝主導の名山信仰とは形態が異なり、おもに民衆の仏教信仰によって成立した聖地といえる。

五台山は中国山西省の北東部に位置する。五台山が文殊菩薩の霊場として信仰を集めるのは『華厳経』の訳出・流布以降のことで、五台山が『華厳経』に文殊菩薩説法の地として記述されている「清涼山」に相当するとされ、そこから五台山と文殊菩薩信仰の一体化が起こったものと考えられる。また、五台山で『華厳経』を研鑽した高僧や居士も多く、『華厳経疏』を撰した澄観、『華厳新論』を著した李《り》通玄《つうげん》などが知られる。さらに、長い歴史のなかで文殊の化身があらわれ霊異を示した伝説が数多く伝えられていることも、文殊信仰の民衆への浸透に大きな影響を与えたと思われる。

五台山の仏教は、唐・宋代までは従来型の伝統仏教であったが、元代になるとチベット系仏教が伝来し、のちの清朝も歴代皇帝がチベット系仏教を尊崇したため、五台山には「黄廟」と呼ばれるチベット系仏教の寺院が急速に増えた。このため、近世以来チベット人・モンゴル人も五台山を聖地とみなし、現在も巡礼に訪れている。さらに、朝鮮や日本の仏教者も唐代以来五台山に憧れ、多くの人々が巡礼に訪れた。五台山は、まさにすべての仏教徒にとっての聖地というべき山であった。

峨眉山は四川省峨眉県の南西部に位置し、普賢信仰と結びつけられたことによって、十世紀以降、巡礼の聖地となった。その後、何度も火災に遭ってしだいに衰退していったが、明の万暦年間(一五七三〜一六一九年)に最古の白水普賢寺が再建され、聖寿万年寺と改称され、清代に入っても各寺院の修復が続

五台山

普陀山

けられた。そのため、『峨眉山志』に記載されている現存の寺院は、そのほとんどが明・清代に建てられたものとなっている。四〇巻本『華厳経』の「普賢行願品」は、中国仏教の歴史のなかで極めて重視な位置を占める。そのなかで普賢は一〇の行願（誓願）を立て、それを実践しようと誓っている。深い慈悲をもってすべての衆生を救うために行動するという普賢菩薩の姿が、中国では広く理解され、信仰されてきた。峨眉山は、そうした普賢菩薩への信仰を象徴する聖地となっている。現在も万年寺に祀られる普賢菩薩銅像は民衆の尊崇を集めており、巡礼者たちは、普賢の乗る白象にふれるという定番儀式をおこなうことで、普賢の加護を身に受け、その慈悲と智慧に守られることを願うのである。

九華山は安徽省南部青陽県にある。『九華山志』によれば、九華山が地蔵菩薩の聖地となった因縁は、唐の時代に新羅の王族出身の金地蔵（釈地蔵とも。俗名は金喬覚《きんきょうかく》、金大覚《きんだいかく》）という僧が九華山にきて、そこの谷に幽居し、苦行を実践したことに始まる。金地蔵は、逝去ののちに、地蔵菩薩の化身あるいは地蔵菩薩の再来として敬われるようになり、九華山は地蔵菩薩の道場と位置づけられた。ただし、金喬覚が地蔵の化身金地蔵として信仰されるようになったのは、じつは明末清初のことだったのではないか、といわれている。その理由は、明の半ばまでは五台・峨眉・普陀の「三大山」という言い方が一般で、地蔵道場の九華山を入れて「四大名山」という言い方が出てくるのは、現在知られている文献資料においては、清初の王鴻緒《おうこうしょ》（一六四五～一七二三）の「潮音和尚中興普済寺記」が初めてだからである。

明末に、僧の量遠が皇后の支持を得て、焼失した化城寺を修復し、朝廷から「護国月（肉）身宝殿」と紫衣を下賜されたことが契機となって、金地蔵の信仰がしだいに広まったのだと考えられている。かつて、この地を訪れた王陽明は、「海を渡り、郷国を離れ、栄を辞し、苦空に就く。盧を双樹の底に結び、塔を万花の中に成す」との詩を詠み、金地蔵を讃えた。金地蔵の塔の北門の廊下には、地蔵菩薩の誓いが刻まれている。すべての衆生を救いきって初めて菩提が証されるのであり、一人でも衆生が地獄にいるならば誓って成仏しない、という内容である。これこそが、九華山が地蔵菩薩の霊場として信仰される原点にほかならない。

普陀山は、浙江省舟山列島に浮かぶ一つの小島である。『重修南海普陀山志』に「普陀山、梵には補怛洛迦と名づける」と記されているように、普陀山と観音菩薩の住処「補怛洛迦」との結びつきが強調されてきた。唐代に日本僧慧蕚《えがく》が将来した観音像をもって帰国した際に、この島に漂着し、「不肯去観音院」を開いたと伝えられる。宋代になると、時の皇帝の勅令によって島に寺が建てられ、仏教の聖地を形作るに至った。普陀山は観音浄土としてしだいに広く認知されるようになり、元・明・清の歴代王朝はいずれも莫大な費用を投じて、普陀山諸寺院の修復・建造を重ねた。毎年三回の旧暦二月十九日（観音誕生日）、六月十九日（観音入山日）、九月十九日（観音成道日）の縁日には、大勢の巡礼者が参拝に訪れる。古来、日本や朝鮮に渡航する者、またそれらの国へ帰ろうとする者、さらに、周辺の港から出航して世界各地に移住する華人は、この島の観音菩薩に参拝して、航海の安全を祈ってきた。

中国仏教の聖地としては、以上の四大霊山のほかにも、天台山・楽山大仏・三大石窟（敦煌《とんこう》・雲崗《うんこう》・竜門）などがあげられる。これら聖地への信仰と巡礼は、今も多くの民衆に受け継がれ、さかんにおこなわれている。

## 2　朝鮮　高麗時代

### 国家仏教の定着

新羅末になるとその支配力が弱くなり、昔の百済と高句麗の地域にそれぞれ、甄萱の後百済と弓裔の後高句麗が復活される。後高句麗はのちに泰封に変わったが、弓裔のもとにいた王建が九一八年に弓裔を滅ぼし高麗を建国した。その後、九三五年には新羅を併合し、九三六年に後百済を滅ぼし、再統一した。

高麗時代に入っても、新羅以来続いてきた、国をあげて仏教を崇拝する風潮は変わらず、その傾向は増していった。仏教は願刹《がんせつ》(亡き人の冥福を祈るため建てた寺院)と真殿寺院(国王の真影を奉じる寺院)が建立されるほど国家仏教として歴代の国王に信仰され、国家鎮護と祈福を謳い成長した。高麗の崇仏政策は、太祖王建《おうけん》(在位九一八~九四三)が説いたとされる「訓要十条」から確立された。「訓要十条」は、高麗の後代王たちが必ず守らなければならない教訓であったようである。一〇条のなかの第一、二、六条は仏教との関連が深い条文である。

第一条では、高麗の大業は必ずや諸仏の護衛力に助けられると宣言する。よって寺院の創建にあたっては、僧侶の修行を強調し、権力者が僧と手を組んで寺院を専有するため争奪することを禁止する。要するに高麗の建国は仏教の力に頼っているが、それを口実にして僧侶は権力者と結合することなく、僧侶としての本分である修行を重視することが説かれている。

第二条では、朝鮮半島にある多くの寺院は、新羅の僧・道詵《どうせん》が風水を鑑定して建立したものであると述べ、国運が永続するためには道詵の風水観に基づいて寺院を建てる必要があることを述べている。そして、のちに願堂などをみだりに増やさないよう警鐘を鳴らしている。ここで説かれる風水地理説とは、地勢を観察する相地法の一種であり、道詵が提唱して禅宗とともに流行した。とくに山川の地勢を見極め、勢力が弱い地や悪い地に寺院を建ててそれを補うとする考え方を「裨補寺塔説」というが、これは国運の永続をかなえる護国の原理としての役割をはたした。こうした裨補寺塔説による風水説は高麗末まで重視された信仰の一種類である。

第六条では、仏教儀礼に関することが述べられる。燃灯会《ねんとうえ》は仏を奉ずる法会であり、八関会《はっかんえ》は天霊および五岳・名山・大川・竜神を奉ずる法会である。このような法会を勝手に加減することを禁止している。このなかでは燃灯会と八関会にだけ言及されているが、高麗時代の仏教儀礼は八〇種余りにものぼり、高麗時代全体では一二〇〇回以上おこなわれたとされる。そのなかでも燃灯会・八関会、そして仁王会《にんのうえ》などの仏教儀礼が盛行した。仁王会とは一〇〇人の法師を招き、一〇〇の高座を設け『仁王般若波羅蜜経』を講ずる法会である。新羅では六一三年に初めておこなわれ、中国から留学してきた円光が招聘された。以後、高麗で国家鎮護と祈福攘災、そして王権強化の目的でさかんにおこなわれるようになった。高麗では、一〇二〇年に一〇〇の獅子座を設けて仁王会を三日間にわたっておこない、これを定例と決めたと記録されているように、仁王会は国家的法儀として認められていた。またその際には、僧侶に食事を供養する飯僧が一緒におこなわれた。記録によれば、五万人が参加する大規模な飯僧をおこなったこともあったという。

高麗時代に入ると、燃灯会は国家的な仏教儀礼として、祭りの性格をもったものとしておこなわれた。仏に香を供養するだけではなく、音楽を奏で、詩を唄い酒も飲んだ。この日は祝日となるほどの国家的な仏教儀礼であった。

八関会は、新羅では高句麗の恵亮《えりょう》を招き、戦没兵士のための慰霊祭の性格をもって初めておこなわれた。高麗時代には八関会が一〇九回開催されたという記録が残る。八関会は十一月十五日に開催され、山神などを祀る法会であるが、必ずしも仏教に限ったものではなく、土俗的儀礼が仏教儀礼化したものともいえるほど、僧俗の交じり合った複合的な形態となっていた。八関会は何よりも民族的な大祭であり、半島固有の信仰が全面的にあらわれたものと理解されている。

朝鮮半島の仏教は、新羅末の禅宗の伝来を経て寺院を中心とした宗派仏教の時代に入った。高麗仏教はこうした新羅末からの宗派仏教の延長線として始まった。高麗時代の宗派には、華厳宗・法相宗・天台宗・禅宗という四つの宗派があったといわれる。光宗(在位九四九~九七五)のときには、僧侶を育成する僧科制度がつくられた。それらは得度制度・僧階・僧録司・国師・王師などからなり、これらの制度に基づいて仏教界は安定と発展を遂げたのである。このなかで国師と王師は、僧階の高い僧侶が選ばれた終身職であったが、死んだのちに追封される例も少なくなかった。新羅の高僧では、和諍《わじょう》国師元暁《がんぎょう》《ウォンヒョ》と円教国師義相《ぎしょう》《ウィサン》(義湘)、先覚国師道詵がその例であり、高麗の義天《ぎてん》《ウィチョン》も大覚国師に追封されている。僧侶が所属している寺院の組織は院主・直歳《じきさい》・維那《いな》という三綱で運営されていた。院主は寺院を総括し、直歳は財政を担当した。維那は僧の紀綱を正し労役を指導する役目である。

### 民衆への教化――均如

均如《きんにょ キュニョ》（九二三〜九七三）は義相学派を継承した華厳僧である。九二三（太祖六）年に生まれ、おもに高麗第四代の光宗の時代に活躍し、九七三（光宗二十四）年五一歳のとき帰法寺で亡くなった。均如は智儼・義相・法蔵・澄観の華厳思想を受け入れながら、この四人の華厳教学の相違を融合しようと努力した。しかし、彼の栄誉を妬む一群の僧侶たちにより誣告《ぶこく》され、死に瀕したこともあった。彼の華厳教学は僧科で正義とされるほど国に認められたが、同時に煩雑さを理由としてのちの時代に義天に批判され、義天が編纂した『新編諸宗教蔵総録』（当時に存在した重要な経典の注釈書などの目録）に一つも著作が収録されなかったほど不運な思想家でもあった。

均如の思想における宗教的な面での特徴は、絶対的な自力による成仏論であろう。華厳宗の所依の経典である『華厳経』は、仏の本願力を重視している。例えば『華厳経』の冒頭で、普賢菩薩が三昧に入るとき、盧舎那仏《るしゃなぶつ》の本願力や仏の神力を受けて入ることなどである。こうしたことから『華厳経』は他力を重視しているといえる。しかし『華厳経』は他力だけを説くのではない。「十住品」という章には「他によって悟るのではない（不由他悟）」と自力を強調し、これが繰り返し説かれている。

均如も一面では仏菩薩の本願力を強調するが、同時に『華厳経』「入法界品」で、善財童子が悟りの機縁となった善友をあまねく訪ねたことを、自分の菩提心のなかにある善友を訪ねたものだと述べ、自力を高く評価している。こうした実践を通じて求めるのは、自分のなかにある仏である。義相学派の思想と同様、均如も自分の未来仏が自分を教化すると述べている。

また、均如は民衆のために郷歌《きょうか》(日本での万葉集のように古代語を漢字にあてて詠んだ歌謡)である「普賢十種願王歌」をつくった。新羅や高麗時代の郷歌は、大部分が仏教思想に基づいているが、当時の日常生活で用いられた言語で歌ったので、漢文で伝えられるものとは異なる。そのなかで均如のこの歌は、民衆のために具体化した『華厳経』の思想であり、民衆教化に尽力した宗教の実践ともいえる。

「普賢十種願王歌」は四〇巻本『華厳経』に基づいている。それは題目にある一〇首の歌と、それを総合する一首の計一一首の歌からなり、『均如伝』「歌行化世分」に収録されている。一一首の歌の内容を簡単に説明すると次のようになる。(1)心の筆で描いた仏の前に拝む吾が身が、九世にわたって拝み祀ることと、仏を拝むことに疲れや嫌悪がないことの大事さを力説する礼敬諸仏歌、(2)仏に帰依する功徳により一念のあいだに無尽の弁才ですべての仏を賛嘆する称讃如来歌、(3)法界に至る心と手により、仏に物を供える(法供養)ことを説く歌応修供養歌、(4)衆生界がつきるまで自身の懺悔も終わらないことを決心する懺悔業障歌、(5)迷いと悟りとが同体であるという縁起の道理により、仏から衆生に至るまですべてが吾が身であるので、人の善をわがことのように喜ぶ随喜功徳歌、(6)頓修して法の雨を請いながら、菩提の心を大事にする請転法輪歌、(7)わが心を清らかにして合掌し、仏の感応を願う請仏住世歌、(8)頓修して身命を惜しまず仏道を学ぶことを誓う常随仏学歌、(9)頓修して途切れることなく仏を敬い、衆生の心が安らぎを得るようにと誓う恒順衆生歌、⑽わが修行の功徳を頓修して途切れなく衆生に振り向け（廻向）、旧来よりの法性を知らしめる普皆廻向歌、⑾そしてこうした十大願を無尽に願うことを誓う総結無尽歌である。これらはまさに均如の民衆への憐みのあらわれであるといえる。そのポイントは「頓修」である。しかし、これは一般の華厳教学のような難解さを感じさせず、一般民衆がたやすく引き込まれるような内容である。『均如伝』によれば、この歌は人々に広まり、村の垣に書かれるほど流布したとある。さらに、この歌には病気を治療する神秘的な力もあったとされる。

### 『高麗大蔵経』の彫板と天台宗の開創――義天

海印寺大蔵経板閣内郭

崇仏の国、高麗時代には仏力によって国を守りたいという願力のもとに、大蔵経の彫板が二度おこなわれた。顕宗《けんそう》（在位一〇〇九〜一〇三一）時代には、契丹の侵略が仏力によって退くことを願って大蔵経を彫板するが、それが初雕《しょちょう》大蔵経である。これは一〇一一（顕宗二）年から一〇八七（宣宗《せんそう》四）年まで七七年間かけて六〇〇〇余巻を板刻され、宋の開宝版と国内の伝来本に基づいて製作された。彫板のあいだに契丹版も参照したとされるが、一二三二年、モンゴルの侵略のときに焼かれた。その後、今度は仏力によってモンゴルの侵略から国を守るため二回目の大蔵経を彫板し、一六年間かけて一二五一年に完成する。これが今現在慶尚南道海印寺に保管されている、いわゆる八万大蔵経である。

その間に経の疏記を中心として、義天が教蔵を彫板した。彼の諱《いみな》は煦、義天は字で、諡号《しごう》は大覚国師である。高麗第一一代の王である文宗《ぶんそう》（在位一〇四六〜八三）の子として生まれ、一一歳で華厳宗霊通寺の爛円のもとで出家し、その年に同じく華厳宗の仏日寺で正式な僧侶となった。一三歳で新訳『華厳経』とその疏（注釈書）五〇巻をともに講説するほど華厳教学に通じていて、三〇歳のとき、宋に行くことを朝廷に願い出たが許可されなかった。そこで三一歳のときに宋に密航し、中国華厳宗の有誠や浄源をはじめ、さらには天台宗など各宗派の僧侶に教えを受けた。また中国杭州にあり高麗とも縁が深い慧因院には、経済的な支援と大蔵経七〇〇〇巻とを寄贈した。義天が中国に行った目的は、おもに華厳の教理を学ぶこと、仏教典籍を蒐集するためと思われるが、彼は華厳だけではなく中国天台宗の大成者である天台智顗の浮屠にも参じて、高麗に天台宗の開創を誓ったのであった。

義天は仏教典籍三〇〇〇余巻を蒐集して帰国すると、さらに遼や日本からも章疏を蒐集し四〇〇〇余巻を刊行した。そして目録である『新編諸宗教蔵総録』三巻を編集した。これは経典よりも、その注釈書である章疏に重点をおいた目録である。日本の東大寺には高麗版本の『大方広仏華厳経随疏《ずいしょ》演義鈔』（八世紀中国華厳宗澄観撰述）が現存し、ほかにも多くの高麗版の仏典が日本の寺院に伝わる。また、義天が華厳宗の典籍を集めて編集した『円宗文類』は一〇九四年前後に日本に伝えられ、日本華厳宗の湛睿《たんえい》の著述に用いられただけでなく、真言宗や浄土宗の著述などに広く利用された。

義天の教蔵は、義天没後も多く伝播した。現在残っている澄観や遼の法悟などの書物の奥書《おくがき》を見ると、興福寺の僧が一〇九五年に宋の人を仲介して高麗義天に章疏の将来を要請し、一〇九七年に入手したと記されていることから、南都ではいち早く高麗の開版情報を得ていたことがわかる。

義天の教蔵および『円宗文類』の刊行は、高麗を中心として、遼・北宋・日本のいずれにも関係している。よって教蔵の刊行は、高麗の政治的な威信を東アジアに高めた絶好の文化事業として評価されている。さらに義天自身も入宋により、当時高麗に流通していなかった仏教典籍を数多く将来した。これにより高麗仏教の教学的な基盤の強化に貢献した。

義天は刊行に励みながら、入宋時の誓願である天台宗の開創の準備をおこなった。まず、三五歳の一〇八九年には『天台四教儀』を刊行し、その年に国清寺の建立を開始し、八年をかけて完工し、これにより高麗の天台宗が創立された。義天は一一〇〇年に国清寺で『法華玄義』を講義し、一一〇一年に天台宗の僧侶四〇人を試験により選抜した。

義天は入宋前から、生母である仁睿王后に天台三観は最高の真実であると説きながら、高麗に天台宗が開創されないことを惜しんでいた。入宋の際に華厳宗の有成に会い、華厳宗と天台宗との同異を議論したのもこうした志のあらわれである。

そもそも朝鮮半島に天台の教えが伝えられたのは、百済の玄光による。玄光は南岳慧思《なんがくえし》に教えを受けて、法華三昧を証得したという。また、智顗の教えを受けた高句麗の波若は、中国天台宗の中心寺院である国清寺で亡くなり高句麗での天台の教は伝わったか否かわからない。なお、新羅では元暁が『法華宗要』を著し、法融と理応らは湛然（天台宗第六祖）の弟子となった。高麗時代に入ると諦観が天台宗の典籍をもって呉越国（中国南方）に行き、そこで『天台四教儀』を著した。しかし、その後、高麗時代になると天台思想を研究した痕跡がなくなる。義天は高麗に天台宗が確立されていないことを残念に思い天台宗開創に踏みきっているのである。高麗天台宗は、義天のあとは教雄と徳素が継承するが、教理的な展開はそれほどなく、のちに了世の白蓮結社の遠因となる。

義天が活動したのは、華厳宗と法相宗との対立が激しい時期であった。禅宗においては法眼宗が勢力を保っていた時期である。こうした宗派のあいだの緊張関係のなかで、基本は華厳宗であった義天は、天台宗という新しい宗派を創立することにより、仏教界の再編をはかったものと考えられている。義天は禅宗の法眼宗を天台宗に吸収し、また政治的に法相宗を弱化させた、そして最終的に禅宗としては曹溪宗と天台宗、教宗としては華厳宗と法相宗という四大宗派を成立したのであった。このように新仏教としての天台宗は四大宗派に分類される。義天は元暁を尊重し、統合仏教の側面を強調したが、その統合の中心に天台宗があった可能性が高い。

## 禅と天台の復興——知訥と了世

十二〜十三世紀には、知訥《ちとつ》《チヌル》（一一五八〜一二一〇）の定慧結社と了世《りょうせ》《ヨセ》の白蓮結社との信仰結社が注目される。この信仰結社とは、信仰の共同体である。知訥の定慧結社は禅宗を中心とした信仰共同体であり、了世の白蓮結社は天台宗を中心とした信仰共同体である。とくに白蓮結社では礼懺《れいさん》と浄土信仰が強調された。ともに武臣政権期に、高麗の首都である開京中心の仏教に対する批判運動から始まった共同体でである。

**知訥**　知訥の自号は牧牛子である。八歳で禅宗の闍崛山門宗暉のもとで出家し、一一八二年に僧科に合格した。しかし、彼は当時の儀礼仏教や堕落した仏教を改革するため定慧結社を始めた。これは一一九〇年から本格的に始まるが、結社の名からわかるように定と慧とはこの結社を支える二つの軸であった。この結社の特徴は他力仏教を排除し、自力仏教をめざしたことにある。

それをあらわすのが彼の修行体系である。彼の基本的な思想は、禅と華厳であるといえる。華厳はおもに李通玄の『新華厳経論』による。知訥は、現在のわれわれが根本的にもっている普光明智(普遍に光る明るい智慧)を悟ることを促しているほど、自力といっても、現今の凡夫が越えなければならないことに注意をはらっている。その修行の要諦は廻光返照である。彼の思想は三門といわれるが、それは惺寂等持門・円頓信解門・徑截門である。第一の惺寂等持門とは定慧雙修である。定と慧とを同時に、全一的に修行するのが定慧雙修である。第二の円頓信解門とは、まさに華厳の修行法により世俗から超えることをめざして頓悟することを勧める。第三の徑截門とは道がないことである。要するに理論と言語とを超越して禅の悟りに入ることで、禅修行者のために設けたものである。このように廻光返照は、禅門にも教門にも通じる修行法である。とくに徑截門は慧諶をはじめとする十六国師に継承される。ただし、そうした長い伝統が継承されたにもかかわらず、現在の最大の宗派となる曹溪宗の宗祖は高麗末の太古普愚とされている。

**了世**　了世の俗姓は徐で、字は安貧である。一一七四年、一二歳のときに陝川の天楽寺で出家して、均定を師匠として天台教観を修習した。一一八五年に僧科に合格し、九八年には開京の高峯寺で開催された天台教学に関する討論で理論を極めた。その後、知訥の定慧結社にしばらく参加するが、数年後に決別した。

了世は一二〇八年に北宋時代の天台宗僧侶である四明知礼《しめいちれい》（九六〇～一〇二八）の『観無量寿経疏妙宗鈔』を講義し、「この心が仏となり、この心が仏である（是心作仏、是心是仏）」という句に至って悟りを得て、以後は懺悔行を実践した。そして一二一六年に全羅道の満徳寺を創建し、白蓮結社を実質的に開始した。一二二八年には天因（一二〇五～一二四八）と天頙《てんさく》（一二〇六～？）とが出家して門下に入り、結社の規模が拡張する契機となった。結社文はのちの一二三六年に天頙によってつくられた。

白蓮結社は、天台思想と浄土思想とを結合したものと評価される。了世は、普賢道場を開いて法華三昧と浄土往生とを求め、天台智顗の『法華三昧懺儀』による法華懺悔を積極的に勧めた。これは天台智顗から四明知礼へと継承された法華三昧と天台観法である。了世自身、「徐懺悔」と呼ばれるほど『法華経』の読誦や陀羅尼・阿弥陀仏の念誦に励み、寒暑に負けず懺悔を怠ることはなかったという。了世本人は自力の唯心浄土を求めていたが、自力で成仏ができない凡夫には他力信仰を積極的に勧めていた。了世の弟子は三八人、結社に参加した人は三〇〇人にのぼったという。

### 功徳仏教の流行

十三世紀、元の侵略を受けて江華島に移っていた高麗の朝廷は、元との講和により開京（現在北朝鮮の開城）に戻った。ここからいわゆる元の干渉期が始まる。この時期は元との交流が活発になり、仏教の変化にも著しいものがあった。

高麗の王室と元の皇室とのあいだに血縁関係が形成され、元の皇室は高麗の寺院を願刹として重創する際、仏具などの仏教美術品を送る、あるいは元の様式で舎利器をつくらせるなどした。現在、韓国の国立中央博物館にある敬天寺址十層石塔は、元の影響を受けた建築物の一例である。

こうした元の願刹は高麗王室により運営されたが、のちに開京付近から地方に拡散することにより、元の皇室で直接願刹を指定するようになった。とくにこの場合は、元で出生した高麗人が仲介役をはたした例が多い。金剛山にある長安寺・表訓寺のなどの地方の寺院は、彼らの活動により勢力を蓄えた。その過程で、寺院の免税や元の後援により国家収入は少なくなった。なおこの時期、寺院が経済活動を繰り広げたことにより寺院財産が肥大化した。このことはのちに改革の対象として批判される原因となり、さらには高麗仏教の堕落にも繋がった。

この時期には、元の皇室のための仏教行事がたびたび開催されたが、そのなかには元の皇室の後援でおこなわれたものも少なくない。しかし、仏教行事の施行回数と規模は高麗前期に比べて少なく、既存の仏教儀礼は減少し、かわりに転経など元の皇帝のための祝寿斎が流行した。また、高麗前期の仁王会などの仏教儀礼が国家の行事であったのに対して、この時代の仏教儀礼は国王、あるいは王室の功徳行事に変わった。また、国家儀礼のかわりに水陸斎が本格的におこなわれ、竜華会《りゅうげえ》もおこなわれた。高麗末になると、性理学を基盤として新しく成長した儒教勢力により仏教が批判されたことも、仏教儀礼が縮小された原因となった。

## 臨済禅の導入

高麗と元の仏教思想の交流面で、とくに重要なのは臨済禅の導入である。高麗では知訥の結社の影響により、看話禅が悟りに至る重要な修行法として注目されたが、それが高麗仏教に定着するのは元との仏教交流を待たねばならなかった。十三世紀になると知訥の結社運動は力を失い、高麗仏教は中国の看話禅に目を向けることになった。

知訥の結社を受け継いだ修禅寺の僧侶たちは、中国に行ったり、書信の往来をとおして元の蒙山徳異《もうざんとくい》と交流した。これを契機として、高麗に蒙山の禅風が積極的に受容されることになった。蒙山徳異は臨済宗楊岐派に属する人物である。同じ臨済宗でも、知訥の時代に交流したのは黄龍派であったので、楊岐派の蒙山禅を受容したことは、結果的に知訥の禅宗と断絶する結果となった。蒙山禅の特徴は無字公案であり、高麗でもこれが流行し、また悟後に印可を授ける風習も広まった。この無字公案は、知訥や知訥の直弟子の時代にも重要性が知られていたが、蒙山禅のように絶対的な公案ではなかった。しかし、蒙山は無字を中心とする禅修行を勧め、その悟りに対しては印可を授け、その後、習気をなくすため経典を読むことを許可した。また、印可を受けようとする流行は、高麗僧の入元を加速させた。

**懶翁慧勤**　このように入元が流行するなかで、高麗後期にあらわれたのが懶翁慧勤《らおうえきん／ナオンヘグン》であった。彼は二〇歳で出家し、檜巌寺において高麗にきていた日本僧の石翁に会い、入元を決心した。その後、修行に励み、四年後に悟りを開いて二八歳のときに中国に行き、インド僧の指空《しくう》の門下で勉強を開始した。指空はチベットを経て中国にきて、のちに二年七カ月間にわたり高麗に滞在した。高麗における指空の活動のなかで在家信者がついてきているが、とくに女性信者が多く、みな指空から戒を受けた。ちなみに、指空から受戒した妙徳という女性信者の戒牒が現在でも残っている。このように指空が厚く信仰対象となったのは、彼が釈迦や達磨の権現とみなされたからである。指空は法会の際に「喝」を入れたほど臨済禅に対しても詳しかった。彼の門徒はのちに高麗で大きな勢力を形成した。

慧勤は中国滞在中、指空のもとで勉強し、その後江南で禅修行を積んでから一〇年間の留学のすえ、高麗に戻った。江南に行った慧勤は臨済の一八世となる平山処林のもとで六カ月ほど修行し、平山より三学（戒律・禅定・智慧）を完成したと評価された。その後、慧勤は指空のもとに戻って、法を受けることにより二重の法統をもつこととなった。また慧勤は、一三七〇年に恭愍王《きょうびんおう》（在位一三五一～七四）の親政を契機として工夫選を主管し、翌年王師に任され、高麗仏教界を禅中心とすることに成功した。

**太古普愚**　この時代を代表する禅僧に太古普愚《たいこふぐ テゴボウ》（一三〇一～八二）がいる。彼は一三歳で出家し檜巖寺広智の弟子となった。その後、迦智山に行って修行した。のち華厳選に合格するが、これとは別に禅の修行に没頭した。これは当時、華厳と禅との関係が深かったことを物語る。彼は門徒を指導していたが、四五歳で入元をはたして臨済の一九世となる石屋清珙に会った。帰国後、太古は恭愍王の時代に王師となり、仏教改革のため、寺院の創建禁止や禅宗の和合、清規の実践、僧侶の姿勢を正すことなどを王に建議した。しかし、政治僧辛吨の登場とともに退くこととなり、改革は辛吨に譲られた。

白雲景閑　白雲景閑は中国に行き、石屋清珙より法を受けて、また、指空とも問答をおこなった。白雲の思想は、無心と無念とに基づいている。当時は看話禅が大勢であったが、白雲は公案・経典・論疏などにこだわらず、無心を古師の修行法として強調しながら、無念・無心の境界になって道に一致すると教えた。その説法に無心がおもに説かれることにちなみ、白雲の禅は無心禅と呼ばれている。彼は最晩年に『直指心体要節』を著す。これは後学の指南かつ禅の大衆化をめざしたものである。なお、これは世界最古の金属活字としても有名である。

## *3* 日本　鎌倉・室町

### 天台本覚思想

仏教が日本に受容され独自の展開をするのは、院政期頃から中世初頭にかけての時代が著しい。まず思想史的な視点から述べよう。仏教は、さまざまな現象を一度は否定的に捉えて、実体のないものとして理解するところから出発する。根源的な何かを主張することも現象をそのまま肯定することもはばかる傾向をもつ。ところが、平安時代中頃より現象をありのままに是認する考え方が登場する。その嚆矢《こうし》は安然《あんねん》の『教時諍』や『教時諍論』にあり、天台のなかにそのような傾向が顕著にみられる。それが好悪、善悪などの相対立した現象世界を、そのまま絶対的に肯定する天台本覚思想として結実する。本覚との用語は『大乗起信論』にその用例が知られ、また空海《くうかい》が頻繁に依用する『釈摩訶衍論』にも登場する。法華思想のなかに登場する本迹《ほんじゃく》思想と混同すべきではないが、いずれにしろ現象を絶対的に肯定する思想が本来、覚っているという意の本覚の語に注目されて本覚思想と定義される。この思想があらわれる資料の年代確定は困難を極めるが、ほぼ十二世紀の後半、院政期頃には一般化しつつあったと推定される。なお、中国の禅宗のなかでも八世紀の馬祖道一《ばそどういつ》には「即心是仏」(この心こそが仏にほかならない)とか「平常心是道」(日常に生起する心がそのまま悟りである)との表現が存在し、本来のありのままを絶対的に肯定する。「人がすでに仏である」とする思想は、日本だけではなく中国においても存在したものである。

この本覚思想が明瞭に語られる代表的な資料は『本覚讃』や『三十四箇事書』であり、そこには「無常は無常にして常住なり」との特異な表現が登場する。この世のすべての事象は無常というあり方をしていて、そのあり方は常住であるとの意であるが、これは無常なる現象を肯定的に捉えることを可能とする。しかし現象をそのまま是認することになると、その行き着く先は修行を否定してしまうことになる。この点の克服こそが中世初頭の仏教界の課題でもあった。

### 寺僧と遁世

仏教界の僧侶の営みにも、十一世紀以降には一つの特徴があらわれた。それが遁世の僧侶の登場である。機構の整った寺院を中心に展開した古代から連続する仏教は、寺僧と呼ばれる僧侶を中心に展開した。寺院は荘園領主としても生まれ変わり、寺社家は権門の一つとして存在するようになるが、それを象徴的に顕密体制と呼ぶ。寺僧の中の交衆《きょうしゅ》たちは、顕教を修学する者たちは教理の研鑽に励み法会における論義・唱導に力をつくし、密教を修学する者たちは加持祈禱や修法に力をつくした。そのどちらも国家の安寧、玉体安穏、五穀豊穣を祈願していた。交衆たちはそのような営みを通じて、僧侶世界の頂点である僧正に着任することや名聞利養の獲得をめざした。当時の仏教は顕教と密教の総体として捉えられ、顕密仏教とも呼称された。このような状況において、貴族社会での出世が藤原北家の一部に限られたことが一因し、優秀な貴族の子弟が仏教界にも流入するようになった。その結果、僧侶世界にも身分の別が登場し、やがては仏教界における出世が限定される事態が生じた。一方、一〇五七年が末法の始まりであるとの認識も広まり、厭世的な意識も生じた。情緒的な無常理解も一因したことと思われるが、僧侶のなかには山中に籠もり静かな後世を期する遁世と呼ばれる僧侶たちがあらわれた。そして十二世紀の後半期以降、積極的に遁世する僧侶が登場するのである。

積極的に遁世した彼らは叡山系・南都系の諸寺院にもあらわれ、僧侶世界が世俗化したことに危機感をいだき、名聞利養を求めず、真摯な仏教をめざして遁世をしたと推測される。叡山系では俊芿《しゅんじょう》や法《ほう》然《ねん》・親鸞《しんらん》・栄西《えいさい》・日蓮《にちれん》・一遍《いっぺん》・恵鎮などがあげられ、南都系では貞慶《じょうけい》や良遍《りょうへん》・叡尊《えいそん》・覚盛《かくじょう》・聖守《しょうしゅ》・凝然《ぎょうねん》などがあげられる。これらの遁世の僧のなかには宋に留学し、宋代の仏教を日本に紹介する役割をはたした者もあった。とくにその傾向が著しいのは、新たな律宗を開く律僧たちと達磨禅を日本に紹介した禅僧たちである。彼らはやがて遁世門と呼ばれるようになった。

## 浄土教の新展開

院政期以降は、貴族を中心とした公家の社会が揺らぎ、武家や寺社家が勢力を伸長させた激動の時代であった。公家中心の価値観が動揺し、新たな思想が求められた時代でもあったが、そのようななかで仏教界にも新たな運動が展開した。それは一〇五二年が末法に入る年であると考えられたことにも起因する。比叡山において新たな念仏運動が展開したが、まず注目されるのは良忍の融通念仏である。この法門は一時期断絶したが復興され、現代にも存続する。一人の念仏が万人の念仏に通じると捉え、「一念即一切念、一切念即一念」を主張した。この主張の背景は、『華厳経』の主張する「一即一切」の思想を彷彿とさせるが、比叡山に登場した念仏として異色の存在である。その後に登場したのが法然(一一三三~一二一二)である。法然は『選択《せんじゃく》本願念仏集』なる著作を著し、称名念仏のみが阿弥陀の浄土に生まれる唯一の手段であると主張して、新たな念仏運動を展開した。この念仏は口に唱える専修のみを正行として認め、他の方法を否定したところに特徴がある。

法然の教えはその弟子である信空《しんくう》・隆寛《りゅうかん》・聖光・親鸞・幸西《こうさい》・湛空《たんくう》・証空《しょうくう》・長西《ちょうさい》・源智《げんち》などに継承されたが、法然の思想のなかには天台の菩薩戒思想も含まれており、それぞれの弟子の受容によって多くの流派に分かれた。菩薩戒思想を継承したのは証空(一一七七~一二四七)とその門下であり、また法然の専修念仏をいっそう推し進めるかたちで継承したのが親鸞(一一七三~一二六二)であった。親鸞は、衆生の極楽浄土への往生は阿弥陀の誓願によってすでに決定していると考えた。なかでも第十八願を重視して信心が確定したときに往生は確約される、という新たな視点を打ち出した。ここに念仏は行の意味を希薄化させ、信を強調するものに変化した。彼らの一派は浄土真宗（または真宗）と呼ばれる。南都に展開した念仏にはあくまでも行の意味が存在したが、法然・親鸞の主張した念仏は、本願に対する信を強調する独自のものであり、ここに大きな飛躍がある。

### 入宋（元）僧の関心

院政期の後半期頃から宋に留学する僧侶がみられるようになるが、そのような僧侶たちはまずは日本において顕密二教を学び、やがて入宋し戒律や禅にも関心を示した。そのような人物として、早くは重源《ちょうげん》（一一二一～一二〇六）や俊芿・栄西・浄業などに指を屈することができる。重源は武士であったが出家し、醍醐寺で真言密教を学び、真言念仏に関心を示した。入宋すること三度といわれるが、一一六七年に入宋し、天台山を巡迹し、翌年に帰国した。一一八一年には平重衡に焼き討ちされた東大寺の復興を担う大勧進職に任命され、勧進聖として活躍した。宋人の陳和卿《ちんわ（な）けい》を起用して大仏殿・南大門などを大仏様式（天竺様とも）で復興した。重源は、高野山の聖（遁世の人々）とも関係が深く、また畿内・瀬戸内に別所を七カ所設けたといわれ、そこには阿弥陀仏を本尊とする浄土堂を建設した。一生涯の記録は自著の『南無阿弥陀仏作善集』に詳しい。

栄西（一一四一～一二一五）も入宋僧の一人として名高く、叡山で出家し、顕密二教を学んだ。一一六八年に仏跡参拝を志して入宋し、中国天台宗の鈔疏を将来した。一一八七年の二度目の渡航のときには天台山・天童山に入り、虚菴懐敞《こあんえじょう》から臨済宗黄龍派の禅を学んだ。一一九五年には博多に日本最初の禅宗寺院である聖福寺を、九九年には鎌倉に寿福寺を、一二〇二年には京都に建仁寺を創建した。建仁寺には止観・真言両院を創設し、天台・密・禅を併習する道場とした。栄西の禅は禅のみを専修するものではなく、顕密との融合がめざされていた点でのちの禅宗とは異なり、密禅との名称で呼ばれることになった。しかし、禅の流れが社会的に大きな勢力になるのは半世紀後の円爾弁円《えんにべんえん》（一二〇二〜八〇）や蘭溪《らんけい》道隆《どうりゅう》（一二一三〜七八）の登場を待たなければならず、栄西の時点ではまだ大きな勢力ではない。

次に重要な入宋僧は俊芿（一一六六〜一二二七）である。俊芿は太宰府の観世音寺で出家したのち、京都や南都で戒律を学んだ。一一九九年に入宋し、天台・密・律・禅を学び、とくに四明山の京福寺で如庵了宏に師事して戒律を本格的に修学した。一二一一年に帰国したが、儒教経典を含めて多数の典籍や仏

栄西（寿福寺蔵）

蘭溪道隆（建長寺蔵）

舎利を将来し、栄西に招請されて建仁寺に迎えられる。のちの一二一八年に中原信房から京都東山の仙遊寺を寄進された。俊芿はこれを泉涌寺に改め、天台・密・禅・浄土を兼修する戒律復興の道場とした。以後、泉涌寺の戒律は北京律と呼称されることとなり、叡尊らの復興した南京律と対比されることとなった。俊芿の弟子には定舜《じょうしゅん》・湛海《たんかい》・心海《しんかい》・了真《りょうしん》らがいるが、この北京律は中国宋代の南山律宗すなわち霊芝元照の影響を受けており、『四分律行事鈔資事記』や『羯磨疏済縁記』などを修学の対象とした。

また一二一四年に入宋して守一に師事した浄業も、戒律を学んだ一人である。帰朝後、朝廷から伽藍の創建を許され、京都八条大宮の地に戒光寺を創建し、丈六釈迦如来像を安置し、戒律復興の道場とした（現在は東山に移築され、泉涌寺の塔頭とされる）。一二三三年に再び入宋し、南宋の皇帝であった理宗に謁見し忍律法師の号を与えられた。一二四一年に太宰府に律院である西林寺を、京都東山に東林寺を開創したという。浄業は臨終に際し、念仏三昧のなかに命を閉じたと伝えられる。彼の弟子には浄因がいる。浄業や浄因は、元照の法嗣から受法しているので律宗の僧として数えられるが、浄土教にも造詣の深い僧侶である。このように、十二世紀後半から十三世紀前半にかけては律宗関係の僧侶の入宋が多くみられる。

### 禅宗の展開と法華宗の成立

禅宗の展開で、その最初期を飾るものは無師独悟を主張した大日能忍《だいにちのうにん》である。能忍は日本達磨宗の開祖とされ、摂津国水田に三宝寺を創建し、頓悟《とんご》の禅を主張した。一一八九年に弟子の練中と勝弁を宋に派遣し、大慧宗杲の法嗣であった拙庵徳光から能忍のために印可をもらわせている。しかし一一九四年に栄西とともに停止の訴えを受けた。このとき、栄西は『興禅護国論』を著し、禅宗の正統性を訴えた。能忍の弟子の仏地房覚晏《ふっちぼうかくあん》は大和国の多武峰に住して弘法し、その弟子の孤雲懐奘《こうんえじょう》はのちに道元の門に入り、能忍の達磨禅の流れは衰退した。

十三世紀の中葉からは禅宗門の僧侶の入宋または入元がみられるが、逆に大陸から禅僧が訪れることも多くなった。達磨禅の伝播は平安時代の初期に天台宗の最澄《さいちょう》が北宗禅の一派を将来していることが最澄の著である『内証仏法相承血脈譜《そうじょうけちみゃくふ》』から知られるが、本格的に達磨禅の系統が日本に伝えられるのは栄西以降である。

禅宗は臨済と曹洞の二派が伝えられたが、中世を通じて禅宗という総称が用いられた。まず大きな集団勢力になったのは臨済系で、鎌倉幕府、のちに室町幕府の庇護を受けた五山(叢林とも)と幕府の庇護を受けなかった林下《りんか》に区分される(曹洞宗もここに入る)。その最初の禅の導入に大きな足跡を残したのは、先にも述べた栄西である。しかし禅宗が日本に定着するうえで重要な役割をはたしたのは円爾弁円や蘭溪道隆であり、そこには五〇年ほどの時間差が存在する。

道元が入宋したのは一二二三年であり、天童山の如浄の「身心脱落」の語を聞いて悟りを開き、二七年に帰国している。如浄は洞山良价《とうざんりょうかい》の法を継ぎ、中国曹洞禅の正系であるゆえに道元は曹洞の継承者とされた。道元は「只管打坐(ひたすら坐ること)」の禅(黙照禅)を伝えたとされるが、公案や話頭も用いているることに注意が必要である。道元の主張した「修証《しゅしょう》一等(修行と悟りとは同等である)」は本覚思想に対する一つの回答ともいえる。

栄西も圓爾もともに顕密二教を学んでおり、その禅には密教の影響が濃厚である。このように最初期の禅は、密教と融合した独自のものであったところに特徴がある。禅独自の色彩を強めるのは蘭溪以降であり、彼は一二四六年に来日し鎌倉の建長寺開山となった。蘭溪は厳格な規矩のもと弟子の育成をおこない、日本臨済の基礎が形成されたという。またそのときから国家的な要素ももたらされ、天皇の聖寿万歳が導入された。

禅においては、南宋や元朝から日本に渡った僧侶の影響が著しい。例えば蘭溪道隆、一山一寧《いっさんいちねい》（一二四七〜一三一七）、兀庵普寧《ごったんふねい》（一一九七〜一二七六）、無学祖元《むがくそげん》（一二二六〜八六）などであるが、彼らは密教とは融合していないという意味での純粋禅を日本に伝えた。無学祖元は一二七九年に来日し、円覚寺の開山となった。祖元には鎌倉幕府の執権として権力をふるった北条時宗（一二五一〜八四）が師事し、また弟子には高峰顕日《こうほうけんにち》（一二四一〜一三一六）、夢窓疎石《むそうそせき》（一二七五〜一三五一）、無外如大《むがいにょだい》らがおり、彼らは仏光派と呼ばれた。

蘭溪の弟子の一人に南浦紹明《なんぽじょうみょう》（一二三五〜一三〇八）がいる。彼は一二五九〜六〇年に入宋し、虚堂智愚《きどうちぐ》に師事し印可を得ており、書院台子の茶を伝えたともいわれる。一二七二年に太宰府の崇福寺の住持となり、九州に教えを広めた。彼は大応国師と号を賜り、その法を継承したのは宗峰妙超《しゅうほうみょうちょう》（一二八二〜一三三七）であった。彼は林下の寺院の代表となる大徳寺を創建した。妙超は自ら公案を作成し方便をあまり用いず、正面より禅を捉え厳しく弟子を教導し、のちに大灯国師と号を賜った。妙超の弟子に関山慧《かんざんえ》玄《げん》(一二七七～一三六〇)がおり、妙心寺の開山となった。紹明・妙超・慧玄と続く三人の法系を一般に「応灯関」と称し、現在の臨済宗に続く基をつくった。さらに夢窓疎石は弟子一万三〇〇〇人を育てたといわれ、『夢中問答集』『西山夜話』などの著作を残した。夢窓疎石は、天竜寺造営の資金を得るために、天竜寺船の派遣を建言している。なお曹洞禅の流布では、瑩山紹瑾《けいざんじょうきん》(一二六八～一三二五)の功績が大きい。彼は加持祈禱を取り入れ庶民教化に尽力し、一三二一年に石川県に総持寺を開創した。

次に鎌倉中期の僧侶として日蓮(一二二二～八二)も注目される。日蓮は安房国に生まれ、青年期に比叡山に学んだ。三二歳のときに宗教的な自立を宣言し、『法華経』を拠り所として「南無妙法蓮華経」の題目を唱えることを最重要とする旨を宣布した。自身を上行菩薩の生まれ変わりであると捉え、社会の混乱は為政者が『法華経』以外を信ずることより生じているのだと考え、『法華経』を中心にすえた立正安国を主張した。『法華経』を信じ、題目を唱える唱題により救済が可能になるという易行性も備え、その教えは死後に広く流布した。

また鎌倉期後半には一遍(一二三九～八九)が登場した。一遍には神祇信仰と仏教との融合がみられ、熊野権現からのお告げにより「南無阿弥陀仏決定往生六十万人」と書かれた札を各地に配る(賦算)遊行の生涯を過ごした。一遍の集団は定住をせず、指導者は遊行聖と呼ばれ、その集団は時宗と呼ばれた。一遍の語録に「唱ふれば吾も仏もなかりけり南無阿弥陀仏南無阿弥陀仏」との歌が残されているように、念仏によって阿弥陀と一体化する境地が示されている。このように、鎌倉期、日本において新たに発生した親鸞・日蓮・一遍などの集団には、その信仰実践の易行性と信の強調がみてとれるところが特徴である。

一三六八年、大陸では朱元璋により明王朝が成立すると、当時、さかんであった和冦の取り締まりのため、両国は正式に国交を樹立するようになるが、その際には書状の作成において禅僧が活躍した。南北朝から室町期における仏教界は、禅宗や法華宗・時宗などの動向が注目されるが、室町幕府との関わりでは禅宗が重要である。幕府は禅律方という役職を設け、僧侶世界には僧録という職を創始し、それらの職をとおして幕府は僧侶世界を支配しようとした。

旧来からの勢力であった比叡山や南都系の寺院も室町幕府との関係をもつようになっていたが、旧来の仏教勢力と新興の禅宗とのあいだで騒動が起きることもあった。南禅寺の山門の関銭事件をめぐり、定山の著した『続正法論』に端を発する応安の強訴事件(一三六八年)はその典型であり、禅宗の大きな転換点になった。僧録の設置もこれ以降におこなわれた。

## 神と仏の関係——神仏の習合・隔離

中世の時代、神仏関係においても独自の展開が存在した。神と仏の関係は仏教が日本に伝来した当初から問題とされたが、奈良時代中期から平安初期における両者の関係は、苦界に苦しむ神々を仏教が救うというものが主であった。神々が仏法に救済を求めるという形式で神仏の関係が語られたのであり、『多度神宮寺縁起』などにはその色彩が強く感じられる。のちの平安時代になると、神祇は仏法の守護神としての役割をはたすようになり、神は仏の生まれ変わりであるとの認識が生じた。これは輪廻思想から説明すればわかりやすいが、日本では「権現《ごんげん》」という言葉が用いられた。その理論が本地垂迹説であり、天照大神や八幡神などの神々はその基の本地は仏であり、人々を救済するために仮に神の姿となってあらわれたと考えた。この考え方は平安中期の十世紀頃から登場し、やがてさまざまな神が本地として仏菩薩を想定するようになり、日本の神々が八幡大権現・春日権現・熊野権現・蔵王権現・山王権現などと呼ばれるようになった。また仏寺建築を神社建築に取り込んだ権現造りもこの頃から登場する。このように互いに混じり合うことが神仏習合と呼ばれるが、神道界にもその典型的な具体例があらわれた。それが天台系の山王神道であり、真言系の両部神道である。

比叡山延暦寺の麓にある日枝神社は、大山咋《おおやまくい》神を祀るが、比叡山の守護神とされ、山王権現と称されるようになった。山王神道の思想は鎌倉初期の『山王縁起』や『耀天記』に見え始め、伝忠尋撰の『金剛秘密山王伝授大事』や光宗撰の『溪嵐拾葉集』に本格的に主張され、日枝の神が神々のなかで最高神であるとし、その本地が延暦寺の如来であると主張した。また真言宗では密教の金剛界、胎蔵界の教理で仏菩薩と神々の関係を説明しようとの試みがなされた。その名称は吉田兼倶(一四三五～一五一一)の『唯一神道名法要集』に初めて用いられ、「曼荼羅の諸尊を以て諸神に合わす。故に両部神道という」とある記述から、その名称が一般化する。しかし、実際には、伊勢神宮の内宮と外宮の思想的裏付けのために密教が用いられたのは院政期頃からと考えられ、一一〇六年頃成立の『大神宮禰宜延平《のぶひら》日記』にすでに「日輪は大日如来なり、本地は盧舎那仏なり」とあり、また空海に仮託された『天地麗気記』にも「両宮を以て両部となす」などの記述が見える。そこでは内宮の天照大神は金剛界の大日に、外宮の豊受は胎蔵界の大日が本地であるとされた。このような考え方は伊勢神道の成立にも影響を与えた。

ところが伊勢神宮を中心とする神道家のなかでは、まったく逆の立場に立つ習合説が提唱された。それが反本地垂迹説であり、伊勢外宮の神官であった度《わたら》会《い》家行《いえゆき》（一二五六〜一三五一、一説に一三六二）によって主張された。神祇を上位におく考えは、一二八〇年前後には成立したと考えられる神道五部書（『御鎮座次第記』『御鎮座伝記』『御鎮座本記』『宝基本記』『倭姫命世記』）にも影響を与えたと考えられる。ここにみられる思想は、神と仏とを峻別し、神道古来の姿を意識したことである。度会家行の一三二〇年著作の『類従神祇本源』は伊勢神道を大成させたものとされ、仏教の流布は神道の表出にほかならないとされた。このように本地垂迹・反本地垂迹を介して神仏の関係が議論され、その一体化と分離が主張され、独自の理解が成立したのである。

## 日本文化への影響——文学・茶道・能楽等の芸道の成立

仏法は日本文化の一側面としても大きな影響を与え、芸道の成立にも深くかかわった。例えば、茶道・能楽の誕生には禅宗の影響が著しい。茶道に大きな影響を与えたものは臨済の僧侶であった一休宗《そう》純《じゅん》（一三九四〜一四八一）であったという。当時、茶道は「茶の湯」と総称されたが、禅の影響を受けて成立したお茶の流れは「侘び茶」と呼ばれる。この侘び茶の鼻祖は奈良の称名寺に学んだ村田珠光《じゅこう》（一四二三〜一五〇二）である。

珠光は当時、庶民に流行していた「下々のお茶」や、僧院のなかで飲まれた「書院台子のお茶」、武士や貴族のあいだに流行った「闘茶」(栂尾《とがのお》のお茶を本茶とし、そのほかの産地のお茶を非茶として産地をあてる飲み方)を嗜み、室町将軍の同朋衆の一人であった能阿弥からも助言を受けた。また大徳寺の僧侶であった一休から禅を学び、心一境性の工夫として茶を点《た》てることを学び、茶の湯の実践は仏法の実践に異ならないと主張した。この主張は武野紹鷗《たけのじょうおう》(一五〇二〜五五)などの弟子の代に「茶禅《さぜん》一味」の思想として結実した。珠光が発案したという四畳半の小座敷はさらにその面積を狭くし、千利休《せんのりきゅう》(一五二二〜九一)のときにはわずか二畳の小座敷になったが、その小さな空間に大宇宙を感じ取ることが求められた。また『六祖壇経』に登場する慧能の偈である「本来無一物」が貴ばれ、また歌道の世界で重んじられる「侘び」「さび」の美意識も持ち込まれた。

堺の豪商の息子であった紹鷗は、一方で名物六〇種を所有していたという。この「侘び茶」の茶の湯を大成したのが千利休である。利休は極端にまでその理想を推し進めた。弟子の南坊宗啓(生没年不詳)の記とされる『南方録』によれば、「侘びの本意は清浄無垢の仏世界を表して、この露地、草庵に至っては塵芥を払却し、主客ともに直心の交わりなれば、規矩寸心、式法あながちに云うべからず」と語っていたといわれ、茶の湯は仏法の実践にほかならないとまで主張した。このような「侘び茶」の歴史は、利休の弟子であった山上宗二《やまのうえそうじ》の書き記した『山上宗二記』に基づくが、その歴史のなかで重要な人物は珠光・紹鷗・利休の三人であった。

また、漢文学も十三世紀の半ば頃から、臨済宗の僧侶のあいだで盛んになった。京都や鎌倉の五山を中心に展開したので五山文学と称される。その初期には渡来僧であった大休正念《だいきゅうしょうねん》(一二一五〜八九)は『念大休禅師語録』六巻を残し、無学祖元は『仏光国師語録』一〇巻を著した。書にも巧みであった一山一寧はなかでも重要であり、彼は五山文学者を輩出した。

　五山に文学が栄えた理由は、大陸における当時の知識人たちが科挙をめざして勉強し、科挙に失敗した人たちが僧侶になる例が多く、彼らが文章を綴ることにたけていたことが大きい。また言詮を超えた悟境、すなわち体得者のみが知る自内証の消息を言葉で語ろうとするときに、詩的シンボリズムを借りざるを得ないと考えたところにも一因があり、そのような大陸禅林における文筆尊重の風が移植されたからである。

　草創期には雪村友梅《せっそんゆうばい》(一二九〇～一三四六)の『岷峨集《みんがしゅう》』、虎関師錬《こかんしれん》(一二七八～一三四六)の『済北集』、中《ちゅう》巌圓月《がんえんげつ》(一三〇〇～七五)の『東海一漚《いちおう》集』があげられる。そして隆盛期の双璧の作品として義堂周信《ぎどうしゅうしん》(一三二五～八八)の『空華集』『空華日用工夫略集』、および絶海中津《ぜっかいちゅうしん》(一三三六～一四〇五)の『蕉堅稿《しょうけんこう》』がある。室町末期に入ると宗教性は薄れ、純文学化し平凡な漢詩文になり終焉を迎えたが、その伝統は五山僧であった藤原惺窩《ふじわらせいか》(一五六一～一六一九)や林羅山(一五八三～一六五七)を介して江戸時代に継承された。

　能も仏教との関連が深い芸術である。その起源は大陸から伝播した散楽にあると考えられ、やがて訛《なま》って「猿楽」と記されたことに始まる。散楽は滑稽を中心とした芸能であったが、古代から座を形成して伝えられ、近江と大和の猿楽の座が有名であった。大和に存在した結崎(観世)・外山(宝生)・円満井(金春《こんぱる》)・坂戸(金剛)の四座は大和四座と呼ばれ、興福寺の維摩会や春日大社の御祭りに奉仕する義務があった。また院政期には院の御願寺である六勝寺においても、仮面をつけた呪師と呼ばれる芸能が存在していた。古代からの神楽もあった。これら先行する芸能の影響を受けながら、猿楽を芸術にまで高めたのは、大和四座の一つであった観世座に所属した観阿弥《かんあみ》(一三三三〜八四)、世阿弥《ぜあみ》(一三六三?〜一四四三?)親子と世阿弥の娘婿であった金春禅竹《こんぱるぜんちく》(一四〇五〜七〇)である。

宋代に流行した田楽が、鎌倉期には日本でもさかんとなったが、世阿弥は近江猿楽の犬王《いぬおう》、田楽の亀《き》阿弥《あみ》、増阿弥《ぞうあみ》などの先人や同世代の名手上手の長所を取り入れ芸風を完成させた。とくに人間の感情を表現する田楽から受けた影響は大きい。世阿弥は京都東山、東福寺の岐陽方秀《きようほうしゅう》や大和の曹洞宗寺院であった補巌寺《ふかんじ》の第二代住持の竹窓智厳《ちくそうちごん》より禅を学び、また金春禅竹は一休宗純、普一《ふいっ》国師志玉《しぎょく》(華厳宗僧)、南江宗沅《なんこうそうげん》(一山派禅僧)らとの交流が知られる。世阿弥が智厳に学んだことは、彼が金春禅竹宛に書いた手紙のなかに「仏法にも宗旨の参学と申すハ得法以後の参学とこそふかんじ二代ハ仰せ候しか」とあることから確認され、彼が理想とした幽玄などが禅的素養のなかから見出されたことが知られる。当時の猿楽は、登場人物は現在の人物を対象にした現在能が一般的であったが、世阿弥は過去の人物とその亡霊に語らせる複式夢幻能を創造した。それは前場《ぜんば》と後場《ごば》と呼ばれる二つの夢幻能を組み合わせた独自の能形式であり、それは情趣に富んだ新しい芸能であった。

禅竹は、能楽の理論を仏教教理によって完成させ、『六輪一露記《ろくりんいちろのき》』『六輪一露記注』『至道要抄』などの能学理論書を数多く著し、その理論には「本来無一物」など禅宗の教義が濃厚に感じられる。幽玄の真髄は円相であるとし、寿輪から始まり、竪輪・住輪・像輪・破輪・空輪そして寿輪に帰るとし、それを貫く剣(一露)で仏教的な能楽理論も創始した。このように室町初頭には仏教は芸能とも結びつき、芸能の独自の発展を促したのである。

## 民衆との関わり——一向一揆・法華一揆

鎌倉から南北朝・室町・戦国・安土桃山の時代にかけて、仏教は民衆との深い関わりをもつことになった。仏教が民衆のあいだにも布教され、多くの信者を生むことになったのである。例えば曹洞宗では、瑩山紹瑾《けいざんじょうきん》が登場して加持祈禱を受け入れることになったが、能登をはじめとして各地に広まった。また日蓮を祖と仰ぐ法華宗においては、日像（一二六九～一三四二）が京都で初めて布教をおこない、やがて町人に多くの信者が生まれる契機をつくった。大覚《だいかく》（一二九七～一三六四）そして日什《にちじゅう》（一三一四～九二）・日隆《にちりゅう》（一三八五～一四六四）が活躍し、京都にいくつもの本山が創建された。京都や堺の町人の支持を得て大きな勢力となり、一時期、京都の町衆の多くが法華宗の信者であったという。また浄土真宗では蓮如《れんにょ》（一四一五～九九）のときに、東海・東国・奥州などの各地に大きな信者集団ができあがり、本願寺が京都にできあがった。蓮如は御文を作成し、平易に教えを民衆に示し、現在に至る真宗教団の基をつくった。

町人や農民のあいだに布教をすることに成功した法華宗・真宗と既存の仏教界とのあいだには軋轢がしばしば生じた。比叡山をはじめとする既存の仏教勢力から警戒の目で見られることになり、しばしば一揆も起きた。有名なものが天文法華の乱である。直接のきっかけは、比叡山西塔の華王房と日蓮宗宗徒松本新左衛門久吉が宗論をおこない、華王房が負けたことである。これを発端として、一五三六（天文五）年、京内日蓮宗の本山二十一箇寺が比叡山の僧徒に焼き討ちされる争乱が引き起こされた。比叡山側は園城寺・東大寺・興福寺・根来寺・東寺・本願寺に援護を要請し、一時期、京都から法華宗徒は完全に追放された。法華宗の帰洛は六年後の一五四二年になって初めて許された。

また、真宗の門徒が封建領主と対立して起こされた一向一揆も数多く存在する。農村部においては守護・地頭の厳しい税金の取り立て(誅求)に対抗して自治的な組織である惣が結成されたが、その代表たちが真宗の門徒になることが多かった。とくに本願寺八世の蓮如の頃からその動きは活発となった。一四七四(文明六)年に加賀の守護であった富樫政親《とがしまさちか》と弟の幸千代《こうちよ》の対立を発端に、加賀の門徒は一致団結し、やがて守護を追放した。以後、真宗門徒は約一〇〇年にわたって加賀の国を支配した。一五〇六年、越中の門徒が長尾能景《ながおよしかげ》と対立したのを皮切りに、本願寺は戦国諸大名と対立するようになった。一五七〇年には石山本願寺の門徒が織田信長と直接に争ったが、この戦いは一五八〇年に和解し、一向一揆は終焉した。宗教勢力による戦争態勢はここに幕をおろし、寺院は武家の支配下に入り宗教活動を中心とする組織に移り変わり、近世江戸時代を迎えるのである。

# 第4章　グローバル化への抵抗と適応

## 1　中国　清～現代

### 清の仏教政策

清（一六一六～一九一一年）は三〇〇年近く続いた中国最後の王朝だが、支配者層は満州族であった。清代の仏教を理解するには、満州族の支配、儒教の重視、チベット仏教の崇拝の三点を、この王朝の特徴として押さえておく必要がある。清朝は、従来の伝統仏教を規制する方向の各種政策を施行したので、それに対応するかたちで、伝統仏教も大きな変貌を余儀なくされた。

清はチベット仏教を重んじた。乾隆帝が出生した雍和宮がチベット仏教の寺院として整えられ、信仰の中心となったことが、この王朝とチベット仏教の密接な関係を象徴的に示している。清がチベット仏教を尊崇したのは、その内実が満洲族の宗教心に合致したためでもあるが、そこには同時に、モンゴル族やチベット族を懐柔する政治的な意味も含まれていた。その結果チベット仏教に比して、従来の仏教と道教は冷遇されることとなったが、清初の順治帝（一六三八～六一）・康熙帝・雍正帝は、伝統的な中国仏教にも好意を示した。

雍正帝はチベット僧チャンキャ国師（チャンキャ・ロルペードルジェ、一七一七〜八六。章嘉国師《しょうかこくし》とも呼ばれ、雍正帝と乾隆帝の帰依を受けた）に師事しただけでなく、禅僧について修業し、ついには悟り自ら円明居士《えんみょうこじ》と号し、『御選語録《ぎょせんごろく》』一九巻や『揀魔弁異録《れんまべんいろく》』八巻を著している。雍正帝は儒仏道の三教一致と、仏教中の諸宗一致、禅家中の五教一致を主唱し、また雲棲袾宏《うんせいしゅこう》に倣って浄土門を提唱し、禅門に新風を吹き込んだ。一方、清朝統治に対する不満を徹底的に封じるため、禅門に対しても粛清をおこない、多くの禅籍を禁書として焼却したほか、宋代の禅僧大慧宗杲を悟っていないと批判して排除した。

続く乾隆帝は『四庫全書』を編纂して儒教を信奉したが、一方で勅版仏教大蔵経の『龍蔵』を刊行してもいる。さらに北京版『チベット大蔵経』や、漢文大蔵経から満洲語に翻訳した大蔵経なども完成させた。しかし、乾隆帝は、僧侶や道士が一人増えれば農民が一人減ると考えて、従来の仏教宗派に対して僧侶の選別粛清をおこない、さらには度牒の発給も廃止した。このような仏教管理政策の狙いは、仏教や道教の勢力をしだいに弱めさせていくことにある、と乾隆帝自身が表明している。このような政策のもとで、その後、中国仏教はその活気をほとんど失うに至った。

儒教を聖教として尊崇する一方で、仏教に対しては利用と抑圧という二面的態度をとったことは、明代の政策の延長線上にあるとみることができるし、仏教を管理するための僧道官制度などは、実際に明代の制度を踏襲している。しかし、清代を全体として見渡すと、従来の仏教制度が大きく変えられ、清代に独特な変貌を遂げた様子が明らかにみてとれる。例えば出家制度の変化についてみれば、出家のための試経制度は清初の段階ですでに廃止されている。一〇〇〇年以上暗誦されてきた漢訳呪文も廃止され、チベット仏教から新しく漢訳されたものに差し替えられた。また、『禅門日誦《にちじゅ》』という新たな日課用のテキストがつくられ、寺院の日課が全国統一の方向に向かった。この三つの事例が、清朝仏教の変貌を端的に示している。

試経制度とは、経典の読誦力や理解力を試す試験をおこない、合格者に度牒という官文書を与え、正式な出家僧尼として公認する国家試験制度である。これは唐代に始まったとされ、明代までおこなわれてきたが、仏教の中国的展開の重要な特色の一つとなっただけでなく、知識教養を有し中国仏教を担う人材を継続的に生み出すシステムでもあった。ところが、一六四五(順治二)年、北京に都を定めたばかりの清の皇帝は、試経制度の廃止令を出した。一七七四(乾隆三十九)年には、国家から正式な出家僧尼に発給される身分証明書である度牒も廃止された。この二つの政策は従来の出家制度を根底から変えたものである。これは中国従来の伝統仏教が国家から疎外されることを意味するのみならず、仏教にかかわる人材を生み出す制度上の保証がなくなることも意味した。国家認定の資格制度がなくなり、経典の知識の有無を問わず無差別に出家できるようになったことは、仏教界の知的構造を崩壊させる恐れを招いた。試経・度牒廃止の政策は、清の滅亡まで一貫して施行され続けたが、清末になると、近代社会へ移行する激動のなかで活路を見出そうとする仏教界から、その政策の是非を問う動きがあらわれた。つまり清初の試経制度の廃止が、衰微の底に陥った清末仏教界の現状をもたらした原因だと、反省されるようになったのである。

チベット系仏教との関係にも制度上の変化がみられる。一七七三（乾隆三十八）年に頒布された『四体合璧大蔵全呪』は、従来の漢訳呪文が梵音と合致していないとして、「正音」であるチベット語に基づいて漢訳を新たにつくり直そうとしたものである。一〇〇〇年以上にもわたって暗誦されてきた漢訳の真言が、「一句一字」すべて改訳され、新たな呪文が全国の寺院に示された。伝統の漢訳真言の威力が、清朝の政治力によって、まったく無力なものとして否定された。真言呪文の読誦は、本来仏教内の宗教的儀礼としておこなわれたものである。それが、国家権力によって新たに制度化されていく。この巨大な国家事業は漢字圏の仏教の伝統を根本的に変貌させようとしたものにほかならず、重大な意味をもつ。

清朝仏教の変貌は、国家の権力によるものばかりでなく、仏教教団の内部からも変化が生じていた。その一つの動きは、寺院の日課が統一の方向へ進んだことである。十八世紀以後、『禅門日誦』という寺院の日課用テキストが普及しだし、その後現在に至るまで、禅宗をはじめ、各宗派の寺院で広く使われている。「天下の僧が同じ一冊のお経」（天下和尚一本経）といわれるほどに、全国的に深く浸透した。その編纂者や具体的な成立年代は明らかでないが、現存のテキストのなかでもっとも古いものは、清の一七二三（雍正元）年の刊本とみられる。その内容はおもに「朝時課誦」と「暮時課誦」で、経讃呪文など多様な文録から構成されている。

## 清代の仏教界

明末に江南で隆盛した禅宗は、清初にも発展を続け、福建と広東がしだいに禅の中心地になっていった。臨済宗では、憨璞性聡《かんはくしょうそう》（一六〇九〜六六）・玉林通琇《ぎょくりんつうしゅう》（一六一四〜七五）・茆溪行森《ぼうけいこうしん》（一六一四〜七七）・木《もく》陳道忞《ちんどうびん》（一五九六〜一六七四）らが活躍し、曹洞宗では覚浪道盛《かくろうどうせい》・祖心函可《そしんかんか》（一六一一〜五九）らがもっとも有名で、『禅海十珍』一巻を編纂した為霖道霈《いりんどうは》（一六一五〜一七〇二）も注目される存在である。清初においては、費隠通容が著した『五灯厳統』二五巻によって、臨済と曹洞の正統性論争が引き起こされたことが注目される。費隠の弟子の隠元隆琦《いんげんりゅうき》（一五九二〜一六七三）と覚浪の弟子の心越興儔《しんえつこうちゅう》（一六三九〜九五）らは、清朝の支配から逃れるために日本に渡ってその活路を求め、徳川幕府の庇護で、黄檗宗《おうばくしゅう》と呼ばれる禅宗の一派を開いた。そのほかに、江南で盛行した禅は内陸の四川・雲南にまで伝わり、後世においては、四川・雲南こそが明末仏教との連続性を強く保持する地域となった。明末・清初の江南を中心とした仏教が、清初の政治的変動を経て、日本や四川・雲南に伝えられ、それぞれの土地で継承され、発展していったことは興味深い。

天台・華厳などの教学は、明末の余波として清朝中期までさかんであった。天台の振興に大きく寄与した智旭《ちぎょく》は清初まで活躍していたが、その後、天渓受登があらわれ、その弟子の警修霊明が天台を代表する存在になった。華厳学においては、道霈は『華厳疏論纂要』一二〇巻を著し、禅と教のバランスをはかった。続法（一六四一〜一七二八）は杭州で五〇年にわたって『華厳経』の講釈を続け、『法界宗五祖略記』一巻・『賢首五教儀』六巻・『賢首五教儀開蒙』一巻などを残している。その後、通理（一七〇一〜八二）は『五教儀開蒙増注』を撰し、「賢首（法蔵）を振興した第一人者」とされる。

チベット系仏教を別として、清朝において絶対的主流を占めた仏教勢力は、浄土教である。清の帝室の提唱・保護を受けた一方で、幅広い民衆からの篤い信仰も集めたからである。西方浄土を信奉し、持名念仏を実践し、浄土経典を講じる僧俗の人数は、禅や教学に従事する者より圧倒的に多く、独自の修行方法も多く開発された。行策(一六二八〜八二)は江南で蓮社を創設し、「七日念仏」という新しい実践法で、浄土信仰の普及に大きな影響を与えた。『金剛経疏記会編』『宝鏡三昧本義』『勧発真信文』『起一心精進念仏七期規式』などの著作がある。

浄土第九祖とされる省庵実賢(一六八六〜一七三四)は、天台や唯識《ゆいしき》を学び、戒律を厳しく実践したが、念仏禅に参じて浄土に帰信した。彼は一日を二〇分に分け、一〇分は念仏、九分は作観、一分は礼懺とすることで、念仏と禅を融合させた。彭際清が編集した『省庵禅師語録』二巻は、後世に多くの読者を得た。

徹悟際醒《てつごさいせい》(一七四一〜一八一〇)はおもに華北の紅螺山を拠点に活動したが、永明延寿や雲棲袾宏の影響を受けて、浄土を提唱した。その特徴は「真に生死のため、菩提心を発す。行願を深めるには、仏の名号を持す」という「念仏法門」にある。その具体的な内容は、(1)「念仏法門」の前一句は仏道を学ぶ方法である。(2)「念仏法門」の後一句は浄土の宗旨である。(3)心を集中してもっぱら念仏することは着手の方便である。(4)現に生じている煩悩を砕くことは心をおさめる要務である。(5)戒律を固くもつことは仏道を歩む根本である。(6)種々の苦行は道をおさめる助けである。(7)一心不乱というのは浄土実践の帰趨である。(8)種々の霊験は往生の証明である。これを、「念仏法門」の「八事」という。戒律・観想・念仏という浄土理解は雲棲袾宏の思想を継承したもので、清代浄土思想の共通主張でもある。後世、徹悟際醒は蓮宗の第十二祖として高く評価されている。

## 居士仏教

清初は朝廷も一定の理解があり、ある程度は保護を受けることができたので、明末仏教の余勢に乗って従来の伝統仏教は継続的に発展することが可能であった。しかしその後、儒教・チベット仏教の重視と粛清政策のもとで、伝統仏教の教団はしだいに活気を失い、僧侶の素質の低下とあいまって、弱体化が顕著となっていった。その結果、乾隆以後の仏教界の主導権は、仏教教団からしだいに在家の居士の手中に移り、居士仏教が隆盛した。居士とは、社会的に相当の地位と教養をもつ一方、真摯な仏教主義の謹厳な生活を堅持し、また仏教教団の護持に努める在俗の仏教信者のことである。清代の数多い居士のなかでも、彭紹昇はもっとも著名である。彼は蘇州の豪族に生まれ、若いときは朱子学の研鑽に励み、一九歳で科挙試験を突破して進士となった。その後、友人の勧めで仏教に帰心し、明末の高僧らの著作を耽読し、雲棲袾宏を師と仰ぎ、浄土信仰を固めたという。彼の仏教思想の特徴は、念仏信仰を華厳学の基礎の上に成立させた点であり、清末の楊文会《ようぶんかい》居士に大きな影響を与えている。彭紹昇は蓮社をつくって念仏を実践し、放生会などの仏教行事をおこなった。彼には『華厳念仏三昧論』や『浄土経起信論』などの華厳や浄土教に関する著作のほか、儒教側からの排仏論に対する反批判の『一乗決疑論』もある。また、歴代の居士の伝記や思想を論じた『居士伝』も有名である。そのほかに『二林居集《にりんこ》』『行居集』などがある。

## 清末仏教の復興

十八世紀後半以降、仏教界には影響力のある高僧がおらず、教学研究が衰退していく一方で、観音信仰や浄土往生を中心として、病気を治し、災難を除き、福や寿を増すといった、現世利益を追求する傾向が強くなっていった。亡霊追善や子孫繁栄を祈るために、瑜伽焔口（施餓鬼）などのさまざまな懺法、水陸道場などの種々の法要がさかんにおこなわれた。こうした一般状況のなかで、仏教に新しい活気を吹き込んだのは、在家の仏教信者であった。官僚であり思想家でもあった龔自珍《きょうじちん》と魏源《ぎげん》が、その代表的な人物である。

龔自珍は彭紹昇の弟子に影響を受けて仏教に帰依し、浄土を信仰しながらも天台宗を尊び、「天台裔人」（天台の末裔）と自称している。一方で、彼は天台と華厳との融合をも唱え、賢首（華厳）の五教と天台の四教とは異ならず、華厳・法華は同じく円教であると説いている。龔自珍は、唐末以降の仏教が衰退した原因は経論を排斥した禅宗にあると考え、巷にあふれる禅師たちこそが、仏法を衰弱させた「蛆虫僧」であると非難した。

魏源は龔自珍とともに、清代後期の改革志向型古典学者の代表人物であったが、彼の仏教信仰の思想的傾向は、華厳を理論の根拠としながら浄土を信仰し、明末の雲棲袾宏をもっとも尊敬していた。彼の仏教に関する数少ない著作のなかには、浄土四経に対する序文と跋文《ばつぶん》があり、「普賢行願品」は華厳経の帰着であると同時に、浄土の帰着でもある、という主張がみられる。さらに魏源は、天台と華厳を浄土の理論基盤として抵抗なく同時に受容している。魏源は雲棲袾宏以来の「宗浄合修」(「宗」は禅を指す)の思想を継承し、「宗と浄を合わせて修すれば、もっとも速く仏道を進めることができる」と説いている。彭紹昇から魏源まで、彼らは禅浄一致という考えを共通してもっているが、その内実は、浄土の念仏と観想の実践を重んじ、浄土思想も禅に劣らない大乗の優れた教えだ、と強調するものであった。魏源も、智旭の弟子である成時が称名念仏を観想参禅と対立させた傾向を批判していた。

このような思想的流れを受けて、清末に仏教復興の気運を呼び起こしたのが楊文会であった。一八六〇年代に、楊文会は南京で金陵刻経処を創設し、広く仏教の典籍を刊行した。また、一八八九年までの約六年間、外交官としてヨーロッパに駐在し、世界の情勢を知り、その間にロンドンでは、日本近代の著名な仏教学者である南條文雄《なんじょうぶんゆう》(一八四九〜一九二七)とも知り合った。帰国後、南條の協力で、中国で散逸した多くの仏教典籍を日本から逆輸入して次々と出版し、中国の仏教研究の復活を促進した。一八九三年、上海でインド仏教の復興に奔走したダルマパーラと会い、仏教の世界布教について意気投合している。

一九〇九年には、仏教界に近代的な人材を送り出すべく、日本の仏教教育の経験を参考にしながら、「祇洹精舎《ぎおんしょうじゃ》」という近代的な仏教学校を設立した。さらに、中国で布教活動をおこなっていたキリスト教宣教師のティモシー・リチャードとともに『大乗起信論』を英訳し、西洋への布教準備にも着手した。また、中国で布教していた日本の浄土真宗と深い関係をもったが、一八九九年前後には思想的立場の相違から、小栗栖香頂《おぐるすこうちょう》を相手に浄土真宗の教義を批判している。楊文会は、仏教を思想装置として中国社会を変革しようとした、清末の改革論者や革命者たちとも深い繋がりをもっていた。近代思想家として知られる譚嗣同《たんしどう》(一八六五~九八)や章炳麟《しょうへいりん》(一八六九~一九三六)らと交流をもち、彼らに影響を与えている。このような多様な活動のなかで、楊文会の中国仏教の思索は不断に深められていった。その重要な成果の一つが、復古と総合を志向とした「馬鳴宗」の構築である。

一九〇四年頃、楊文会は友人への手紙のなかで、馬鳴宗を打ち立てたいという考えを表明している。その主旨は『大乗起信論』を根本とし、『大宗地玄文本論』(以下『玄論』)のなかの金剛五位によって優劣のない教判をおこなう、というものであった。その目的は、釈尊の教えを新たな教判によって総括し、過ちや偏見を正す要道を開くことにあるという。馬鳴著とされている『起信論』と『玄論』を根拠にする教判論は、史上類例をみない斬新な思想である。この総合的な思想体系がめざした方向は、釈迦への

楊文会

章炳麟

「復古」、つまり本師釈尊の遺教に戻ることであった。

当時の禅仏教は、「文字を掃除し、たんに念仏をする者は誰かという一句を取り上げ、それを仏祖に成る基本」とし、いわゆる不立文字を標榜していたが、楊文会の考えでは、釈迦の遺教はそのような禅仏教とは異なる。釈迦の真実の教えとは「頓漸、権実、偏円、顕密などの種々の法門」をもってあらゆる機根に応じ、信解行証へ導くものでなければならない。楊文会は、浄土の実践の重要性も強調した。楊文会のいう復古とは、たんに釈迦の説いた経典に戻るということではない。教説の相違を強調して自派の優位を主張するのではなく、「頓漸、権実、偏円、顕密などの種々の法門」を総合し、根本的に仏説は一つであるという調和・融合的な考えをとることを意味した。ここに、楊文会が打ち出した「馬鳴宗」の基本的な性格をみることができる。

楊文会は『起信論』と『玄論』の融通性に注目し、大乗仏教の各派は根本的な宗旨において一致していると強調する。このような姿勢は、当時の中国仏教の実情と無関係ではない。まず、清末には根深い宗派的対立が存在し、互いに排斥する傾向が顕著であった。諸宗派のなかでも楊文会はとくに、文字を知らず、経論を読まず、義理に通じない、という当時の禅宗のあり方を厳しく批判し、宗と教を統合する重要性を強調した。諸宗派統合は、たんに理論的に主張されたのではなく、楊文会はその実現のために現実的な努力を惜しんでいない。上述のように、楊文会は南京に金陵刻経処を創設し、仏教の典籍の刊行に努めていた。とくに日本の南条文雄などの協力で、北魏、隋唐以来、中国ですでに散逸した数百種の典籍を、日本から再び将来した。

注目すべきなのは、楊文会がそのなかから、各宗派の重要な著述を選んで刊行していったことである。そのなかには、吉蔵《きちぞう》・基・法蔵《ほうぞう》・曇鸞《どんらん》・善導《ぜんどう》などの著述が含まれている。楊文会は、これらの各宗派の重要な典籍が深く研究され、その結果、すべての宗派の思想的な価値が認められると同時に、各宗派を統合できる理論を追求する運動が起こることを願っていた。楊文会自らが「馬鳴宗」を提起するのは、彼が日本の浄土真宗（大谷派）の僧侶たちと論争したのちのことであるから、その論争のなかで提起された問題にも総括的に答えを与えようとするものであった、といえよう。中国仏教思想史において初めて提唱された、この独創的な「馬鳴宗」は、伝統仏教の総括であったと同時に、疲弊した中国仏教に再生の道を開く処方箋でもあった。

楊文会ののち、中国仏教の指導的立場を担ったのは太虚《たいきょ》（一八八九～一九四七）と欧陽漸（一八七一～一九四三）であるが、この二人はともに楊文会の学生である。この二人は、楊文会によって提示された方向をより徹底的に遂行した人物であるといえる。太虚の教判論は、哲学・科学・宗教などを取り入れて、仏教の諸要素と融合させ、より総合的な体系を組み立てようとしたものである。欧陽漸は、馬鳴の作とされている『起信論』などを偽書とし、その影響を受けて発展してきた宋代以降の仏教思想をほとんど否定し、唯識理論を軸にインド仏教に回帰しようとし、復古の志向をいっそう徹底した。

## 仏教と清末の社会改革

一八四〇年代、アヘン戦争の敗北ののち、西洋列強とのあいだに次々と不平等条約が結ばれ、キリスト教の布教活動がしだいに全国を覆いつつあった。キリスト教徒から仏教批判の声があがったばかりではなく、キリスト教の影響を深く受けた太平天国の運動も一八六〇年代の初めまで続き、社会は混乱を極めた。この運動のなかで、偶像崇拝反対という名目で、各地の仏教・道教寺院や孔子廟が多数破壊され、僧侶も還俗させられた。このような深刻な打撃を受けて、仏教界には結束して仏教復興をめざそうとする新たな動きが起こってきた。長江流域を中心とする地域では、金陵刻経処のほかに、長沙・揚州などにも仏教経典を出版する拠点が多くでき、居士を中心とした結社が各地に起こり、布教などの護法活動も活発におこなわれるようになった。一八七六年から日本仏教(浄土真宗)が中国布教を始めると、仏教東漸の歴史を逆転させるものとして、中国仏教界には大きな衝撃が走った。そして、日本仏教の刺激を受けつつ、独自に中国仏教の退勢を立て直そうとする機運も高まっていった。

例えば、蘇州の著名な居士である許息庵《きょそくあん》(生没年不詳)や沈善登《ちんぜんとう》(一八三〇〜一九〇二)は、日本の仏教者と積極的に交流すると同時に、日本で出版されたばかりの『縮刷大蔵経』を購入し、その価値を認めると同時に、編纂上の不備を指摘して、より良い大蔵経の編集を構想した。彼らは、イギリスに駐在していた楊文会にも手紙を書いて、西洋で発見されたサンスクリット語仏教経典を収集するよう求め、それを将来出版する大蔵経に収録する計画まで立てていた。これらの新たな動きにみられる一つの顕著な特徴は、従来の仏教とは異なり、仏教を個人の精神的救済に限定せず、社会救済・国家再建と関連するものとして考えるようになった点である。例えば楊文会は、中国仏教の振興は、中国文明の世界的地位や評価に直接関わるものであるから、通商と並ぶ最重要な国策事項として考えられるべきだ、と強く主張した。

　一八九五年の日清戦争の敗北を機にして、中国では変革の機運が高まり、ついに九八年の「戊戌維新」が断行された。この政治改革運動は失敗に終わったが、参加者のなかには、仏教の寺院を没収して学校設立の施設にあてるべきだという主張があった一方で、仏教を社会変革の理論に応用する知識人も少なからず存在した。前者は、近代的教育の振興に尽力した張之洞の主張であるが、二十世紀に入ってからしだいに政府によって実行に移され、清朝の崩壊後、中華民国政府にも継承された。その結果、江南地域では、中国に進出していた日本の浄土真宗に保護を求める寺院が多数あらわれ、杭州だけでも三六カ寺にのぼったといわれ、日中間の外交問題にまで発展している。また、自己救済の道を探り、自ら普通の学校に転化した寺院もあって、それらの寺院は結束して、政府に廃仏政策の撤回を求めた。楊文会は、廃仏政策には反対を表明したが、仏教側も積極的に寺院に学校を設け、近代的教育と仏教教育を両立すべきだ、という折衷案を提言した。一九〇三年に長沙で日本人の協力を得て仏教学校を創設した敬安(号は八指頭陀、一八五一〜一九一二)は大きな影響力をもち、一二年にも中華民国政府に廃仏政策の撤廃を求めている。

梁啓超

　一八九〇年代後半以降の中国では、仏教は近代国家の形成に欠かせない「宗教」として認識されるようになり、その社会的位置付けが、それ以前とは大きく異なってきた。多くの改革志向をもった知識人たちが、仏教を利用した近代国家の樹立をめざした。

改革派の梁啓超《りょうけいちょう》(一八七三〜一九二九)と革命派の章炳麟は、その代表的な存在である。

梁啓超によれば、近代的な国民国家を形成するには、「新民」を創出しなければならない。その「新民」を形成するには、民徳・民智・民力を開発しなければならない。中国不振の原因は、民衆が公徳心に欠け、蒙昧が開かれなかったことにあるから、中国と西洋の道徳を結合した「徳育の方針」「政と学の理論」によって克服されるべきである。それでは、具体的にいかにして近代的な個人を創出するか、と考える過程で、梁啓超は仏教に目を向けた。「論仏教与群治的関係」(一九〇二年)のなかで梁啓超が述べている考えは、以下のようなものだった。

中国社会が進歩するためには、必ずやある種の信仰が必要である。その信仰は必ずや宗教に求めなければならないが、この目的にふさわしい宗教は、「孔教」(孔子の教)でもキリスト教でもなく、仏教以外には考えられない。孔子の教えは宗教的なものではなく、信仰というよりも日常の社会習慣にすぎないし、キリスト教は中国の文化や民衆の感情とあいいれないだけでなく、その教義も浅薄なものにすぎないから、いずれも不適合である。仏教が望ましいのは、仏教の次のような諸特徴と関連している。まず、仏教の信仰は智の信であって、迷信ではない。仏教の信は悟りや智慧によるもので、不可知性や強制によって信仰が生じるのではない。さらに、仏教の信は個人の救済を目標とするのではなく、国家やすべての国民を救うための自己犠牲が提唱されている。この点で、仏教の信仰は現世的(入世)であって厭世ではない。しかも、教主を絶対視するようなこともなく、すべてが平等で、差別を排除している。また、仏教の信仰は自力であって他力ではない。

仏教に対する以上のような認識は、仏教の信仰形態の特徴を客観的に明らかにしたものというよりは、むしろ梁啓超が期待した中国社会改革の担い手の理想像を仏教に投影させたものだといったほうがよいであろう。つまり、不動の信仰心をもち、死を恐れず、国家や民衆のために身を捧げ、平等で無差別な社会を築き、近代的な知にも通じるような主体の精神的支えとなることが、仏教(宗教)に求められたのである。

章炳麟は梁啓超ら改革派とは異なり、清王朝による異民族支配の打倒をめざした革命派の代表人物の一人である。一九〇六年七月、三年間の牢獄生活を終えて日本に渡ってきた際、彼は東京神田錦輝館で開かれた歓迎会で演説をおこない、哲学や宗教といった言葉をさかんに使いながら、哲学よりも宗教、とりわけ仏教こそが中国を救う手段となる、と力説した。清朝を打倒し、列強の侵略から中国を守るために必要とされるのは、宗教と国粋だと訴え、宗教を用いて信仰心を喚起し、国民の道徳を高める一方で、国粋を用いて民族意識を刺激し、愛国の熱意を増進させよう、と説いた。

この場合、宗教には、人々を団結させ、その道徳心を向上させ、ある目標に向かっては死を恐れず、平等自立を重んじさせる、といった性質が想定されている。そして章炳麟にとっての理想的な宗教は、個人の利益を求める孔教でもなければ、神に従順にして平等独立の精神をもたないキリスト教などの一神教でもなく、心・仏・衆生の三無差別と自己独立(自によって他によらないこと)を主張する仏教であった。したがって、他力の浄土宗や密教は、章炳麟のいう「仏教」からは排除された。章炳麟の説は、梁啓超の主張とほとんど変わらないが、特異なところは、仏教のなかでもとくに「法相の理」「華厳の行」を用いるべきだ、という主張である。

「華厳の行」は、衆生を済度する自己犠牲の精神と、実社会での実践を提唱するものであり、「法相の理」は、万法は唯心であるから、すべての存在は幻見幻想で実在真有ではない、という教えである。章炳麟は、救済の実践の面では華厳の思想が、実践の論理根拠の面では法相の思想が必要であると論じたのである。また仏教、とくに法相唯識は、哲学的意味で時代に適合するものであり、極めて高い理想を掲げていると評価された。さらに華厳と法相は「勇猛無畏」「心・仏・衆生三無差別」を唱えているが、この精神の究極の根拠は自己の心に存すると主張されていることから、章炳麟は、これらの思想は信仰と道徳を増進するうえで重要な意義がある、と考えた。総じていえば、章炳麟は、知的関心と道徳上の関心から、華厳・法相唯識に時代的有効性と理論的整合性とを見出したのである。

このような考え方は、同年十一月に書き始めた『建立宗教論』のなかで、いっそう理論化されていく。それは唯識の三性説によって宗教を建立し、哲学と宗教の言説より優れた仏教の真理観を明らかにしようとするものであった。

## 仏教の近代化

一九一一年、辛亥革命が勃発し、清朝は崩壊した。翌年に中華民国が樹立されると同時に、宗教を迷信とみなした排斥運動も高まった。新たな政府機関の事務室を確保したり、国民教育資金の不足を解消したりする必要に直面して、往々にして仏教寺院が奪取・転用の標的とされた。このような困難な環境のなかで、生き残りをかけた仏教界は、さまざまな近代的組織を立ち上げた。

一九一三年、孫文(一八六六〜一九二五)の民国政府は「寺廟管理暫時規則」を頒布し、寺院に寺の財産管理権を認め、寺院の売買や強奪を禁止すると規定した。しかしその後、袁世凱(一八五九〜一九一六)政府が一九一五年に公布した「寺産管理条令」によれば、財産管理権はもとより、寺院住職の処遇に対する権限も地方政府にあると定められ、地方政府による寺院財産の占拠に拍車がかけられた。一九二九年、国民党の南京政府は「寺廟監督条例」を制定し、寺院の寺廟所有権を認めたが、同時に寺院側に公益・慈善事業を促すことも定められた。その後は、仏教寺院に対して、国民国家の一部として国家や社会への義務が課せられた一方で、自己管理の権利もしだいに認められるようになっていった。

民国期をとおして、仏教界はおもに三つの面から、中国仏教の統合と再生をめざす努力を続けた。まず、全国的な仏教組織を立ち上げ、それをとおして教団の権益と理念を主張し、内部の結束をはかった。一九一二年四月に、敬安が上海で「中華仏教総会」を発起し、翌一三年に政府の認可を得て正式に成立した。これは最初の全国統一の仏教組織であるが、一九一五年に袁世凱政府によって解散され、二九年に「中国仏教会」として再建された。次に、在家信者を動員する居士団体を結成し、教団への支持と保護を確保しようとした。一九一二年、楊文会の弟子の欧陽漸らは、南京で居士を中心とする「中国仏教会」を組織し、政府の認可を得て成立したが、これは中華仏教総会の成立にともなって自動解消した。

その後は、「居士林」のような組織が全国各地にあらわれ、居士仏教の新しい姿として活発に活動を展開した。そして、新式の教育制度を導入して僧侶を訓練し、仏法を民衆に広めるのみならず、新しい中国社会に対して、仏教が中国文化の重要な一部分として保護される価値があることを宣伝した。第三に、二〇年代以降、「仏学院」と称する仏教教育機構が多く創設され、僧俗の人材の育成に力を発揮した。太虚が主宰した「武昌仏学院」「閩南仏学院」などが有名であるが、欧陽漸が主宰した南京の「支那内学院」は、居士の人材育成と仏教研究に極めて大きな役割をはたした。

民国期の仏教が清末と明らかに異なってみえる特徴的現象は、仏教者自らが仏教関係の雑誌を多く創刊したことである。一九一二年に創刊された『仏学叢報』は、民国期の最初の仏教雑誌で、仏教と国家・社会との関係を主要なテーマとして議論を展開した。もっとも影響力が大きかったのは、太虚が主宰した『海潮音』(一九二〇年)で、仏教の近代化を牽引する強力なエンジンとなった。『海潮音』によって、一般人の仏教に対する無関心あるいは否定的な態度が変化し、仏教が尊敬に値する思想・信仰として広く認識されるようになった、と評価しても誇張ではない。民国期に創刊された仏教関係の新聞・雑誌は、三〇〇種以上に達したという。仏書の出版もさかんになり、従来の大蔵経が活字で大量に印刷されたほか、新たに発見された宋元時代の『磧砂大蔵経』も影印された。経典だけではなく、高僧の開示録や経典の口語訳、教義普及のパンフレット、仏教史の学術研究書なども大量に出版された。

## 太虚の仏教改革

中国現代仏教の歴史を左右したもっとも重要な人物といえば、太虚《たいこ》である。彼の活動と思考は、中国仏教近代化に一つの答えを提供したものであり、その屈曲した歴史過程を反映する縮図であるともいえる。

　太虚は浙江省の出身で、一九〇四年、一四歳のときに出家し、名刹天童寺において中国仏教界改革の先駆者として有名な敬安から具足戒を受け、太虚という名を与えられた。当時、清朝政府は「廟産興学」の最中であり、敬安はその危機を乗り越えるべく先陣に立っていたため、太虚も敬安に協力した。一九〇九年には、楊文会が創設した新式の仏教学校である「祇洹精舎」に学んだ。経費不足で閉校されたため、祇洹精舎には半年しか在籍できなかったが、そこで得た教育と思想は、その後の太虚の仏教教育改革の思想と行動に強い影響を与えた。一九一一年に清朝打倒をめざす革命派とともに行動した「革命僧」の栖雲・宗仰らと交遊し、章炳麟の仏教理論、孫文の三民主義、および社会主義・無政府主義思想の資料を幅広く渉猟した。彼の仏教改革の計画と仏教の社会参与の志向は、このような読書と交友をとおして形成されたものといえよう。

　太虚は、仏教の真理に基づいて仏教を革新し、現代国家と社会に適応するものにして、退勢を挽回しようと模索を始めたが、その考えには清末の改革思想・社会主義・三民主義からの影響が強くみられる。一九一二年、太虚は南京で「仏教協進会」を結成し、江南の名刹金山寺で仏教の学校を設立しようとしたが、保守派との対立で失敗している。一九一四年には師の敬安の追悼会で、教理革命・教産革命・教制革命という仏教の「三大革命」の主張を打ち出した。教理革命とは、仏教が死後の問題にばかり捉われず、もっと現生の問題に注意するべきだ。つまり、仏教の教理は古い形態と別れ、時代の潮流に適応した新たなかたちに変化しなければならない、という主張。教産革命とは、仏教寺院の財産を仏教界全体の公有財産にし、師と弟子のあいだの相続や、派閥による占有という寺院財産の私有化の悪習を打破して、老年の僧を養護し、若い仏教人材を育て、仏教の学校を運営していこうという主張。教制革命とは、仏教の制度・組織に関するもので、それらを封建的な家長制から脱却させなければならないという主張であった。

この革命的な志は、彼自身によって一歩一歩具体化されていった。一九一五年、太虚は三年間寺にこもって(閉関)、従来の出家制度、寺院のあり方などを根底から革新する改造案を練り上げ、『僧伽制度整理論』を著した。一九二〇年、彼はこの『僧伽《そうぎゃ》制度整理論』を、自らが主宰する『海潮音』雑誌の創刊号から連載し、中国仏教界を揺るがす大旋風を起こした。その主張のなかの具体策は、出家僧の知識を高め、多くの僧侶に労働を課し、寺院経済の自給自足を実現し、商業的な追善法要などをやめ、広く社会奉仕と教育をおこなう、といったものであった。しかし、彼の改革案のなかでもっとも注目されるのは、中国仏教全体の宗派制度の改革案である。彼の構想は、以下のようなものであった。

まず、現状の各宗派を八宗に統合整理し、宗派的な意識を明確にし、各宗の教義の探究に専念させる。この八宗のうえに、全国的な仏教機関を設置し、その全国組織によって仏教界を統合する。八宗の宗名は、以前のものを踏襲せず、すべて新しいものにする。華厳宗は清涼《しょうりょう》宗、法華宗は天台宗、浄土宗は廬山宗、律宗は南山宗、三論宗は嘉祥《かじょう》宗、法相宗は慈恩宗、禅宗は少室宗、密宗は開元宗と呼ぶ。新名称は、いずれも各宗派ゆかりの山号・寺名や年号からとったものである。この八宗は、いずれも等しく優れた法門と認められ、各宗のあいだに貴賤の優劣はなく、それぞれが究極的な教えだとされた。太虚の目標は、たんに中国仏教の歴史上重要であった宗派を復興させるというに留まらず、宗派仏教を克服し、仏教界全体を結束させ、その統合的組織を構築することにあった。

さらに太虚は、中国の県―道―省―国という行政区画レベルに対応させて、四つの教区を構想した。各県には「行教院」を設けて戒律儀礼を指導し、「法苑」を設立して追善法事を扱い、「蓮社」を設置してすべての信徒に念仏三昧の場所を提供し、四つの「宣教院」を設立して民衆に教化をおこない、比丘尼の寺院も設置する。道のレベルでは、都会から離れた所に八宗の寺院を設置し、仏教の病院と児童院も設立する。省には「持教院」を設置し、県レベルの「行教院」「宣教院」に対する規律指導や布教活動の統括をおこない、また、七歳児以上を養育する孤児院を設立する。最後に国の首都には、全国仏教界を統括する機関である「仏法僧園」を創設する。他に仏教銀行を開設して寺院の財政を管理し、僧侶と寺院による財産私有を避けるために、各事業に公平かつ民主的な財政体制を提供する。ほかにも、各方面の具体的事項について詳細な規定が考えられていた。このような大規模組織改革案の作成にあたっては、日本仏教の宗派体制や本山末寺組織、キリスト教の教会組織なども参考にされている。

この壮大な中国仏教改革案には、理想主義的な内容が少なくなかったことは確かだが、同時に、改革計画の具体的内容がすべて、中国仏教の現状がかかえていた実際問題を解決する目的で構想されていることも否定できない。彼の改革案では、僧伽制度を整理して出家僧侶を改編すると同時に、「仏教正信会」を組織して在家信者を指導し、仏教的倫理・政治・経済の現実社会における実現がめざされている。太虚は、出家僧の集団生活を厳密に指導し、時代の変化に適合させ、仏教に合理的な現代組織のかたちを与え、真の仏教の教えを実行できる教団を建設することを最重要の課題とした。このような理想は、太虚のその後の生涯の方向性を決め、中国仏教界を改革する原動力ともなった。

中国の仏教界の大勢は、太虚の改革を歓迎しなかった。保守勢力からみれば、太虚は伝統仏教の破壊者にほかならない。彼らは「伝統護持」の名のもとに、必死にその改革を阻止しようとした。一方、太虚は改革勢力を集め、仏教のさまざまな全国組織を結成し、改革の予備軍を育てる仏教学校を多数創設し、「新仏教」の理念を訴える多くの出版物を発行した。彼は改革のために保守的な勢力と戦う運命を生涯の最後まで背負わざるを得ず、その闘争は最終的には失敗に終わった。しかし彼の闘争は、その理念に賛同する多くの若い仏教者を生み出し、理想を現実に移して行く方策が繰り返し模索されていった。現在の台湾仏教の四大教団といえば、星雲大師の「仏光山」、聖厳法師の「法鼓山《ほうこ》」、証厳上人の「慈済功徳会」、惟覚禅師の「中台禅寺」であるが、これらの教団は太虚の僧伽制度の改革案を具現化したものだということが可能である。

太虚の夢は中国に止まらず、彼は二〇年代からすでに、仏教の世界化を考えていた。彼の考えでは、中国仏教は近代的であると同時に、世界的でなければならない。一九二三年、太虚は中国で「世界仏教連合会」を立ち上げ、翌年第一回目の会議を開催した。ヨーロッパからの代表のほか、日本からも佐伯定胤《じょういん》、木村泰賢《たいけん》といった著名な仏教学者が参加した。そして、それを母体にして、一九二五年には日本で「東亜仏教大会」も開催された。その後、太虚はヨーロッパを訪問し、世界的な仏教組織として「世界仏学院」の構想を提起し、パリでの設置を模索した。また、日中戦争の期間中には、太虚は日本の仏教徒に向けて声明を発表し、戦争反対運動を起こすよう促す一方、中華民国政府の派遣を受けて東南アジアの仏教国を訪問して、中国に対する支援を求め、スリランカでも世界的な仏教組織の結成を主張した。太虚は、現に進行している世界的戦争を、西洋の物質主義文化がもたらしたものとして非難し、その欲望から開放されるためには、仏教の精神を世界にもっと広めなければならないと説き、世界仏教組織の設立の必要性をスリランカの仏教学者マララセーケレ博士に訴え、その賛同を得た。一九五〇年、太虚死去の三年後、マララセーケレ博士はコロンボで「世界仏教徒連盟」(World Fellowship of Buddhist)を発足させ、太虚との約束を実現させている。

太虚の改革には組織制度のほかに、仏教を現実に生きた教えにするという重要な方向性があった。一九二五年頃から、彼は「人生仏教」という考えを打ち出し、生涯を通じてその考えを主張し続けた。これは、太虚の新仏教構想の第二の柱であり、彼が現在の中国仏教に残したもっとも重要な遺産である。「人生仏教」には二つの主張がある。第一に、死者の亡霊よりも現実の人生を重んじ、鬼神の世界より人間社会を重んじるべきだ、というもの。これは、亡霊・鬼神を祀ることを最重視した、旧来の仏教のあり方に対する批判を意味した。第二に、現実の生活と人間社会を重視する五乗共法の考え方にのっとるべきだ、というもの。仏教の教えは、大乗教法・三乗教法・五乗共法に分類される。五乗共法は、人乗から天乗・声聞乗・縁覚乗・菩薩乗に至る進化論であり、人乗を進化の基礎とする教えである。太虚によれば、従来の中国仏教の関心は、天乗と他の二乗に偏りすぎて、来世の禍福や個人の救いばかりを追い求め、現実の人生や社会、仏教の究極的な真理をあらわす菩薩行の実践が軽視されてきた。本来、仏教は五乗共法を説くもので、その意味は五乗のなかでは人乗、つまり現実の生活と人間社会が基本であり、他の四乗は人乗に包摂され、仏法は五乗に共通なのである。八正道・五戒・十善などが五乗共法の具体的な内容である。新文化運動以来、仏教を非人間的・非倫理的だとして非難する声が高まっていた。太虚の「人生仏教」は、こうした批判に正面から答えようとしたものである。

「人生仏教」は、個人の生活と道徳状況の改善に留まらず、他者や社会全体の幸福に寄与するために、菩薩の慈悲を実践することを要求する。太虚は、衆生救済の菩薩の「大悲心」を「大愛」と呼んだ。太虚の言葉によれば、それは「理に叶《かな》い、機に適《かな》う」ことであり、仏教徒は仏陀の永遠の真理に基づき、変化する時代と人々の要求に仏教からの答えを提供しなければならない。仏教自身の改革も、そのような「大愛」実現のためにこそ必要なのである。

近代中国において著名な仏教者といえば、たしかに太虚一人ではないが、彼ほどカリスマ性をもち、近代化に向かう中国社会の展開と歩調を合わせて、現在にまで深い影響力をもち続けている人物はほかにいない。彼の理想は、不安定な国内の情勢、とりわけ日中戦争・国共内戦といった厳しい社会環境によって頓挫してしまったが、現在の台湾・中国大陸で盛行している「人間《じんかん》仏教」は、太虚の理想がかたちを変えて実現したものということもできる。

## 中華人民共和国の仏教

一九四九年、内戦で勝利を得た共産党は中華人民共和国を樹立し、中華民国の政権は台湾に逃れた。

台湾では仏教が幅広い信仰を集め、前節で言及した四大教団も数十年来基本的に順調に発展してきたといえるが、大陸の仏教は極めて困難な道をたどって現在に至っている。

成立したばかりの「新中国」では、「宗教は人民のアヘンだ」というマルクス主義の理論に基づいて、仏教も革命の「改造」対象となった。新憲法には「信仰の自由」の尊重も明記されていたが、実際には、仏教の寺院は破壊や没収を免れなかった。一九五〇年六月から実施された土地改革も、宗教に甚大な打撃を与えた。土地改革法を背景に、寺院・教会の所有地、その他の財産が合法・非合法に没収されたり、寺院・教会が不当に占拠されたりした。没収・占拠された寺院は、学校・産院・兵営・兵器庫や、その他の政府機関などに転用された。さらに各地の寺院では、一般僧尼による上層僧侶に対する階級闘争もおこなわれ、耐えきれず自ら命を絶つ禅師・和尚もあった。僧尼にも、農耕・工業などによって自活することが求められた。こうした厳しい環境のもと、この時期に寺庵を去った僧尼は非常に多い。人民政府は一九五一年から僧道尼姑の還俗結婚を奨励し、これによって結婚した者も少なくなかったという。寺院のなかにも、政治環境に順応して労働自立をめざすものがあらわれた。政府はそれらを模範寺院とし、これこそ百丈《ひゃくじょう》の標榜した「一日不作・一日不食」を実践するもので、新中国にふさわしい革新仏教である、と宣伝した。

このような政策上の行き過ぎに軌道修正を求めるべく、一九五二年十一月、北京において、チベット系仏教も含めた仏教各派が共同で「中国仏教協会」を組織することが提起され、五三年六月に正式に設立された。会長には、太虚と対立してきた保守派の重鎮で病中の円瑛《えんえい》法師(一八七八〜一九五三)が選ばれたが三カ月後に病死したため、内モンゴルからの代表であった喜饒嘉錯《きじょうかしゃく》が後を継いだ。太虚がめざした統一的な仏教の全国組織は、太虚の理想とはまったく異なり、政府の管理下におかれるかたちで現実のものとなった。この政治主導の中国仏教協会は、仏教界を結束して、政府の宗教政策を円滑に施行していくことを必須の課題とし、同時に少数民族政策の一翼を担うものでもあった。

同年には中国仏教協会の機関誌『現代仏教』が創刊されたが、これも政府の仏教政策を宣伝し、仏教の改革を促進すると同時に、各国の仏教組織と交流を深め、新中国の外交に寄与することまでめざすものだった。この機関誌の責任者であった巨賛《きょさん》法師(一九〇八〜八四)は、この時期にもっとも活躍した僧侶であった。彼は、かつては太虚の学生として、仏教の近代的な改革を積極的に推進していた。そして、新中国の成立を仏教改革を実現する好機と捉え、仏教徒の生産活動の推進、寺院儀礼の廃止、仏教の学術化、迷信の排除など、ラジカルな改革案を幅広く提起した。のちに会長になった在家信者の趙樸初《ちょうぼくしょ》(一九〇七〜二〇〇〇)も、巨賛の改革案に賛同していた。一九六六年に文化大革命が始まると、仏教を含むすべての宗教が迫害され、すべての僧侶は還俗させられ、寺院も多くは再度の破壊を受け、あるいは不当占拠された。このような情況下で、中国仏教協会も活動を停止した。

一九七六年、毛沢東(一八九三〜一九七六)の死とともに一〇年にわたった文化大革命が終結する。その二年後、鄧小平(一九〇四〜一九九七)が登場すると、中国は「改革開放」の時代を迎えた。宗教政策も大きく方向転換し、仏教の古跡と文物が国家の文化遺産として保護され、国際関係改善や観光事業に役に立つとして見直された。その結果、多くの僧侶が寺院に戻り、寺院の修復や組織の再建、人材の養成、慈善機構の設立、国際交流など各種の事業が展開された。一九八〇年には宗教開放が宣言され、中国仏教協会の活動も再開された。中国仏教協会の指導のもと、没収された土地の返還運動や、仏教の経典・書籍の出版がおこなわれ、新たに中国仏学院が北京およびその他各地に開設された。在家信者の趙樸初が中国仏教協会の会長となったことは極めて異例なことではあったが、共産党との深い関係をもつ彼は、国家権力側からの仏教保護政策推進に大きく寄与した。

八〇年代以降、仏教寺院の復興は四つの段階を経たとみることができる。第一段階は、寺の開放と修復、そして没収された土地の返還交渉。第二段階は、僧侶と尼僧の教育の復活。第三段階は、寺の財源の確保と経営管理制度の整備。例えば、精進料理を供する食堂、境内の写真店、土産物売場などが寺のなかに設置された。また、寺の拝観料、教本・経文の売り上げ、賽銭・儀礼料金および住職への直接献金といった宗教活動による収入もあった。第四段階は、各寺独自の管理運営体制の整備。例えば、厦門の南普陀寺の場合、中国仏教協会が境内に設置され、寺には六つの部門（維那・庫房・衣鉢・法務・企業・教務）が設けられ、各部署の責任者の僧侶が方丈によって任命される。以上、四段階からみてとれる当時の寺院復興の重要課題は、次の三点にまとめられる。

(1)経済的自律（自立と自己管理）、(2)人材養成、(3)仏教組織の再編成と活性化である。最後の組織再編に関連する事項として、

趙樸初

寺院に設置されている信徒(居士)の協会である「居士林」の存在は、とくに注目に値する。居士林は、仏教活動が寺院内に限定されている僧侶とは異なり、自由に信者の家庭を訪問し、社会福祉や信仰に関する活動をおこなえるため、その社会的意義は僧侶よりも直接的で影響が大きいからである。また、九〇年代後半、慈善基金会が多く設立されたが、これも仏教の社会事業として画期的なことであった。

仏教組織の再編成と活性化に対して、国家権力は、貧富格差が拡大していく経済改革のなかで、弱者を助けることは社会道徳の維持と改善に役立つとして、その活動の意義を容認する一方、仏教組織が反体制的な勢力へ転化してしまう可能性に神経を尖らせている。このような政治状況のなかで、中国仏教の発展は依然として多くの制限をかかえている。

市場経済の波のなかで、仏教自体にもさまざまな異変が生じている。まず、市場経済が仏教寺院の静けさを乱し、修行に専念するべき聖地を、賑やかな観光施設に変えつつある。観光地化にともなって、僧侶たちは寺院のなかで自ら商業活動に励むようになっている。具体的にいえば、経懺行事の盛行、サービス企業の設立、占いの復活などがよく見受けられる。次に寺院の私有化の問題がある。中国の寺院は日本の寺院が宗派ごとの本山末寺というシステムを採用しているのとは異なり、一般的に十方叢林と子孫廟という制度を採用している。十方叢林は、寺院を教団(僧団)公有の財産とし、その住職は三年か五年の任期制だから私有化はできないとする制度である。しかし、子孫廟は寺院の住職とその弟子によって経営されるため、徐々に私有財産とすることができる。第三に、寺院が投資対象とされる場合もみられる。寺院経済の繁栄をみて、個人や企業が寺院を投資の標的として狙っている。こうして、本来は仏法僧を供養し、信者の信仰の拠り所であるべき寺院が、金儲けの投資行為の対象へと変化するという現象が今中国で起こっている。

こうした中国仏教寺院の変質に対して、中国仏教界自らは「人間仏教」(中国語の「人間」は、人間社会といった意味で、日本語の「人間」とは異なる)という理論で弁解を用意している。一九七九年以後の中国の改革開放路線によって、中国仏教界は新たな社会情勢のなかで自らの存続の正当性を説明できる論理をつくることを迫られた。中国式社会主義という国家体制に順応し、なおかつ仏教全体を統括できる思想が求められたのである。八〇年に中国仏教協会の会長に就任した趙樸初が、「人間仏教」「人間浄土」という太虚の考えを再提起したのは、まさにこのような国家権力と社会からの圧力に答えようとするものだったということができる。

一九八三年に発表された「中国仏教協会三〇年」の報告のなかで、趙樸初は「人間仏教」を再定義している。それによれば、その基本的な内容は五戒・十善・四摂・六度など、自利利他の広大な願行を含むものである。それを「人間仏教」と呼ぶ理由は、仏陀(釈尊)は人間社会に生まれ、人間社会で法を説き、衆生を救ったのであり、仏法は人間社会から発生し、人間社会を利益するものだからである、と説明されている。そして、仏教者は、人間浄土を実現することを自己の責任として、国土の荘厳、有情の利楽という社会主義の現代化建設の崇高な事業に、自分なりの貢献をすることが可能なのだという。趙樸初はさらに、中国仏教には農禅一致(農業と坐禅をともに重視する)、学術研究の重視、国際友好交流の重視という三つの伝統がある、とも主張している。実際に彼の在任中、日中仏教界の交流は非常に活発であった。唐招提寺の鑑真墓所には趙樸初の記念碑があるが、それは日本の関係者が彼の日中仏教界交流に対する貢献を記念して立てたものである。

趙樸初が再提起した「人間仏教」は、太虚の考えを踏襲しつつも、時代に応じた発展を遂げたものである。当時は、長年にわたる無神論教育によって、仏教を含む各宗教には迷信という否定的印象が強かったのである。一般の人々の仏教に対する偏見を拭い去ってイメージを一新し、中国仏教の各宗派が結束して、仏教のあるべき姿と方向性を明らかにするうえで、「人間仏教」の考え方は大きな意味をもった。結果として「人間仏教」は、現在に至るまで、中国仏教界の指導的な基本理念となっている。

二十一世紀に入ってから中国仏教は、寺院の活動が地方の経済活性化をもたらすのみならず、伝統文化復興の象徴として再び強い脚光をあびている。しかし、教団組織の民主化・合理化と自主性の確保、教学研究のレベルアップと専門人材の育成、社会参画への深化など、現在の仏教が直面している課題は依然として多く、厳しい試練のときが続いているといわねばならない。

## 台湾仏教の示す新たな方向

台湾の仏教の歴史は、明清時代に遡ることができる。在家の居士を中心として、菜食や善行の実践といった仏教信仰が広がっていた。台湾は、清代には福建省に隷属させられていた(清末の一八八四年に昇格して「台湾省」となった)から、台湾仏教は福建省の仏教界と密接な関係を有した。とくに福州の鼓山湧泉寺は、台湾僧侶が受戒修行をおこなう重要な拠点となっていた。しかし、日清戦争後、台湾は日本の一部とされたため、日本仏教の各宗派が次々と台湾に進出し、「教化」や「同化」の活動を積極的に展開していくこととなり、従来の伝統仏教の伝承はしだいに弱体化してしまった。一九四五年以後、日本の敗戦で台湾は中華民国に帰属することとなり、撤退した日本仏教の寺院は、大陸系の仏教教団に接収された。とくに重要なのは、内戦に破れた中華民国政権が台湾に移転してきたのに伴い、民国政権と関係が深い太虚法師のグループを中心とする仏教各派が、続々台湾に渡ってきたことである。それ以来、宗教の自由が保障された環境下において、台湾では、太虚法師の流れを汲む仏教が非常にさかんとなった。太虚法師の弟子の印順《いんじゅん》法師(一九〇六〜二〇〇五)によって「人間仏教」が理論化され、社会参画運動として広く展開されたことは、市民社会の形成にも重要な役割をはたしている。「人間仏教」の、人間社会を出発点として、人間としての仏陀の教えと慈悲に基づいて、個人の救済と社会全体の改善を実現しようという思想は、広く一般民衆の支持を得ている。仏教教団発展の一環として、日本仏教との交流もさかんにおこなわれ、多くの留学僧が台湾から日本に派遣され、台湾仏教の発展を担う貴重な人材が育成された。また、文化大革命ののち、改革開放の初期から復興を始めた中国大陸の仏教界は、人間仏教の理論、革新された規範や組織、教育と学術研究、社会との関わり方などさまざまな面において台湾仏教を斬新なモデルとして参考にし、多大な影響を受けている。

## 2　朝鮮　朝鮮時代〜現代

### 仏教批判と弾圧

高麗後期の仏教は、宗教と権力との結合が腐敗を生むことを教えた。このような仏教を批判する儒教・性理学者の勢力によって、崇儒抑仏を標榜する朝鮮時代の幕が開いた。仏教批判は高麗時代にも多数おこなわれたが、それは中国の唐・宋代の儒教による仏教批判の枠を超えるものではなかった。

これに対して高麗末の儒者である鄭道伝（一三四二〜九八）は『仏氏雑弁《ぞうべん》』を著し、極めて体系的に仏教を批判した。彼は高麗社会の改革のため、性理学を前面に打ち出し、そのために仏教批判に乗り出した。彼の仏教批判のポイントの一つは、仏教の理論が人道に詳しくないことであった。しかし、彼の仏教批判の本質は、壮大な仏教儀礼がたびたびおこなわれることにより寺院経済が肥大化すること、それにともない僧侶が堕落していくことや、寺院建築による庶民の使役が拡大することである。

『仏氏雑弁』では一九篇に分けて仏教を批判しているが、一五篇までは儒教の立場から仏教の教理を論破したものであり、一六篇以降は、仏教の禍福説に対する批判である。その内容をいくつか紹介する。

「仏に事《つか》えて禍を得る」では、梁の武帝の奉仏により、国家の財源が寺院に注がれるにもかかわらず、かえって人道が乱れたことを示して、仁義と礼法とにより国をおさめる必要を力説している。「天道を捨てて仏果を談ず」では、唐の太宗が国の存続は奉仏による報応であると信じたのに対し、それは天道によるものと主張している。

さらに「仏に事えて謹しむに至れば、年代もっとも促《せま》る」では、唐の皇帝が仏法の信奉によって豊作になると信じていたが、仏法が入ってかえって国の寿命が短くなっていたことが事実なので、仏の報応ではないといっている。「異端の弁を闢《しりぞ》ける」では、仏の教えが高妙なため、揚朱《ようしゅ》（前三七〇頃～前三一九頃）や墨子《ぼくし》（前四八〇頃～前三九〇頃）よりも人を惑わせやすいと述べている。また、放光や舎利について奇異のものではないと批判している。ただ、このような鄭道伝の仏教批判がどれほど朝鮮時代に影響していたのかは詳しくわかっておらず、仏教側からこれに対応する資料も残っていない。

また朝鮮初期には抑仏政策が施行され、のちには公式に廃仏が断行された。第四代世宗（在位一四一八～五〇）の時代には、それまで多数存在した寺院が禅教両宗に統合され、各宗に一八の寺院を公式に指定した。これは大規模な寺院の撤去や僧侶の還俗などの強制的な廃仏策には進んでいないが、国家経営において経済的な基盤を確保することができた。

第七代世祖（在位一四五五～六八）の時代には、刊経都監を設置して仏書の翻訳を刊行して一時的に崇仏の姿勢をみせるが、第九代成宗（在位一四六九～九四）の時代に僧侶の得度（僧侶になる第一段階の儀式）が中断され、度牒のない僧侶は還俗させられた。また、都の念仏所や比丘尼《びくに》寺が撤去されるなど、抑仏政策が加速した。こうしたなかでも、国の法制である『経国大典』（一四七〇年）には、度僧・両宗・僧科の規定は維持された。これは仏教が異端と認識されたことに変わりはないが、僧侶も国家における被統治者であると認定したことと、先王の創立した寺院を尊重することから、全面的な廃仏までには踏み込めなかったのである。

しかし仏教界は、第一〇代燕山君（在位一四九四〜一五〇六）の時代に実質的な廃仏の状況に直面した。燕山君は数々の奇行で知られる王で、当時の最高の教育機関であった成均館を行楽地にするなど、淫らな行為が多かった。仏教に対しては、円覚寺に妓女（芸者）を住まわせたりしたほか、僧科を廃止したり、僧侶を還俗させたりするなど、大きなダメージを与えた。さらに燕山君に次ぐ第一一代中宗（在位一五〇六〜四四）の時代には『経国大典』のなかから度僧条が削除されたことにより、法的に僧侶の身分がなくなる状況に陥った。これらにより、高麗時代から続いてきた禅宗の系譜は断絶に追い込まれた。

## 仏教の復興

以上のように、仏教は弾圧を受けながらも、一度は前述した第七代世祖が中心となって復興に向かった。第四代世宗は訓民正音《くんみんせいおん》（現在のハングルの原型）という固有の文字を創作したことで有名であるが、彼はその後、ハングルで『釈譜詳節』『月印千江之曲』といった仏書類を刊行した。『釈譜詳節』は、世宗の命により一四四七年に首陽大君がつくった書である。これは僧祐の『釈迦譜』と道宣の『釈迦氏譜』を基にして、ハングルで著した韓国独自の釈迦の伝記である。ほかに『法華経』『地蔵経』『薬師経』からの跋文がある。この『釈譜詳節』の跋文によりつくられた讃仏歌が『月印千江之曲』である。そしてこの二つを合わせたものが『月印釈譜』である。『釈譜詳節』を著した首陽大君はのちに第七代世祖となり、前述したように刊経都監を設置して、『楞厳経《りょうごんきょう》』『法華経』などの経典や『禅宗永嘉集《ようか》』『華厳経合論』などの章疏を含め、約三〇種類の漢文仏書をハングルに翻訳して刊行した。

第一三代明宗（在位一五四五～六七）の時代には虚応堂普雨《きょおうどうふう》《ホウンダンボウ》が中心となって復興の契機を迎えた。文定王后により禅教両宗が復活し勝手に僧侶になることを法律で統制するため僧科も再開されたのである。文定王后は儒者の猛烈な反対にもひるまず仏教の復活を強行した。文定王后の働きにより、禅宗判事には虚応堂普雨が、教宗判事には守真が、それぞれ任命された。そして本寺として奉恩寺と奉先寺が指定された。一五五二年に復活した僧科では、禅宗二一人、教宗一二人の合格者が出た。この時期、両宗の復活にもっとも力を発揮したのは普雨であるが、それによって仏教の人的継承が可能になり、のちの朝鮮仏教を主導するようになった。清虚休静《せいきょきゅうせい》《チョンホヒュジョン》（一五二〇～一六〇四）と四溟惟政《しめいいせい》《サミョンユジョン》（一五四四～一六一〇）がその合格者のなかでの代表的な人物である。

普雨の具体的な師承関係は知られていないが、曹溪宗の僧侶であることは確実である。彼は文定王后の死後、済州道に配流され、そこで亡くなった。なお清虚休静は西山ともいわれる。のちに僧軍として壬辰・丁酉の倭乱（文禄・慶長の役）で、秀吉の侵略に抗して参戦するが、彼のあとに四大門派が生まれるほど、朝鮮禅宗復興の祖というべき存在である。

朝鮮時代の禅は成宗代の碧溪正心から始まった。それを受けたのが碧松智儼《へきそうちごん》《ビョクソンチオム》である。智儼は中国宋の大慧と元の高峰の禅を継承した。彼は亡くなる前に『法華経』を講義するほど教も重視していた。その流れは芙蓉霊観に繋がるが、芙蓉は奴婢の身分であり、二〇歳で出家して天文・地理などの一般の学問にも通じ、さらには老荘や儒学にもたけていた。芙蓉の禅を受けた清虚が『三家亀鑑』を編纂し三教の融合を主張したが、これは師匠である芙蓉の学風を継承した証拠である。

清虚の禅は中国禅宗の五家のなかでも臨済宗を主とするが、儒教・道教にも関心を示していた。彼の禅の特徴は頓悟漸修を一元化することにあるが、これは教を捨てて禅に入るという意味にあい通ずる。

さらに清虚は浄土思想にも関心を示し、一般民衆のため心口相応の念仏方法を通じて阿弥陀仏の世界に生まれる方法を教えた。こうした彼自身も念仏の実践者であった。清虚休静の高弟が四溟惟政である。四溟は戦乱のなか、清虚のかわりに僧軍を率いて、戦乱ののちは日本との講和のため日本に渡るが、彼自身は生涯を通じた禅師であった。

四溟の禅思想のなかでは一念回機が強調される。これは自力で本覚を成就することによって、本来の心に戻ることである。また四溟は阿弥陀仏を念じて一念に回機する他力の方法も提示した。のちに朝鮮仏教において禅が主流となったのは、こうした禅の復興に支えられたからである。

## 僧軍と仏教政策

僧軍とは、文字通り僧侶により編成された軍隊である。朝鮮時代初期から、僧侶は土木工事などに動員された。例えば世宗代には、太平館の改築工事のために壮丁のかわりに僧侶を使役することが建議され、不法に出家した僧侶を集めて工事に従事させ、その代償として度牒を与えることがおこなわれた。これらの僧侶は僧軍と呼ばれた。工事に従事する軍隊の代用として使役されたからである。なお、度牒を有する僧の労働は本人の自由意志によるが、その代価として僧職を授けることもあった。さらに僧侶に労役の代償として号牌（身分証）が与えられることもあったが、これは僧侶を再三、工役に徴発させるための政策であった。これらはすでに度牒をもつ僧侶に対する政策ではなかった。朝鮮時代は崇儒抑仏の政策がおこなわれたにもかかわらず、僧侶の人数は少なくはなかった。僧侶を強制的に還俗させなかったのは、仏教を支持する勢力との妥協のためと考えられる。

こうしたなか、軍事的な僧軍が活動したのは壬辰・丁酉の倭乱のときであった。このとき僧軍の軍事力を認めた朝鮮政府は、常制として国の軍事組織のなかに編入することをはかり、僧侶は一六二四年より一八九四年まで二七〇年間、国を守る役目を担うようになった。これが南漢山城と北漢山城（ソウル）における義僧防番制である。こうした任にあたる僧侶は義僧と呼ばれ、輪番で山城を守備することが義務として課された。義僧を送り出す費用のため寺院は荒廃し、僧侶も減少し、仏教勢力が衰退する一因となった。

## 実学としての仏教

朝鮮時代中期になるとそれまでの性理学の空論に反発して実用主義的な学問の風潮が興る。これを実学という。これは朝鮮時代後期に完成したが、実学者の一人金正喜（一七八六〜一八五六）は実学思想の立場から、僧侶である衶衣《そうい》や洪基などと仏教を論じ、仏教界に実学の影響をおよぼした。

金正喜は仏教の根本思想を、因果に基づく倫理的、実践的な立場から、当時の禅仏教の棒や喝によって悟りに導く方法に対して批判している。なお、『金剛経』の解釈では、朝鮮初期の禅師であり『金剛経』の解釈で有名な己和《きわ》（一三七六〜一四三三）を批判するほどに禅の思想について自信があった。

金正喜の実学的仏教に影響を受けた僧侶に艸衣禅師がいる。彼は、一般には茶の聖人と崇められるが、朝鮮後期の禅論争を導いた禅師である。一五歳で出家して一九歳で具足戒を受け、二一歳以降は禅を学び、三〇歳以降より金正喜などの当時代の実学者と交流した。そうした実学の思想のもとで著したのが『禅門四辨漫語』である。本書は白坡亘璇の『禅文手鏡』（一八一一年）への批判を著したものである。『禅文手鏡』のなかでは禅を祖師禅・如来禅・義理禅に分け、そのなかで祖師禅がもっとも優れていると主張していた。艸衣は白坡の三種禅のほかに格外禅を加えたが、実際には祖師禅＝格外禅、如来禅＝義理禅に分けた二種禅であった。要するに前者は言説によらず、後者は言説であらわすということが異なるだけで、優劣はないとみるのが艸衣の主張である。なお金正喜は艸衣の二種禅に賛同している。

優曇洪基も『禅門証正録《しょうしょう》』を著し、とくに『禅文手鏡』の三処伝心を批判した。『禅文手鏡』では、釈迦と迦葉が説法の座を分けたことを如来禅と解釈する。しかし、洪基は三処伝心の全体を祖師禅と主張する。洪基のこうした主張も金正喜の影響を考慮すべきである。なお雪竇有炯は『禅源溯流』を著し、白坡を弁護した。この論争は一世紀ほど続くが、これは実学の影響を受けた仏教の流れである。

新しい学問の担い手は僧侶だけではなく、居士の貢献も大きかった。例えば、金大鉉は『禅学入門』二巻を著した。これは中国天台大師の『釈禅波羅蜜次第法門』をわかりやすく要約したものであるが、自序には本書刊行の目的として、禅の大衆化という理由が説かれている。また、天台宗の著述に基づいて禅の大衆化を企図したのは、天台宗が朝鮮時代に禅宗として分類されていたからである。この書は居士や一般大衆だけでなく、僧侶にも受け入れられた。ここから彼の宗教的な意図は十分はたされたと評価できる。

## 日本仏教の影響と抵抗

近代に入り、朝鮮仏教界にも開化の動きが芽生え、李東仁《りとうじん》《イドンイン》（一八四九～八一）・無仏などが一時活躍したが、結実をみずに終わった。朝鮮仏教の本格的な近代化は、日本人、日蓮宗の佐野前励（一八五九～一九一二）の上書により、一八九五年僧侶の都城出入禁止が緩和されて始まることとなった。

前述のように、「崇儒排仏」政策を基本としていた朝鮮王朝では、燕山君が一五〇三年に漢城（現在のソウル）への僧侶の出入りを禁止した。これは僧侶を賤民と同等に扱ったことを意味する。その禁令が佐野の建議により解禁されたのである。このため、日本仏教は朝鮮僧侶から歓迎され、それにともない日本仏教の各宗派は次々と別院（支部）を設置し、朝鮮布教を開始した。そもそも朝鮮における日本仏教宗派の別院は、真宗大谷派の奥村円心（一八四三～一九一三）が一八七七年に釜山に建立したことから始まるが、佐野の都城出入禁止の撤廃以後、浄土宗・曹洞宗・臨済宗などが続々と上陸し、その布教が活発になった。これらの活動の目的は、日本仏教を朝鮮に伝播することにあったが、同時に日本仏教・韓国仏教ともに、キリスト教に対抗するという目的もあった。こうしたなか、一九〇六年に真宗本願寺派が竜山に「開教総監部」を設置し、さらに朝鮮寺院を日本仏教の各宗派の末寺として関係づくりをはかることにより、朝鮮への布教活動は軌道に乗っていくのである。

一九一〇年八月二十二日、「韓国併合に関する条約」が締結され、韓国は日本に併合された。日本は京城（現在のソウル）に朝鮮総督府を設置し、韓国の直接統治を開始した。翌年、朝鮮総督府は寺院令を発令した。寺院令は朝鮮寺院の本末制度を確立し、朝鮮の寺院を総監部の管轄下におくことを目的にしたものであった。これに対して、朝鮮の僧侶たちからの反発もあったが、一方では自分たちの身分が安定し、寺院の財産も保護できるという理由で歓迎する者もいた。さらには妻帯を認めるように働きかけて、一九二六年に寺院令はとおった。これには日本に渡り妻帯する日本仏教の繁盛を目の当たりにしていた朝鮮の僧侶たちの、日本仏教に対する好意的な態度がひと役買った。以来日本仏教界は、公然と朝鮮仏教との連合に拍車をかけることになった。

こうしたなかで、円宗と臨済宗が対立した。円宗は一九〇八年に仏教の再建を掲げて朝鮮仏教の代表宗団として出発した。代表である李晦光は、最初に京城の矯導所での法会を設けるなど活躍したが、団体の印可をめぐり日本の曹洞宗と連合しようとした動きが他の僧侶の反発を招いた。そこで韓竜雲《かんりゅううん》（一八七九〜一九四四）などが中心となり、一九一一年に臨済宗が結成された。臨済宗は高麗時代の太古普愚《たいこふぐ》《テゴボウ》（一三〇一〜八二）を宗祖とし、朝鮮仏教の自主的な復興をめざしたものである。しかしながら両宗団とも、朝鮮総督府から発令された寺刹令により解体させられた。その後も仏教界は、白竜成らによる仏教改革論の提唱など、日本仏教の朝鮮仏教への侵食にも対応を続けた。

## 仏教信仰と仏教の再生

現在、韓国仏教の最大宗派である曹溪宗団は、一九四一年に現在の曹溪寺〔当時は太古寺〕で発足した。曹溪という名称は、高麗時代より禅宗を指し、朝鮮時代まで朝鮮仏教の正当性を保つ宗名として使われた。ここに一つの問題は宗祖を決めることであった。新羅の道義《どうぎ》《トウィ》、高麗の知訥《ちとつ》《チヌル》、太古をそれぞれ宗祖とする説があり、二〇年余り議論されてきた。その結果一九六二年、道義を開創祖、知訥を重闡祖、太古を重興祖とすることで一段落した。こうした現代韓国仏教は、結社と浄化運動、そして教育機関の整備、女性信者たちの帰依によって再生していくのである。

近代結社の濫觴は、一八九九年の鏡虚の定慧結社である。鏡虚は禅の清規を制定し、禅の修行〔自利〕と衆生への回向〔利他〕とを強調した。とくに彼は結社の理念を高麗の知訥の定慧結社におきながらも、弥勒信仰を導入した。彼が知訥の定慧結社にはない弥勒信仰を取り入れたことに関しては議論があり、いまだ決着をみない。最新の研究によれば、定慧は行であり、弥勒信仰は兜率天にいく上生信仰であり、願として意味があるとされる。とくに極楽にいく浄土信仰を受け入れず、弥勒上生信仰を取り入れたのは、それが易行道であるからとされている。

青潭・性徹らによる一九四七年の鳳巖寺《ほうごんじ》結社は、鏡虚の結社を継承したものである。そのうえ鳳巖寺結社は、妻帯など日本仏教の影響が一因となり乱れていた、朝鮮僧侶の意識の改革運動である。彼らは仏の教えに従い営むことを掲げて、金堂におかれていた華などを取り除き、なお労働や托鉢を進めるなど一八条の「共住規約」を制定した。これは中国禅宗叢林の再現である。この結社は一九五〇年の戦争によって未完成のまま終わったが、現代の最大の宗団となる曹溪宗の理念になったもので、大きな意味をもつ。

そのほか、現代の韓国仏教の特徴的な動きの一つが浄化運動である。浄化運動とは、日本の影響を受けて妻帯するようになった僧侶を宗団から追放しようという動きで、韓国仏教の伝統を守るためのものである。

一九四五年頃、韓国仏教界において、妻帯僧が七〇〇〇人にのぼるのに対して、結婚していない僧侶はわずか五〇〇人程度であった。また、妻帯僧が宗教権を握っていた。しかし反面、仏教の伝統を守ろうとする運動も絶えずあり、とくに彼らは韓国仏教の伝統が禅宗にあるという認識を共有していた。こうした現状を克服し、韓国仏教の伝統を守ろうとする動きは一九五二年から再び始まって、五五年八月に至るまで妻帯僧と出家僧のあいだで対立抗争が続いた。

ところで、伝統仏教を守ることに手をあげたのが当時の李承晩《りしょうばん》大統領(在任一九四八〜六〇)である。彼の諭示は一九五五年まで七回にものぼるが、それに力を得た結婚していない比丘と比丘尼たちは、五四年に「仏教教団浄化対策委員会」を構成して宗教抗争に乗り込み、現在の仏教界を形作るのに成功をおさめる。しかし、これは僧団が自律的に解決したのではなく、政治や法院に委ねたことで新たな火種を残してしまい、以降のたびかさなる仏教紛争に繋がっていったことも否定できない。

それ以後、韓国仏教は分派を続けた。現代の韓国仏教を代表する宗派は、次の五つがあげられる。第一に、韓国最大の仏教宗派である曹溪宗である。曹溪宗は禅宗として前にも言及したように新羅の道義国師を宗祖とし、高麗時代の太古普愚を中興祖としている。二五教区を中心として本山末寺制度で運営しており、所依経論は『金剛経』「伝灯法語」であるが、あらゆる経典の研究や念仏の方法を認めている。曹溪宗では東国大学（ソウル・慶州）と中央僧伽大学の三つの大学を運営している。このなかで中央僧伽大学は、僧侶のみ入学できる四年制大学である。

第二に太古宗である。太古宗も禅宗で、仏教浄化運動の結果、曹溪宗から分離された。宗祖は太古普愚であり、所依経典は『金剛経』『華厳経』である。この宗派は、妻帯を認めるほか、寺院の個人所有や、在家の人が教育を受けて教化活動をすることも認められている。現在、東方仏教大学院大学が設置され、定員は一〇〇人である。

第三には天台宗である。宗祖は天台智者で、上月円覚は中創祖とあおがれている。所依経典は『法華経』で、愛国仏教・生活仏教（昼耕《ちゅうこう》夜《や》禅《しょう》）・大衆仏教を宣揚している。忠南論山に金剛大学を設立し（定員は一四五人、全員奨学生）全寮制で運営している。

第四は真覚宗である。悔堂孫珪祥《かいどうそんけいしょう》が一九四七年に開宗した密教宗派である。所依経典は『大日経』『金剛頂経』などの密教経典で、在家中心仏教を特徴としている。慶州に威徳大学を設立して二二学科（一学年八九〇人定員）で運営している。

第五は円仏教である。円仏教は朴重彬《ぼくじゅうひん》によって一九一六年に開宗され、所依経典は円仏教教典で、本尊は置かず法身仏で、一円相であらわしている。全北益山にある円光大学は、韓医科大学も設置している総合大学である。

現在、韓国仏教宗団協議会には二八宗派が登録している。実際にはこの二倍にもなるほど宗派が乱立しているが、それは独立した自分の寺をもちたいという希望に基づく。

こうした韓国仏教を支える信徒層は女性がほとんどである。そもそも韓国仏教において女性信者は、初めて高句麗から新羅に仏教が入ってきたときから活躍していた。なお、仏教が抑圧されていた朝鮮時代にも、「信仰」としての仏教は階級を問わず広く受け入れられるが、とくに王族や貴族のなかで、権力から退いた家柄の女性や一般の女性によって綿々と継承されてきたことも事実である。

韓国の文化体育観光府より提供されている、宗教団体から提出された統計（二〇〇一年十二月三十一日）によると、女性と男性の信者数は約二六〇〇万対一一〇〇万である。宗教団体からの統計なので、実数はその半分と考えてよいだろうが、女性信者数が七割に近いことは事実であろう。これは仏教だけの現状ではない。キリスト教も同様である。しかし仏教においてはより大きな意味がある。朝鮮時代の排仏のさなか、存在そのものが厳しい時代のなかで、仏教を支えてきたのが女性であるという歴史から、韓国仏教の現状を理解する必要がある。

韓国ではキリスト教の勢力が仏教を抜いており（二〇一六年の統計によると、二〇一五年現在仏教一五・五%、プロテスタント一九・七%、カトリック七・九%）、なお、仏教を一方的に攻撃することが多くなった。とくにプロテスタントによる排他性が深刻で、寺院のなかで教会の宗教行事をおこなうなど、宗教の共存性に対する認識が欠けているようにも思われる。これに対して仏教側では近年、宗教平和宣言の発表などをはかっていたがまだ実現されず、現在も仏教内部で対策を模索している状況である。

さて現代の韓国仏教研究は、日本に端を発するといってよい。それは日本による韓国統治が背景にあったが、なかでも代表的な研究は、高橋亨の『李朝仏教』(一九二九年)、忽滑谷快天《ぬかりやかいてん》の『朝鮮禅教史』(一九三〇年)である。その後、一九七〇年代から八〇年代までも東洋大学の里道徳雄、東京大学の鎌田茂雄によって『朝鮮仏教史』が著述された。こうした研究は韓国仏教研究の先駆けになったことは事実で、韓国ではその研究に基づいて次の研究が進んでいるのが現状である。

## 3 日本　江戸時代〜現代

### 仏教の統制と定着

中世末期、比叡山や高野山のような伝統仏教勢力とともに、一向一揆や法華一揆にみられるように、新興仏教が強大な経済力・軍事力をもって世俗政治の世界でも勢力を伸ばし、戦国大名とも対等に争うに至った。それに対して、天下統一をはかる織田信長は徹底した弾圧の態度で臨んだ。比叡山の焼き討ち(一五七〇年)で伝統勢力を壊滅させ、「安土宗論」(一五七九年)で日蓮宗と浄土宗を対論させて強引に敗北させて抑え込んだ。一向一揆に対しては石山本願寺を攻撃し、激しい戦闘のすえに顕如を退去させた(石山合戦)。

続く豊臣秀吉は、より懐柔的な方法を用い、寺院の復興に力を入れた。とりわけ京都の方広寺に大仏を建立し、千僧供養をおこなって諸宗の僧侶を供養するという名目で、仏教界を服従させた。その際、もっとも困難に直面したのは不受不施（信仰を異にする立場の人の布施を受けず、また布施もしない）を原則としてきた日蓮宗で、日奥《にちおう》（一五六五～一六三〇）らは出仕を拒否した。徳川幕府になってのちも、日奥らは不受不施を貫き、流罪となり、のちに不受不施義は禁止された。

中世末期は仏教とともにキリシタンが急速に勢力を伸ばし、高山右近（一五五二～一六一五）のようなキリシタン大名も生まれた。信長はキリシタンに対して比較的友好的であったが、秀吉の時代は当初は保護したものの、一五八七（天正十五）年に伴天連《バテレン》追放令を出して弾圧に転じた。家康もまた、当初は南蛮貿易の利益という点から黙認していたが、一六一二（慶長十七）年以来取り締まりに転じ、しだいに厳しくなって、島原の乱（一六三七～三八年）を受けて、一六三九（寛永十六）年には鎖国が完成した。

キリスト教は、従来の仏教とまったく異なる厳しい一神教の立場を主張し、神の裁きによる死後の救済を説いた。それが信者に勇気を与え、一向宗以上の強力な信仰集団として権力者に恐れられた。また、キリスト教を先兵としてスペインやポルトガルが侵略するのではないかという危機意識をも生んだ。それが激しい弾圧を引き起こした理由と考えられる。キリスト教と出会うことで、かえって支配層は「日本は神仏の国」という意識を強めることになった。他方、キリスト教は同時に南蛮文化をもたらし、近世初期の新しい文化運動に大きな刺激を与えた。

江戸幕府は、一方で諸宗法度を制定して仏教教団を統制しながら、他方で保護してキリシタンに対する防波堤としながら民衆を掌握する手段として利用した。とりわけ、本末制度によって本山による末寺の支配を貫徹することで、寺院勢力を封建的な支配構造のなかに組み込むことに成功した。民衆支配という面で大きな役割をはたしたのは、寺檀制度による寺院と檀家の関係の固定化である。当初キリシタン禁制の徹底という目的で宗門改めがおこなわれ、寺請制度が確立されて住民の移動には寺院による証明が必要とされるようになった。この方針はキリシタンの勢力が衰退したのちにも継承され、寺院は住民掌握のための末端の行政組織としての役割をはたすようになった。こうしたなかで、仏教は葬儀を独占し、生者のみならず死者の管理をもはたすようになって、葬式仏教といわれる形態の基礎が築かれた。

従来、江戸時代は儒教の時代であり、仏教は堕落し衰退したと考えられてきたが、実際にはこのような制度的な強制もあり、寺院数も増加し、民衆の末端にまでその影響がおよび、社会の隅々にまで定着することになった。江戸時代初期の政治顧問として勢力をふるったのは儒者ではなく、天台宗の天海(一五三六〜一六四三)や臨済宗の崇伝(一五六九〜一六三三)であり、徳川氏が信仰する浄土宗の勢力も伸展した。天台宗の寛永寺、浄土宗の増上寺は、江戸の都市計画の要となった。天海は一〇〇歳を超える寿命を保ち、戦乱のなかで衰退した仏教の復興に努めるとともに、黒衣の宰相として家康・秀忠・家光の三代にわたって権勢をふるった。

近世に特徴的なこととして、権力者を神として祀る新しい神仏習合の形態がある。もともと人を神として祀ることは、恨みを飲んで死んだ御霊のような特別の場合しかなかった。ところが、近世になると、権力を握った支配者が死後には神となって、子孫の支配を見守ると考えられるようになった。信長も自ら神になろうとしたといわれるが、それは実現しなかった。秀吉は吉田神道の方式で、豊国社に豊国大明神として祀られた。しかし、豊臣氏の滅亡で豊国社は取り潰された。

家康を神として祀るに際しては、吉田神道の形式で明神として祀ろうという崇伝たちと、山王神道の形式で権現として祀ろうという天海たちが争ったが、結局、明神は秀吉の例からみて不吉だというので、権現として祀ることになった。家康の遺骸は駿河の久能山から日光に移され、東照大権現として祀られた。これが東照宮であり、以後、徳川家の守護神として尊崇された。このように権力者が神として祀られ、支配を貫徹するというやり方は、のちに明治期の「あらひとがみ」としての天皇崇拝に繋がるものである。

## 教学の振興

近世は、仏教の政治的な活動が厳しく禁じられたかわりに、諸宗の教学が奨励され、今日の仏教学に連なる基礎的な研究が大きく発展した。檀林、談所などと呼ばれる諸宗ごとの僧侶養成の研究教育機関が創建され、祖師の著作や各宗で重んじる経典、あるいは倶舎《くしゃ》や唯識などの仏教学の基礎理論が講じられた。とりわけ浄土宗の関東十八檀林はもっとも整備されたものとして名高い。

鎖国の情勢下で中国からの刺激が少なくなり、閉塞しかけた仏教界に新たな刺激を与えたのは、隠元隆琦《りゅうき》による黄檗宗の伝来であった。海外の動向から閉ざされた日本にとって、長崎はオランダをとおして南蛮文化を受容する窓口であるとともに、中国貿易の拠点でもあった。中国からもたらされる新しい文化もまた、日本の思想文化に大きな影響を与えた。その影響を受けた代表として、荻生徂徠《おぎゅうそらい》(一六六六～一七二八)の古文辞学が有名であるが、仏教界も長崎をとおして中国文化の摂取に努めた。長崎には在留中国人のために興福寺・福済寺・崇福寺の三寺があり、隠元以前に来日した道者超元（一六〇二～六二）には、盤珪永琢《ばんけいえいたく》（一六二二～九三）、独庵玄光らが参禅しており、中国禅への関心が高まっていた。

隠元は福州の黄檗山万福寺を復興し、住持として活躍していたが、一六五四（承応三）年弟子たちを率いて来日した。長崎から摂津に移り、将軍家綱の信頼を得て、一六六一（寛文元）年宇治に福州の寺と同名の黄檗山万福寺を創建した。隠元は臨済宗に属するが、鎌倉時代に伝来した臨済宗と異なり、明代の禅浄一致の立場に立ち、壮麗な儀礼など当時の日本においては新奇なものであった。そこで、日本では黄檗宗として別立てされることになった。隠元やその弟子たちは、建築・儀礼・書画・喫茶など、さまざまな面で新しい中国文化を伝え、仏教に限らず、外来の新しい文化に渇望していた当時の知識人たちに強烈な刺激を与えた。

隠元隆琦（京都萬福寺蔵）

黄檗宗の流れで後世に大きな影響を与えたのは、鉄眼道光《てつげんどうこう》（一六三〇～八二）による一切経の開板である。一切経の開板は、これ以前に天海もおこなったが（天海版）、広く普及するに至らなかった。隠元ならびにその法嗣の木庵性瑫《もくあんしょうとう》（一六一一～八四）に学んだ鉄眼は、一切経の開板を発願し、さまざまな困難を乗り越えて完成させた。黄檗版、あるいは鉄眼版と呼ばれるもので、明の嘉興蔵（万暦版）をもとにしている。宗派を超えて黄檗版の寄進に努めた了翁道覚《りょうおうどうかく》（一六三〇～一七〇七）らの努力もあって、黄檗版は広く普及し、原典に基づく仏

鉄眼版版木（京都萬福寺宝蔵院蔵）

教研究の基礎を築いた。

こうして江戸時代中期には仏教研究がさかんになったが、そのなかで宗派の枠を超えて、新しい自由な研究も生まれるようになった。その代表として、鳳潭僧濬《ほうたんそうしゅん》（一六五七？〜一七三八）や徳門《とくもん》普《ふ》寂《じゃく》（一七〇七〜八一）をあげることができる。鳳潭は鉄眼に学んだが、のちに南都で華厳の研究を進め、独自の解釈に到達した。従来中国華厳宗に関しては杜順—智儼—法蔵—澄観—宗密の五祖説が常識とされていたが、鳳潭は澄観—宗密の思想が法蔵と異なることを指摘し、彼らを異端として否定し、華厳の教学を大成した法蔵に戻るべきことを主張した。

普寂は浄土真宗の出身であるが、のちに浄土宗に移って戒律復興に努める一方、華厳などの研究を進め、鳳潭を批判して独自の立場に到達した。普寂は従来の本覚思想的な修行軽視の傾向を厳しく批判し、小乗の立場を再評価して、大乗の高度な理論よりも、小乗の修行から出発すべきことを主張した。

このように、鳳潭や普寂の研究は、後世の恣意的な解釈を排して、根幹となる原典に回帰し、批判的精神をもって解釈しなおすところが共通している。後述する天台宗の安楽律《あんらくりつ》の運動は、大乗律を批判して小乗の四分律《しぶんりつ》に戻ることを主張するとともに、教学的には日本天台の本覚思想を否定して、宋の四明《しめい》知礼《ちれい》の教学に戻るべきことを主張しており、鳳潭や普寂と共通する。また、普寂による小乗の再評価は、富永仲基《なかもと》（一七一五〜四六）の大乗非仏説論とも関係するもので、近代の原始仏教の再発見に連なるものである。このような動向は、儒教では伊藤仁斎《じんさい》（一六二七〜一七〇五）や荻生徂徠らの古学派とも共通するものであり、仏教界も近世の学術全般の動向と密接に関連していたことがわかる。

### 世俗倫理と戒律

近世は儒教道徳の普及した時代といわれるが、実際には純粋な儒教が庶民に広く普及したわけではなく、むしろ仏教や心学などからする神仏儒の三教一致的な立場のほうが広く受容された。それゆえ、世俗の道徳倫理の確立という点でも仏教のはたした役割は大きい。

江戸時代初期に世俗倫理の重要性を説いたのは、曹洞宗の鈴木正三《しょうさん》（一五七九〜一六四四）である。正三は三河の武士だったが、四二歳のときに突然出家し、苦行に近い禅の修行を積んだ。正三は職分仏行説を説き、士農工商がそれぞれの職分をはたすことがそのまま仏行にほかならないと主張した。これは、世法則仏法の原則からなされており、本覚思想の近世的展開ということができる。また、儒教に先立って、仏教側が封建制の道徳の基礎づけをおこなっていたことは、はなはだ注目される。正三はいち早く寺檀制度に近いかたちを構想し、幕府による仏教教団統制を積極的に推し進める方向を示した。

仏教的立場から世俗道徳を説いた人としては、ほかに臨済宗の白隠慧鶴《はくいんえかく》（一六八五〜一七六六）や真言宗の慈雲飲光《じうんおんこう》（一七一八〜一八〇四）が有名である。白隠は各地に禅匠を訪ねて修行を積んだが、従来の禅に満足せず、信州に隠遁していた正受老人道鏡慧端《どうきょうえたん》（一六四二〜一七二一）の法を継いだ。白隠は新しい公案体系を確立して、臨済宗の修行法を一変させるほどの役割をはたしたが、他方で積極的に在俗の信者のために教えを説き、多数の仮名法語を残した。また、修行中の精神的な危機を克服するために独自の養生法を工夫したことでも知られる。

慈雲は大坂の人で、真言を中心として広く学び修行を積んだが、釈尊時代の仏教を再興しようという正法運動を起こした。これは上述のような原始仏教再発見の動向に連なるもので、慈雲は自ら梵語（サンスクリット語）を研究して、インド仏教を解明しようとした。正法律を立てて戒律復興を志し、とくに在家者のためには十善戒を守るべきことを説き、『十善法語』で十善による世俗道徳が仏行に繋がることを主張した。

江戸時代は僧侶の世俗化が進み、破戒もあたりまえのことになった。そのためにしばしば仏教の堕落時代と捉えられがちであるが、逆に心ある僧によって戒律復興運動がたびたび起こされ、その方向からみれば新しい仏教復興の気運に満ちた時代であった。そのなかでも安楽律運動は、戒律と教学の両面にわたって大きな問題を提起した。これは、比叡山安楽律院による妙立慈山《みょうりゅうじさん》（一六三七〜九〇）、霊空光謙《れいくうこうけん》（一六五二〜一七三九）らが、従来の日本天台の伝統である梵網大乗戒だけでは不十分として、四分律による具足戒の授戒を主張したものである。これもまた、小乗復興・原始仏教再発見に連なる動向である。妙立・霊空らは、教学的にも本覚思想的な動向を批判した。このような運動に対して、伝統的な日本天台の大乗戒によるべきだと主張する一派が反撃して、両者の論争が展開され、最終的に幕府の介入を招いた。安楽騒動と呼ばれるが、近世仏教の動向を象徴する論争といえる。

戒律復興運動では、ほかにも真言宗の浄厳《じょうごん》（一六三九～一七〇二）、日蓮宗の草山元政《げんせい》（一六二三～六八）、浄土宗の霊潭《れいたん》（一六八九～一七六九）などが知られ、近世は戒律復興の時代であったということができる。

浄土真宗（一向宗）においては、もともと開祖の親鸞《しんらん》が肉食妻帯していたため、江戸時代においても僧の妻帯が公認されていた。このため、そこでは戒律の問題は起こらなかった。そのかわり、浄土真宗では信を重視するため、それをどのように解釈するかということが問題となった。西本願寺派の学林の功存（一七二〇～九六）は、身・口・意の三業が備わって初めて往生できると説いたが、それに対しては、信のみで往生できるという他力の立場に反するという批判が起こり、三業惑乱と呼ばれる論争に広がった。このように、近世には実践をめぐってさまざまな論争が起こり、活発な議論がなされた。

浄土真宗では、もともと出家と在家の相違が曖昧であり、世俗の生活をする在家者でありながら深い信仰を有し、それを日々の生活に生かす妙好人《みょうこうにん》と呼ばれる人たちが理想視された。妙好人に対しては、結局のところ無批判に封建的な体制に従う信者像を強制するものではないかという批判がある。幕末から近代にかけて、妙好人の信仰は内面化し、浅原才市（一八五〇～一九三二）のように、その境地が高く評価される人もあらわれた。

## 他教との論争

中世までは仏教がほとんど唯一の宗教であり、中世後期には神道理論が発展したといっても、仏教の枠組を活用しながら展開しているため、仏教とのあいだに大きな論争が起こるには至らなかった。ところが、中世末期から近世にかけて、一方でキリスト教が伸張し、他方で儒学が仏教から自立して仏教批判の様相を示すようになると、仏教は否応なく他教との論争にかかわらざるを得なくなった。

キリスト教との関係では、キリスト教側からの本格的な仏教批判として、不干斎《ふかんさい》ハビアン（一五六五～一六二一）の『妙貞問答』があげられる。ハビアンはもともと禅僧であったが、一八歳でキリシタンとなり、イエズス会士として活躍した。『妙貞問答』は三巻からなり、巻上で仏教批判、巻中で儒教・神道批判をおこない、巻下でキリスト教の教義を展開している。仏教に関しては、仏教の教えが最終的に虚無に帰すると指摘した。ハビアンはのちに棄教し、『破提宇子《はだいうす》』を著してキリスト教を批判した。キリスト教批判書は排耶書《はいやしょ》と呼ばれるが、キリスト教が禁教になってから仏教の立場からの批判が出され、鈴木正三の『破吉利支丹』、雪窓宗崔《せっそうそうさい》（一五八九～一六四九）の『対治邪執論《たいじじゃしゅうろん》』などが知られる。

儒教や国学、神道からは厳しい仏教批判が寄せられ、これらは排仏論と総称される。もともと儒教は五山の禅寺で研究されていたが、近世初頭に相国寺の藤原惺窩《ふじわらせいか》が僧服を脱いで儒服を着用して家康にまみえ、儒家の独立を示した。惺窩の弟子で近世朱子学の基礎をつくった林羅山も建仁寺の僧であった。初期の儒者の仏教批判は、主として儒教の世俗倫理中心の立場から仏教の超世俗性を攻撃したり、仏教の非合理性を突くというものが多かった。しかしこれに対しては、上述のように仏教側も世俗倫理を主張し、対抗することになった。

近世中期になると、仏教の研究も進み、仲基のように、科学的な思想史研究の方法論に基づいて、仏教を批判的に捉え直すような研究があらわれた。仲基の方法は加上説と呼ばれるもので、前代の思想を超えようとして、後代の思想はそれに新しい要素を付加していくというものである。それゆえ、付加する要素の多いものほど、時代的に成立が遅れたものということになる。仲基は『出定後語《しゅつじょうごご》』においてこの原則を仏教に適用し、大乗仏教は小乗仏教に新しい要素を加上して後世にできたものだという説を主張した。これが仲基の大乗非仏説論である。

仲基は必ずしも排仏論者というわけではなく、むしろ思想を相対化し、それぞれの民族にあった思想を採用すべきことを説いたが、彼の説は仏教界に大きな衝撃を与え、仏教側から反論もなされたが、必ずしも有効な議論を提示することはできなかった。かえって、服部天遊、平田篤胤《あつたね》(一七七六〜一八四三)らによって仲基の説が採用され、仏教排撃に用いられることになった。

江戸時代中期頃までは仏教はなお創造性を保ち、儒教と並んで思想界をリードしていく力をもっていたが、後期になるとしだいにその活動の力を衰退させていった。その理由はさまざまあり、例えば、須弥山説のような仏教の世界観が時代遅れになったということも考えられる。また、朱子学の立場に立つ水戸学派や復古神道において、尊皇攘夷の旗印のもとにナショナリズムの傾向が強まり、幕府と結びついた仏教勢力はその動向に必ずしもうまく乗れなかったことも指摘される。

とりわけ復古神道においては、従来の神道では不十分であった死後の世界について平田篤胤が新たな思想を展開し、神道を死生観をともなった独立した宗教とすることに成功した。近世社会で仏教は葬儀をほぼ独占し、儒教式の葬儀や、神道式の葬儀(神葬祭)は禁止されていたが、神道側の死生観の確立とともに、神葬祭の可能性に道が開かれ、仏教を排除することが現実的に可能となってきた。復古神道は上層農民まで含めてかなり広く普及し、幕府の保護下に安逸に陥っていた仏教に対して厳しい目が向けられ、排仏の気運が高まった。それが廃仏毀釈にも繋がることになる。それに対して仏教側がどのように対抗できるかが、近代仏教の大きな課題として残された。

## 明治維新と仏教

このように、排仏の主張に立つ復古神道が一つの主軸となって明治維新が実現されたため、明治初期の政府では仏教を排除して、神道を国教化しようとする方向が示された。一八六八(慶応四、明治元)年、いわゆる神仏分離令(神仏判然令)が出され、神社から仏教的要素を排除し、長いあいだ続いた神仏習合に終止符が打たれた。とりわけ神仏が判然と分けられない修験道などでは、強引な分離は宗教の形態そのものの変容をもたらすことになった。また、神仏分離をきっかけにして各地で廃仏毀釈の運動が起こり、仏寺や仏像の棄却にまで至って、貴重な文化財が数多く失われる結果となった。

神道国教化は、一八六九(明治二)年に太政官と神祇官が並立する古代律令体制の復活によってひとまず実現したが、時代錯誤の祭政一致の政策はただちに行き詰まり、一八七一年には神祇官は神祇省に格下げになり、さらに翌年にはそれも廃止されて、教部省の管轄になった。

その際、仏教排除の方針もまた見直されなければならなかった。たしかに近世末期に仏教界はかつてのエネルギーを失い停滞していたが、それでも長いあいだ民衆のなかに定着していた力はあなどれるものではなかった。また、仏教側からも、国家体制に加わるべく強い働きかけがなされた。そこで、仏教をも取り込んだ新しい宗教政策が構想され、それを実現しようとして教部省の政策が立てられた。

具体的には、宗教家を教導職として国家認定し、国家の意向を反映した宗教の宣伝をおこなわせようというものである。教導職には神官も僧侶も含まれていたので、神仏合同の新しい国家宗教の創設ということができる。その教導職の指導管轄をするのに、中央に大教院、地方に中教院・小教院を設けた。大教院は当初、紀尾井坂の紀州邸に設けられたが、翌年芝の増上寺に移された。大教院には、造化三神と天照大神を祀った。その指導理念として、「敬神愛国ノ旨ヲ体スベキ事」「天理人道ヲ明ニスベキ事」「皇上ヲ奉戴シ朝旨ヲ遵守セシムベキ事」という三条の教則が立てられた。

ちなみに、一八七二(明治五)年には僧侶の肉食・妻帯・蓄髪が許可された。明治初めにも福田行誡《ぎょうかい》(一八〇九〜八八)のような戒律主義者もいたが、多くはこれまでも実質的に僧侶の肉食・妻帯はなされていたので、仏教界はなし崩し的にそれを受け入れていった。これによって、江戸時代には士農工商の身分制度の外の存在であった僧侶が、法的には一般の在家者と同じ存在となり、通常の戸籍に編入されることになった。こうして仏教をめぐる環境は急速に変化し、その状況にどう対応するかということが、仏教界にとって大きな課題となった。

さて、教部省政策は仏教側の強い働きかけによって実現したものであるが、いざ実現してみると必ずしも仏教側の求めるものではなかった。とりわけ大教院に神々が祀られ、国家主義的な三条の教則が強制されるに至って、それに対する反対が起こった。教部省設立要求の中心となった浄土真宗本願寺派の

島地黙雷

島地《しまじ》黙雷《もくらい》（一八三八〜一九一一）が、反対運動でも中心となった。島地は当時ヨーロッパを視察中で、ヨーロッパ諸国の政教関係を調査し、近代的な政教分離を日本でも実現すべきだという結論に達した。

このような立場から、島地は大教院政策や三条の教則に対して批判を加え、宗教は心に関するものであるから、外なるかたちにかかわる政治の関与できない領域であると主張し、政教分離すべきことを説いた。島地の指導で、浄土真宗諸派は一八七五（明治八）年に大教院を離脱し、同年、大教院は解散されることになった。一八七七年には教部省も廃止され、宗教は内務省の管轄となった。こうして信教の自由が確立され、そのことは一八八九年に制定された大日本帝国憲法に明記された。

しかし、輝かしい信教の自由の確立も、裏に負の側面を負うことになった。一つは神道の扱いである。島地は神道のような多神教は宗教としては原始的だとして批判したが、他方で、それは皇室の祖先を尊崇するものであるから宗教ではなく、政治の領域に属するものだとして、別のかたちで神道を認めた。のちに国家神道は、「神道は宗教にあらず」として、信教の自由の外におかれ、国民に強制されることになった。この点で、島地は国家神道形成の理論を提供したともいうことができる。

もう一つは、宗教を心の問題に限定することによって、江戸時代の寺檀制度に由来する葬式仏教などの制度や儀礼の側面を無視することになった点が指摘される。葬式仏教は明治以後も生き残り、そればかりか、祖先祭祀を担うことで近代日本の家父長的な家制度を支える役割をはたすことになった。島地の宗教観では、その問題が抜け落ちることになった。

## 近代仏教の確立

島地黙雷によって近代仏教の基礎が築かれたが、その後しばらくは、次の時代に向けての土台づくりの時代といえる。一八七六(明治九)年に真宗大谷派の南条文雄と笠原研寿《けんじゅ》(一八五二〜八三)がイギリスに留学し、マックス・ミュラーのもとでサンスクリット語に基づく新しい仏教研究の方法を学んだ。他方、同派の小栗栖香頂は一八七三年に中国に渡り、中国仏教の状況を調査するとともに、明治九年には『真宗教旨』を刊行して浄土真宗の布教に乗り出したが、中国の仏教者の批判を招いた。南条文雄もまた、中国の仏教改革者楊文会と親交をもち、中国で失われた仏典を日本から送ったりしている。一八七九年には曹洞宗の原坦山《たんざん》(一八一九〜九二)が東京大学の講師となり、アカデミズムのなかでの仏教の研究教育が始められた。また、井上円了《えんりょう》(一八五八〜一九一九)により、近代的な宗教・哲学としての仏教の理論武装がなされた。

その間、日本の社会もしだいに近代化し、一八八九(明治二十二)年には大日本帝国憲法が制定され、その国家体制の骨格が定まった。それは自由民権運動を弾圧し、天皇を頂点とした国家主義的な方向をめざすものであった。その原理を教育をとおして徹底しようとしたのが、翌年発布された教育勅語である。教育勅語は儒教的な家の倫理を基盤として、それを天皇中心の国家体制に結びつけようとしたものである。

教育勅語に対して、発布の翌年、キリスト教徒の第一高等中学校教員内村鑑三(一八六一〜一九三〇)が敬礼しなかったことが大問題となり、内村は辞職を余儀なくされた。この事件をめぐって、東京帝国大学の哲学教授井上哲次郎(一八五五〜一九四四)は、キリスト教批判のキャンペーンを張り、キリスト教は神を第一に考え、国家や道徳を軽視するものであるから、日本の国家体制にふさわしくないと主張した。それに対して、さまざまな論者が議論を展開し、それは「教育と宗教の衝突」論争と呼ばれた。「教育」というのは教育勅語の道徳のことであり、「宗教」は具体的にはキリスト教のことを指すから、教育勅語の国家主義的道徳とキリスト教との対立が問題にされたのである。

この論争に際して、仏教者は多く井上の側に立ってキリスト教を批判したが、仏教も本来の立場からすれば、国家主義的な道徳を超える宗教性をもつはずである。その点が正面から問題とされるようになったのは、明治三〇年代になってからのことである。日清戦争(一八九四〜九五年)、日露戦争(一九〇四〜〇五年)の頃には、ある程度社会が安定するとともに、これまで外の政治に向けられていた知識人青年たちの目がしだいに内面に転じられるようになり、仏教への関心も高まり、その宗教性が問われるようになった。

このような時代を反映し、仏教を近代的な宗教として確立しようとした代表的な思想家が真宗大谷派の清沢満之(一八六三〜一九〇三)であった。清沢は宗門改革運動に挫折し、結核で死に直面した自らの状況のなかで、外界の事物に捉われず、自らの内面を深めることによって阿弥陀仏に出会うことができるという信念のもとに、一九〇〇（明治三十三）年に東京本郷に弟子たちと共同生活の場である浩々洞《こうこうどう》を開き、翌年には雑誌『精神界』を発刊して、精神主義の運動を起こした。清沢は、宗教は道徳を超えると主張し、「教育と宗教の衝突」論争以来高まった宗教批判に対抗した。同じ頃、国家主義の立場から出発した高山樗牛《ちょぎゅう》（一八七一〜一九〇二）も、結核によって死に直面するなかで、個人主義からさらには日蓮信仰に向かった。

このような内面化の方向に対して、仏教の社会的な活動を重視して近代化をはかろうとする動きも起こった。田中智学（一八六一〜一九三九）は在家主義の立場から日蓮信仰の運動を起こし、一九〇一（明治三十四）年に『宗門之維新』を刊行して侵略仏教を主張し、積極的な布教に乗り出した。智学が創設した立正安国会は、のちに国柱会と名を変え、国家主義的な主張で広い層に大きな影響を与えた。

よりリベラルな仏教者の社会参加活動としては、古河勇（一八七一〜九九）の経緯会（一八九四〜九九年）があげられる。古河の早逝で一時挫折しかかったが、その志は境野哲（黄洋、一八七一〜一九三三）らによって受け継がれ、仏教清徒同志会（一八九九年設立）から新仏教徒同志会（一九〇三年改名）へと発展し、雑誌『新仏教』を刊行して、貧困や公害などの社会的問題に対する仏教者の自覚を促した。

一九一〇（明治四十三）年に起こった大逆事件にも、社会的問題に目覚めた仏教者が連座することになった。死刑となった内山愚童（一八七四〜一九一一）は曹洞宗の僧であったが、貧困の問題に直面し、無政府主義を信奉するに至った。高木顕明《けんみょう》（一八六四〜一九一四）は真宗大谷派の僧で、被差別部落の実態に接するなかから独自の仏教社会主義をめざすようになった。

## 民衆仏教の展開

ここまで本章では、主として政治との関係や知識人の思想を中心に仏教をみてきた。しかし、実際には仏教は庶民のなかに生き続けてきたもので、民衆の信仰や活動を無視して仏教を語るわけにいかない。近世に戻って考えると、庶民の信仰世界は神仏習合のさまざまな要素を含み、必ずしも制度に捉われない自由な発想がみられた。陰陽師や山伏が人々のあいだを布教して歩き、伊勢をはじめとする寺社への参詣がさかんにおこなわれ、疱瘡が流行すれば疱瘡神、地震が起これば鯰神など、その時々に大流行する神々もあらわれた。

そうしたなかから、教祖的な人物を中心にした信仰共同体が生まれ、教祖の死後も持続する宗教的な集団組織が形成されるようになる。いわゆる新宗教の前身である。例えば、富士信仰は食行身禄《じきぎょうみろく》(一六七一〜一七三三)らによって発展し、講の組織によって江戸の庶民に広く普及した。それは明治以後まで続き、実行教・丸山教・扶桑教など、教派神道に数えられる諸派に展開した。

幕末期はこうした新宗教の揺籃期であり、天理教・黒住教・金光教など、今日に繋がる新宗教の基礎が築かれた。そのなかでも早い例は如来教で、尾張の農家の女性きの(一七五六〜一八二六)が一八〇二(享和二)年に神がかりして自ら金毘羅と名乗り、如来の教えを説いたのが最初である。のちに彼女自身が如来と考えられ、一尊如来と称された。

また、天理教の場合は大和の農家の女性中山みき(一七九八〜一八八七)が、一八三八(天保九)年に長男の足痛を癒すために山伏を呼んだとき、自ら神がかりして、「天の将軍」がみきの身体をもらい受けると宣言した。その神はのちに「てんりんわう」と名乗り、みきは神の言葉を伝える「おふでさき」によって布教した。

このように、幕末期の新宗教は仏教寄りのものも神道寄りのものもあるが、両者は画然と分かれるものではない。しかし、明治維新期の神仏分離により強引にどちらかに区分けされることになり、神道系のものは教派神道と呼ばれて一括された。神社神道がのちに国家神道に発展するのに対して、これらの教派神道諸派は「宗教としての神道」として位置づけられ、国家の統制下におかれた。

このような幕末期の新宗教に対して、明治以後もさまざまな新しい運動が起こった。明治末には、伊藤証信(一八七六〜一九六三)の無我苑や西田天香(一八七二〜一九六八)の一燈園などの共同体創設の運動が始まった。しかし、仏教系の新宗教は法華信仰、日蓮信仰から生まれたものが多い。これは法華系の民間の行者の流れを汲むことによる。例えば、幕末の在家法華信者長松清風《ながまつせいふう》(日扇)は本門仏立講(本文仏立宗)を起こし、その流れから西田無学(一八五〇〜一九一八)が出、その西田の教えを受けた久保角太郎が小谷喜美と霊友会を起こした。さらに、その霊友会出身の庭野日敬が立正佼成会を起こしている。このように、法華行者の信仰と実践が繋がって、民衆のなかに定着した新宗教の流れを形作っている。

同じ法華信仰でもいささか異なる流れに立つのが創価学会である。創価学会の前身は、小学校の校長を歴任した教育者牧口常三郎(一八七一〜一九四四)が一九三〇(昭和五)年に戸田城聖らと創設した創価教育学会であるが、牧口が日蓮正宗の熱心な信者であったところから、しだいに仏法による人間変革をめざすようになった。戦時中の弾圧で牧口が獄死したのち、戦後になって戸田が創価学会と改称して、大々的に折伏《しゃくぶく》活動を展開するようになった。

このように、さまざまな新宗教の運動はしばしば弾圧をこうむりながらも、熱心な信者たちの支持を得て着実な展開を続け、戦後の一時期は「神々のラッシュアワー」と呼ばれるような新宗教ブームも起こった。一九七〇年代以降、従来の新宗教と一線を画する新しい宗教運動が起こり、新々宗教などとも呼ばれたが、一九九五(平成七)年にオウム真理教が地下鉄サリン事件を起こしてからは、一部の新々宗教教団は「カルト」と呼ばれて警戒されるようになった。

## 戦争と仏教

大正期には、一時的に平和が続き、大正デモクラシーといわれるような民主主義へ向けての希望がみられた。また、大正人格主義といわれるように、近代的な個人の人格を重視するような思想も発展した。近年は、大正期の思想を生命主義という観点から見直すことがなされており、この時代には生命に対して肯定的・楽観的な思想が広まった。このような動向は白樺派などに代表される。

仏教との関係でいえば、哲学者西田幾多郎(一八七〇〜一九四五)は、デビュー作『善の研究』(一九一一年)で禅の実践体験を生かした純粋経験論によって若い読者の支持を得たが、その後もその哲学を発展させ、晩年には「無の場所」「絶対矛盾的自己同一」「逆対応」などの独自の概念を駆使して、宗教的世界の解明に向かった。西田の盟友鈴木大拙（一八七〇～一九六六）は英語で禅を世界に広めるとともに、国内でも禅の思想の普及に大きな力を発揮した。他に仏教と関係の深い思想家として、和辻哲郎《わつじてつろう》（一八八九～一九六〇）、柳宗悦《やなぎむねよし》（一八八九～一九六一）、倉田百三《くらたひゃくぞう》（一八九一～一九四三）らがいる。また、東京帝国大学で印度哲学の講師をしていた村上専精《せんしょう》（一八五一～一九二九）が一九一七（大正六）年に教授となり、アカデミズムにおける仏教研究の基礎が築かれた。

このように、大正時代は見かけ上の平和のうちに、仏教も多様な発展を示した。しかし、明治の終わり（一九一一年）に朝鮮を植民地化したのを手がかりに大陸への進出を進め、国内的にも、一九二五（大正十四）年には普通選挙法が実現したが、それと引き換えに治安維持法が成立し、戦争へ向かって一歩一歩進んでいった。

こうして昭和を迎えると、日本の社会はファシズムへ向けて急展開し、海外へ向けては軍事侵略、国内的には言論弾圧を強めて、戦時体制になだれ込むことになった。仏教界では、妹尾義郎《せのおぎろう》（一八八九～一九六一）が一九三〇（昭和五）年に新興仏教青年同盟を結んで反ファシズムの運動を起こしたが、三七年には治安維持法によって解散させられた。しかし、このような動きは例外的で、仏教界の大勢は積極的に国家の方針を支持し、戦争へ向けて人々を鼓舞する役割を担った。

仏教が国家主義と結びついたもっとも顕著な例は日蓮系の思想にみられ、田中智学によって創建された国柱会をはじめとして、国家主義を先導する役割をはたした。血盟団事件（一九三二年）の井上日召《にっしょう》（一八八六～一九六七）、二・二六事件に連座して処刑された北一輝（一八八三～一九三七）、関東軍の参謀として満州国建国を画策した石原莞爾《いしわらかんじ》（一八八九〜一九四九）らは、いずれも熱心な日蓮主義者であった。日蓮主義者以外にも、禅宗の老師たちも積極的に戦争を支持したが、とりわけ天皇主義と禅を結びつけた軍人杉本五郎（一九〇〇〜三七）の遺著『大義』（一九三八年）はベストセラーとなって、人々を戦争に駆り立てる役割をはたした。また、浄土真宗はマルクス主義からの転向者を多く受け入れ、戦時教学によって阿弥陀仏信仰と天皇信仰を結びつけようとした。

戦争の激化とともに、一九三九（昭和十四）年には宗教団体法が成立して、宗教は国家総動員のために奉仕するものと位置づけられ、翌年には宗派合同によって、多数の宗派が統合されて、国家の統括を受けるようになった。他方、早くから植民地やアジア諸地域には仏教諸派が積極的に進出し、仏教をとおして日本支配の安定をはかろうとした。

こうした戦時体制は一九四五（昭和二十）年の敗戦によってたちまち崩壊し、戦争協力の道をひた走っていた仏教界は大きな打撃を受けることになった。一九四六年に発布された日本国憲法は、明治憲法に比べてよりはっきりと信教の自由と政教分離を規定した。国家神道への反省から、戦後体制のなかで政教分離の原則は極めて厳格に適用され、宗教勢力は政治から排除されることになった。とりわけ仏教は国家神道とほとんど一体となって戦争遂行の力となってきたため、さまざまな教団の改革にもかかわらず、戦後の平和運動などの先頭に立つことは困難であった。わずかに戦争協力から平和運動へと転じた日本山妙法寺の藤井日達（一八八五〜一九八五）の積極的な活動が目を引く程度であった。

そのような情勢のなかで、仏教が大きく注目されたのは創価学会の折伏運動であった。戦後、会長となった戸田城聖とその後継者の池田大作の指導下に、現世利益を表に出して積極的な折伏活動を進め、一九六四（昭和三十九）年にはその理想を実現するための政党公明党を設立して、政教分離の原則に一石を投じた。その後、社会の厳しい指弾をあびて、折伏の態度をゆるめ、公明党との関係も政教分離に立つことで今日に至っている。

戦後になっても、長いあいだ伝統仏教の諸派は従来通りの檀家制度の上に立つ葬式仏教に経済的基盤をもち、安定した役割をはたしてきたが、一九八〇年代頃から急速にその体制が崩壊するようになった。人口の流動化、核家族化、少子高齢化、女性の自立などで従来の家父長的な家制度が崩れ、その上に立って維持されてきた檀家制度が解体され、葬儀や墓のあり方が多様化するようになってきた。こうした情勢のなかで、一九九〇年代からは、日本への留学生やその他のルートを通じて、東南アジアの上座部仏教が紹介されるようになった。そこではサマタ（止）・ヴィパッサナー（観）という修行が正面に立てられ、日本の仏教界に影響を及ぼしつつあることも、注目すべき事象の一つである。また一九九五（平成七）年の阪神・淡路大震災および二〇一一（平成二十三）年の東日本大震災に際しては、宗派単位あるいは宗派を超えた支援活動が展開され、その後も支援が継続している。現在では、日本の仏教は大きな試練に直面しつつも、新たな一歩を歩み始めている。

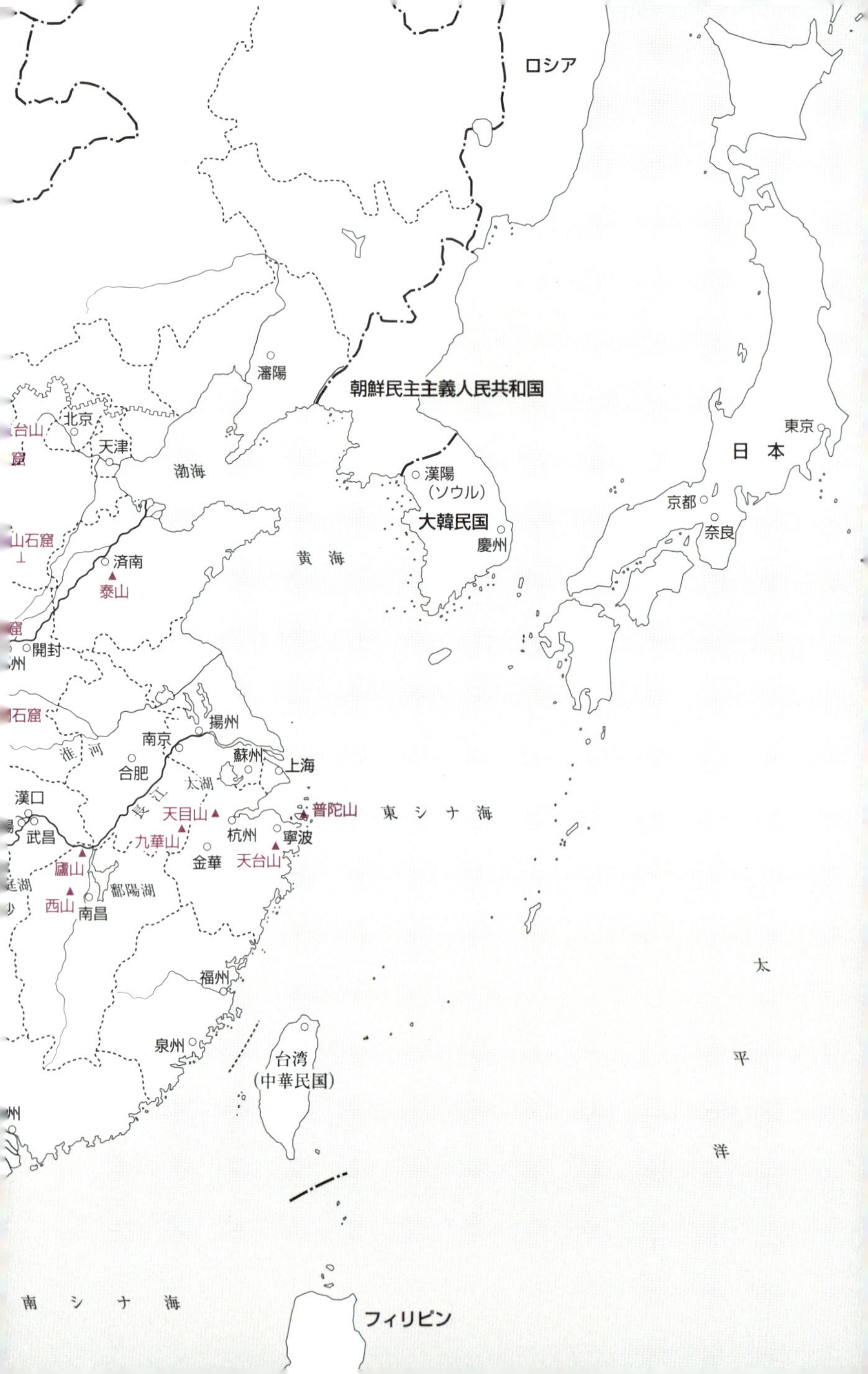

ロシア
朝鮮民主主義人民共和国
瀋陽
北京
天津
渤海
漢陽
（ソウル）
大韓民国
慶州
黄海
済南
泰山
開封
揚州
南京
淮河
合肥
蘇州
上海
太湖
漢口
武昌
長江
天目山
九華山
杭州
寧波
普陀山
東シナ海
廬山
金華
天台山
西山
南昌
鄱陽湖
福州
泉州
台湾
（中華民国）
東京
日本
京都
奈良
太平洋
南シナ海
フィリピン

# 仏教の歴史2

宗教《しゅうきょう》の世界史《せかいし》 4　仏教《ぶっきょう》の歴史《れきし》 2　東アジア
2018年 8 月20日　1 版 1 刷 印刷　　2018年 8 月30日　1 版 1 刷 発行
編者　末木《すえき》文《ふ》美士《みひこ》　　発行者　野澤伸平
発行所　株式会社 山川出版社　〒 101–0047 東京都千代田区内神田 1–13–13
電話 03–3293–8131(営業) 8134(編集)　振替 00120–9–43993　https://www.yamakawa.co.jp/
印刷所　明和印刷株式会社　　製本所　株式会社 ブロケード　　装幀　菊地信義

ISBN 978–4–634–43134–8

## 執筆者紹介

### 末木 文美士《すえき ふみひこ》
1949年生まれ。東京大学大学院人文科学研究科博士課程単位取得満期退学
東京大学・国際日本文化センター名誉教授
主要著書・論文:『日本仏教史』(新潮社 1992),『日本仏教思想史論考』(大蔵出版 1993),『平安初期仏教思想の研究』(春秋社 1995),『日本宗教史』(岩波新書 2006)

### 金　天鶴《キム チョナク》
1962年生まれ。韓国学大学院博士課程修了，東京大学大学院人文社会系研究科アジア文化専攻インド哲学仏教学専門分野博士課程修了
東国大学(韓国)仏教文化研究院HK教授・韓国仏教融合学科副教授
主要著書・論文:『平安期華厳思想の研究』(山喜房 2015),『訳註華厳一乗成仏妙義』(東国大出版部 2016),『敦煌写本大乗起信論の研究』(共著 2017),蓑輪顕量『日本仏教史』(韓国語訳)(東国大出版部 2017)

### 陳　継東《チン ケイトウ》
1963年生まれ。東京大学大学院人文社会系研究科アジア文化専攻インド哲学仏教学専門分野博士課単位取得退学
青山学院大学国際政治経済学部教授
主要著書・論文:『清末仏教の研究――楊文会を中心として』(山喜房仏書林 2003),『小栗栖香頂清末中国体験　近代日中仏教交流の開端』(山喜房仏書林 2016)

### 西本 照真《にしもと てるま》
1962年生まれ。東京大学大学院人文科学研究科博士課程単位取得満期退学
武蔵野大学学長
主要著書・論文:『三階教の研究』(春秋社 1998),『「華厳経」を読む』(角川学芸出版 2007)

### 蓑輪 顕量《みのわ けんりょう》
1960年生まれ。東京大学大学院人文科学研究科博士課程単位取得満期退学
東京大学人文社会系研究科教授
主要著書・論文:『中世初期南都戒律復興の研究』(法蔵館 1999),『仏教瞑想論』(春秋社 2008),『日本仏教の教理形成　法会における唱導と論義の研究』(大蔵出版 2009),『日本仏教史』(春秋社 2015)

## 付録作成協力

### 岡田 文弘《おかだ ふみひろ》
東京大学大学院人文社会系研究科博士課程単位取得退学
現代宗教研究所研究員，立正大学講師

# 付録

# 主要仏典一覧

## ア

**阿含経** あごんきょう
初期仏教の経典。阿含とは梵語・パーリ語āgama（伝承された教え・その聖典）の音写語で，伝承されている釈尊の教説を集成した経である。南伝仏教（スリランカ・東南アジアへ伝播）と北伝仏教（中国・日本など東アジアへ伝播）の二系統が伝わる。まず南伝のものはパーリ語で書かれ，⑴長部 Dīgha-nikāya（長編の経典），⑵中部 Majjhima-nikāya（中編の経典），⑶相応部 Saṃyutta-nikāya（短編の経典を内容別に集成），⑷増支部 Aṅguttara-nikāya（数によってまとめられた教説），⑸小部 Khuddaka-nikāya（その他の短い経を集成）の５部から成る。北伝のものは漢訳で，『阿含経』と題される。⑴長阿含，⑵中阿含，⑶雑阿含，⑷雑一阿含の４部から成り（四阿含経），それぞれ南伝の⑴⑵⑶⑷とおおむね対応している。阿含経は歴史的人物としての釈尊の言行をもっともよく保持しているとして，近代仏教学研究のなかでその価値が再発見された。そのため従来は大乗仏教を中心としていた東アジアにおいても，今日では重視されるようになっている。

**阿毘達磨倶舎論** あびだつまくしゃろん
Abhidharma-kośa-bhāṣya
世親 Vasubandhu（５世紀頃）撰。漢訳では真諦訳（22巻），玄奘訳（30巻）がある。その題は，《アビダルマ Abhidharma（法の研究）の教えの「入れ物」（倶舎 kośa）》を意味する。インドの部派仏教において中心的な力をもっていた説一切有部の膨大な教理を体系化してまとめた文献だが，場合によっては他派である経量部の説に立って有部の説を批判している部分もあるなど，単なる集成ではなく批評的視座を有していることも着目される。「界品」「根品」「世間品」「業品」「随眠品」「賢聖品」「智品」「定品」の８章（および，付録「破我品」）からなる。本書は，難解かつ煩瑣なアビダルマの教理をみごとに整理した文献として古来珍重されている。日本においても仏教の基礎として学ばれており，奈良仏教では本書に基づき倶舎宗が成立した。

**一乗法界図** いちじょうほうかいず
『一乗法界図合詩一印』。義相（625-702）撰。668年成立。『華厳経』の要点を詩の形でまとめ著したもの。理（通常はただ一つと想定される）が互いに相応するという「理理相即」や，衆生は本来的に成仏しているとする「旧来成仏」を説いた点が特徴。後進の学者によって数多くの注釈が残された（『法界図記叢髄録』等）のみならず，偈の部分はお守りとして民衆の信仰をも集め，長きにわたり広く人口に膾炙した。

**盂蘭盆経** うらぼんきょう
Ullambana-sūtra
漢訳に竺法護訳『仏説盂蘭盆経』等。釈尊の弟子・目連が餓鬼道に堕ちた母を救おうとする物語を軸に，施食供養を勧めるもので，盂蘭盆会（お盆）の風習の基となった。人口に膾炙した経典だが，偽経（中国での撰述）と目されることが多く，「盂蘭盆」Ullambana の語義をめぐる論争（一時は「逆さ吊り」を意味する俗語という説が支持されたが，近年では「食器」と解する古来の説が見直されている）など数々の議論がある。

**円宗文類** えんしゅうもんるい
義天（1055-1101）撰。22巻。成立時期は不明だが，1094年前後には日本に伝えられている。華厳宗の典籍を集成した著作。全22巻のうち，第14巻と第22巻（『大日本続蔵経』所収），および一部が金沢文庫に現存しているが，大部分は散逸している。現存の部分には華厳経結社にまつわる重要な資料等が網羅されている。

また日本の華厳宗・真言宗・浄土宗などの文献にも広く引用されている。

## カ

**開元釈教録** かいげんしゃっきょうろく
智昇(658–740)撰。20巻。730年成立。一切経の目録で，先行の経録を集め，これらを批判検討しながら体系化したもの。もともと私家版だったが，高い評価を得て広まり，後には大蔵経にも編入された。前半の10巻「総括群経類」では，後漢から唐までの年代別・訳者別に経典を整理し，別題・巻数・翻訳時期・異訳・存欠などのデータを記載。後半の10巻「別分乗録」では，独自の補足目録の付加や疑偽経の検討などもおこなわれている。

**海東高僧伝** かいとうこうそうでん
覚訓(生没年不詳)撰。現存2巻(「流通篇」の一部のみ。全体はもっと大部だったと推定)。1215年成立。勅命によって撰述された，朝鮮最初の僧伝史料。構成は中国の高僧伝を踏襲しているようだが「訳経篇」がなく，代わりに「流通篇」を立てている。現存の2巻のうち，第1巻には11人，第2巻には22人の伝記を載せている。ほかの僧伝史料にみられない記述も含んでおり，朝鮮仏教史を知るうえで高い資料的価値を有する。

**観無量寿経** かんむりょうじゅきょう
梵語原典は未発見(チベット語も現存しないため，偽撰説あり)。畺良耶舎訳。1巻。阿弥陀仏(および極楽浄土)の観想について説いた経典。本経は，極楽浄土の様相や名号信仰などを説く『阿弥陀経』・法蔵比丘(阿弥陀仏の前身)の誓願とその成就を説く『大無量寿経』(いずれも原題は Sukhāvatī-vyūha)と合わせて「浄土三部経」と称される。その内容は，いわゆる「王舎城の悲劇」(提婆達多にそそのかされた阿闍世王が父・頻婆娑羅王を監禁)に端を発し，自身も軟禁され悲嘆にくれる韋提希夫人(頻婆娑羅王の妃)のために，釈尊が極楽浄土の様相とそこへの往生の手段である観想法について説く，という形式をもつ。往生を九段階に分かつ九品往生の思想(その最底辺＝下品下生は，極悪人も臨終時に称名すれば果たせるとする)などが有名。後代の浄土教，とくに善導(本経の注釈『観無量寿経疏』を著す)や法然に多大な影響を与えた。

**観無量寿経疏** かんむりょうじゅきょうしょ
善導(613–681)撰。4巻。浄土経典『観無量寿経』の注釈書で，玄義分・序分義・定善義・散善義の4部から成る。従来の浄土教と比した場合の本書の独自性として，阿弥陀仏の本願力が凡夫の往生を可能にするという他力的思想，西方浄土を実在的に捉える観想法「指方立相」の提示，称名念仏を往生の中心的な行として意義づけた点などがあげられる。本書は後に日本の法然，親鸞といった浄土教祖師たちに多大な影響を与えた。

**弘明集** ぐみょうしゅう
僧祐(445–518)撰。14巻。儒教・道教や国家権力からの批判に対し，仏教を擁護する論(護教論)を集成したもの。着目すべきは，重要典籍の牟子『理惑論』(→理惑論)を含み，「神滅神不滅論」(霊魂の実在を認める中国思想と認めない仏教思想との間で交わされた論争)を扱い，また慧遠『沙門不敬王者論』(王権に対する仏教の優位を説く)を収録している点など。後に，南山律師道宣(596–667)が増補版『広弘明集』を編纂した。

**景徳伝灯録** けいとくでんとうろく
道原(生没年不詳)撰。30巻。1004年上進。代表的な「灯史」(禅宗の歴史書)。第1巻・第2巻は過去七仏と摩訶迦葉(第一祖)から般若多羅にいたるインドの仏教伝法の系譜を，第3巻から第29巻までは達磨以降の中国禅宗諸師の系統・伝記を述べている。第30巻は禅宗にまつわる詩句を集成している。校訂をへて

大蔵経にも入蔵し，中国の禅宗史をみるうえで欠かせない根本史料となった。

**華厳経** けごんきょう

Avataṃsaka Sūtra

大方仏華厳経。漢訳は仏駄跋陀羅訳(60巻)，実叉難陀訳(80巻)，般若訳(60巻)の三種がある。その成立については，『十地経』をはじめとする複数の経典(後半の大部分を占める入法界品も，当初は単行経典として流布していた)が，中央アジアにおいて集成・編纂されて生み出された経典と考えられている。内容は，釈尊が毘盧遮那仏と一体化し，その仏力を借りて菩薩たちが教説を説くという設定になっており，その説法の舞台は釈尊が悟りを開いた場(寂滅道場)から天界に至る７カ所を移動し，最後に寂滅道場に戻る(七処八会)。有名な箇所としては，入法界品に説かれる善財童子の求法の旅があげられる。古来，釈尊が悟った直後の教説として解されたことから，悟りの境地をもっとも純粋にあらわした経典として目されるようになり，最重要の大乗仏典として尊重された。本経に基づき東アジアでは華厳宗が成立した。

**華厳五教章** けごんごきょうしょう

法蔵(643-712)撰。３巻または４巻。全体は十門から成り，小乗教・大乗始教・大乗終教・頓教・円教の五教を立てて仏教を俯瞰的に論ずる。結論としては，『華厳経』こそが最高の教え(円教)であり，また「別教一乗」(仏教を統一する「一乗」のなかでも，とくに別格の教え)であると決し，同経の最勝性を示すことが本書の眼目である。古来，華厳教学の重要典籍として尊ばれ，後代には仏教一般の概説書としても受容された。

**解深密教** げじんみっきょう

Saṃdhi-nirmocana Sūtra

玄奘訳。５巻。唯識思想をはじめて説いたとされる経典。「三時教判」(諸仏教を声聞乗〈有〉・大乗〈空〉・一切乗〈中〉に類別し，第三の一切乗における唯識説が了義の教であるとする)，「阿頼耶識」(存在の根本として識の深層にあると想定される)，「三性説」(諸法について「依他起性」〈縁起〉・「遍計所執性」〈仮の見方〉・「円成実性」〈真理の様相〉の三種を示す)等の教理が説かれる。

**元亨釈書** げんこうしゃくしょ

虎関師錬(1278-1346)撰。30巻。1322年成立。仏教伝来から鎌倉時代末までの日本仏教史を俯瞰した，紀伝体的な構成をもつ史書。本書は大きく分けて三部から成り，第１巻から第19巻は僧伝，第20巻から第26巻は資治表(国事に関係する史実を中心とした仏教通史)，第27巻から第30巻は志(各宗の教義および寺の縁起，仏教文化史等)となっている。師錬は本書を朝廷に献上し大蔵経への編入を希望，後にかなえられた。

**高僧伝** こうそうでん

高僧の伝記を集成した文献を広義の「高僧伝」という。そのうち最古のものが「高僧伝」の名をそのまま冠している，慧皎(497-554)撰『高僧伝』(13巻)である(梁代に編まれたことから『梁高僧伝』とも呼ばれる)。同書は後漢の永平10(67)年から梁の天監18(519)年までの高僧の伝記を集成したもので，全体は10科に分かれている。同書はその後に編纂された高僧伝の規範となり，唐代には道宣(596-667)が本書の構成(10科)を踏襲した『続高僧伝』30巻を著し，またこれに続いて宋代には賛寧(919-1001)撰『宋高僧伝』30巻，明代には如惺(生没年不詳)『大明高僧伝』８巻が編纂された。これら四書は「四朝高僧伝」と呼ばれる。なお朝鮮では高麗時代に覚訓撰『海東高僧伝』，日本では師蛮氤撰『本朝高僧伝』が編まれている(→海東高僧伝，→本朝高僧伝)。

**金剛頂経** こんごうちょうきょう

Vajraśekhara Sūtra

漢訳は，金剛智訳（４巻），不空訳（３巻），施護訳（３巻）がある。十八部（十八会）あるとされる大日如来所説の経典のうち，その初会に属する経（一切如来真実摂経）をとくに『金剛頂経』と称する。本経に基づいて図示される曼荼羅が金剛界曼荼羅であり，その実践を「五相成身観」（仏と行者の一体化を図る）という。日本では『大日経』と併せて「両部の大経」と称され，真言密教の根本経典として重要視される。

**金光明最勝王経**

こんこうみょうさいしょうおうきょう

大乗経典 Suvarṇa-prabhāsa Sūtra の漢訳の一つ。義浄訳。10巻。仏が永遠の寿命をもつと説く「如来寿量品」，弁天信仰を説く「大弁財天女品」，放生会の基となった「長者子流水品」，飢えた虎にわが身を与えた薩埵王子の物語「捨身品」等で有名だが，護国経典としての側面が日本ではとくに尊ばれた。『法華経』『仁王般若経』とともに護国三部経とされ，宮中や国分寺での読誦・講説等により，広く信奉された。

**建立宗教論** こんりゅうしゅうきょうろん

章炳麟（1869–1936）著。1906年発表。唯識思想に基づく，民衆を啓蒙・救済する宗教の建立を説く。まず三性説（→解深密経）に基づき諸宗教・諸哲学を批判的に検討したうえで，宗教の基準を「高次には真実に合致すること，低次には民衆の道徳教育に有益であること」に求める。そして真如・阿頼耶識（→解深密経）の普遍性を論拠とし，一切衆生を救済すべきと説く。さらに偶像崇拝や出家・在家の別の問題についても論じている。

## サ

**三階仏法** さんがいぶっぽう

信行（540–594）撰。４巻。592年成立。三階教の根本聖典。写本は大別すると，敦煌本と日本に現存するものとの二系統がある。三階教文献の『対根起行法』や本書の注釈書『三階仏法密記』の整理を参考にすると，敦煌本の全体はおよそ３段に分けられ，第１段では根機について，第２段では邪正の義について，第３段では法の軽重・浅深について等が述べられているという。一方，日本現存の写本の構成は，さらに煩雑で錯綜している。

**三国遺事** さんごくいじ

一然（1206–89）撰。５巻。1284年頃成立。朝鮮三国時代の歴史書。「遺事」とは正史からもれた史実のことであり，本書は高句麗・百済・新羅の遺文を蒐集し，高麗中期に至るまでの史実を記述したものである。全体は９項目に分けられるが，第１項（王暦）・第２項（紀異）に続く第３項（興法）以降は仏教史の記述が中心となり，以下，塔像・義解・神呪・感通・避隠・孝善の項が並ぶ。朝鮮古代史・朝鮮仏教史を知るうえで重要な典籍。

**四十二章経** しじゅうにしょうぎょう

１巻。迦葉摩騰・竺法蘭によって１世紀頃訳出された初の漢訳仏典であると目されていたが，これは梁代以降にあらわれた伝説であり，史実としては５世紀頃成立の偽経と考えられる。諸経典から仏教の倫理的・実践的な章句を集めて42章と成した編著であり，その性格からわかりやすい綱要書として広く親しまれ，宋代以降には禅宗によって仏祖三経の一つとして重用された。

**自知録** じちろく

雲棲袾宏（1535–1615）撰。２巻。当時流布していた「善書」（因果応報や勧善懲悪を説く，

一般大衆向けの啓蒙書）や「宝巻」（「善書」の一類型。唐代の講唱に起源をもつ）を取り込んで，民衆の道徳心向上を図るべく編まれた著作。袾宏は本書によって「功過格」（１日の行為を反省し，善行と悪行を分別記録し，点数化するという習慣）を広く普及させた。

**四分律** しぶんりつ

仏陀耶舎・竺仏念訳。40巻，後に再編され60巻。５世紀訳出。仏教教団は数多くの部派に分裂しそれぞれが律蔵を有していたが，そのうちの法蔵部 Dharmaguptaka が伝持していた律蔵を漢訳したものが本書である。なお，その他の律蔵も同時期に漢訳されており（化他部の『五分律』，説一切有部の『十誦律』，大衆部の『摩訶僧祇律』），さらに後の８世紀には『根本説一切有部毘奈耶』が漢訳され，これら漢訳律文献をあわせて「五大広律」と総称する（なお漢訳されなかった律蔵として，南方上座部のパーリ律がある）。本書は全体が四分されていることからこの題名をもつが，内容的には僧の戒律の規定（経分別部）と僧団運営の規定（犍度部）の二部構成となっている。中国では当初『十誦律』が主として研究されていたが，後に本書の研究が盛んとなった。その中心となったのが南山律宗の祖である道宣（596-667）であり，本書の注釈書『四分律行事鈔』を著している。

**釈氏稽古略** しゃくしけいこりゃく

覚岸（生没年不詳）撰。４巻。1354年成立。インド・中国の仏教史を編年体で述べた史書。第１巻は「国朝図」と「釈迦文仏宗派祖師授受図略」（釈尊から五祖弘忍までの系図）を記載し，三皇五帝時代から西晋までの中国歴代皇帝の時代と，釈尊から二十八祖に至る伝法の系譜を述べる。第２巻は東晋から隋代まで，第３巻は唐代，第４巻は宋代の仏教史について記述している。

**出三蔵記集** しゅつさんぞうきしゅう

僧祐（445-518）撰。15巻（当初は12巻か）。510～518年頃完成。現存する最古の経典目録。第１巻から第12巻までは，後漢時代から梁代までに漢訳された経・律・論の三蔵の目録と，その序や後記などを集成している。第13巻から第15巻は，仏教者の伝記を載せる。後代の経録に比すれば形式・内容などに不十分な点があるともいわれるが，なお貴重で信頼性の高い重要な史料として評価されている。

**摂大乗論** しょうだいじょうろん

Mahāyāna-saṃgraha

無著（395-470頃）撰。５世紀頃成立。漢訳に真諦訳（３巻）や玄奘訳（８巻）等。10の主題（阿頼耶識・三性説・六波羅蜜・三学・仏身論等）により10章を立て，大乗の教理を体系化した綱要書。般若経典・龍樹の仏教を継承しつつ，唯識思想を中心に論を展開している。中国では本書の真諦訳に基づき摂論宗が成立し，また玄奘訳は法相宗で重視されるなど，後の仏教思想の展開に大きな影響を与えた。

**勝鬘経** しょうまんきょう

Śrīmālādevī Sūtra

漢訳に求那跋陀羅訳等。釈尊の外護者だったコーサラ国のプラセーナジット王の娘である勝鬘夫人 Śrīmālā が法を語り，これを釈尊が賛嘆・承認するという形式で，一乗思想や如来蔵思想を説いた経典。後代に与えた影響も大きく，インドでは如来蔵系経典の代表格として重視され，中国では生死輪廻をめぐる議論のなかで注目され，日本では聖徳太子が講説し注釈書『勝鬘経義疏』（611年成立）を著したともいわれる。

**成唯識論** じょうゆいしきろん

護法（530-561）撰。漢訳10巻（玄奘訳）。玄奘が慈恩大師基の要請・関与を受けて，世親 Vasubandhu の『唯識三十頌』の諸注釈書を，護法の説を正統・中心として一本の書物に編

纂・訳出したもので，中国法相宗の根本となった文献である。構成は，まず第１巻から第２巻前半では仏教および仏教以外の諸派の学説（自己や諸要素を実体的な存在としてみなす説）を批判。第２巻後半から第８巻前半までは八識説（眼・耳・鼻・舌・身・意・末那〈無意識に自我に執着する識〉・阿頼耶識〈→解深密経〉の八種の識を立てる）を中心とした唯識説。第８巻後半から第９巻は三性説（→解深密経）。第10巻は修行について説明している。本書の注釈としては，基の『成唯識論述記』４巻がつとに有名である。

**新編諸宗教蔵総録**
しんぺんしょしゅうきょうぞうそうろく
義天（1055–1101）撰。３巻。義天が中国・朝鮮・日本から蒐集した章疏類（注釈書）1082部の目録。章疏に重きを置いた点に本書の特性がある。第１巻は経典の注釈書，第２巻は律関係の注釈書，第３巻は論書関係の注釈書について記載している。網羅的で豊富な内容をもっているが，禅宗文献や日本撰述の文献がほとんど無視されていることも特徴。後に，本書に基づいて『高麗続蔵経』が開板された。

**宗鏡録** すぎょうろく
永明延寿（904–975）撰。40巻。961年成立。経律論・禅語録・賢聖集を集成し，唐代までの全仏教の総括・統合をめざした書。延寿はあらゆる仏教は「一心」（真心，仏心）に集約することができるとの発想のもと，仏教諸教理の統一，教学と実践の一致を主張した。こうした統合的思想は後代の中国仏教において高く評価され，本書は大蔵経に入蔵し，延寿は禅宗・浄土教などの仏教諸師たちから祖師としてあおがれることになった。

**禅苑清規** ぜんえんしんぎ
長蘆宗賾（生没年不詳）撰。10巻。1103年成立。禅宗僧団の戒律・生活規定である「清規」を述べた書。清規は唐代に百丈懐海（720–814）によってはじめて定められたが（古清規），散逸して伝わらなかった。この古清規を再興するために，宗賾は本書を編むこととなった。のちに勅命によって懐海の古清規の復元が図られた際，本書はその基礎資料として用いられ，『勅修百丈清規』２巻が成立した（1338年）。

**禅門日誦** ぜんもんにちじゅ
編者不詳，成立年代不詳。19世紀以降現在に至るまで，中国の禅宗を中心とする各宗派の寺院で広く用いられている，勤行用のテキスト。朝勤で読誦する「朝時課誦」，夕勤で読誦する「暮時課誦」のほか，経讃や呪文などを収録している。本書は寺院の日課の儀礼に用いられたのみならず，清代以降の中国における仏教理解を知るうえでも基本的な文献であると目されている。

## タ

**大乗義章** だいじょうぎしょう
浄影寺慧遠（523–592）撰。26巻。隋による中国統一という時代背景のもと，隋代以前の仏教を総括すべく編まれた，百科全書的な著作。教法聚・義法聚・染法聚・浄法聚・雑法聚の５編から成り，慧遠自身の属する地論宗をはじめ毘曇・成実・摂論・三論など諸宗派の教学を俯瞰して，大乗の観点から仏教用語に解説を加えている。本書は仏教辞典として古来諸学者によって重用されており，日本にも早くから伝来した。

**大乗起信論** だいじょうきしんろん
高名な仏教詩人である馬鳴 Aśvaghoṣa（２世紀）撰と伝えられるが，その成立については疑義がもたれ論議が続いており，中国撰述説も出されている。梵語原典・チベット訳ともに現存せず。漢訳は真諦訳と実叉難陀訳の二種。１巻。全体は５章から成る。以下，その中心思想を概観する。衆生の心は，本質であり永遠である「心真如門」，現実に展開する

現象としての「心生滅門」の二門からみることができる。衆生は成仏の内在的可能性＝如来蔵を秘めているが，この如来蔵は無明（根本的な煩悩）と結合して阿頼耶識となり，迷いの世界を生じさせている。これが心生滅門，つまり現実におけるわれわれの心のありさまである。これを踏まえ，悟りに向かうべきことを説く。本書は疑義説も出されている文献だが，中国・日本においては絶大な影響力を誇った。

### 大智度論　だいちどろん

龍樹 Nāgārjuna（150–250頃）撰と伝えられている。100巻。漢訳は鳩摩羅什によるもので，彼による加筆も多いと考えられている。梵語原典・チベット語訳は伝わらず。『中論』『十二門論』『百論』の三論に本書を加えて四論とすることもある。本書は『大品般若経』の注釈書で，同経の初品の全訳・注釈に最初の34巻が費やされ，それ以降の品は抄訳となっている。『中論』と同じく空思想を説くが，菩薩思想についての検討・論述が多い。このように本書は大乗仏教に立脚するが，小乗とされる初期経典・部派の論書からも多く引用しており，広く仏教一般（さらには，仏教以外の諸派の思想まで）を包括した百科全書的な性格を有している。そのため，本書によって龍樹に至るまでの仏教（とくに中期のインド仏教）を俯瞰できるうえ，大乗仏教思想の形成を考えるうえでも重要な典籍である。中国・日本においても多く活用され，後代の仏教に与えた影響は計りしれない。

### 大唐西域記　だいとうさいいきき

玄奘（602–664）・辨機（652没）撰。12巻。646年成立。前年に下された唐太宗の勅命によって編纂されたインド・中央アジア地誌。玄奘の求法の旅（627年出発，645年帰国）における見聞に基づくため，その行程に基本的に従って本書は構成されている。第１巻・第12巻は中央アジア，第２巻から第11巻までが北・中・東・南・西のインドの気候・風土・言語・宗教事情を詳述する。その内容の正確さから，幅広い研究領域において重視された。

### 大日経　だいにちきょう

Mahāvairocana-abhisaṃbodhi-vikurvita-adhiṣṭhāna-tantra
『大毘盧遮那成仏神変加持経』。７巻。善無畏（637–735）訳。三十六品から成るが，三十一品までが原本であるとされる（それ以降の諸品「供養次第法」を善無畏が加え，現行の形とした）。本経は，初期の密教で説かれていたさまざまな要素を教理体系としてまとめあげ，その思想を確立したところにとくに意義がある。真理そのものの仏（法身）たる大日如来 Vairocana（毘盧舎那仏）を教主として，大乗の菩薩思想を基本理念とし，印言・曼荼羅の様相（これに基づいて図示されるのが「胎蔵曼荼羅」である）・儀礼の作法などについて説示している。本経は『金剛頂経』と並び，中期密教においては根本経典としてみなされ，これらに基づいて空海は真言宗を開いた。なお，善無畏が本経を訳しながらおこなった講述は弟子の一行によって筆録され，注釈書『大日経疏』としてまとめられた。

### 大般涅槃経　だいはつねはんぎょう

Mahāparinirvāṇa Sūtra
釈尊の死を主題とした経典群の総称。大きく分けて，伝統仏教（小乗）系統と，大乗仏教系統がある。まず伝統仏教の『涅槃経』はパーリ仏典の「長部」所収のもの，漢訳の阿含経の「長阿含経」所収の『遊行経』などがある。自らと教えとを拠り所にせよという「自灯明・法灯明」の説示，「諸々の事象は過ぎ去る，怠ることなく勤め励め」という臨終時の遺言などを伝える。一方，大乗の『涅槃経』はこれらとかなり趣の異なるものであり，仏の身体は本質的には真理そのものであり（＝法身）不滅であること，すべての存在は「仏性」（仏の性質，仏と成る性質）を有するが，

仏法をそしる者「一闡提」はこの限りではないこと，などの大乗的な思想が説かれる。漢訳に法顕訳（6巻），曇無識訳（40巻・通称「北本」）とその改訂版（36巻・通称「南本」）がある（なお北本と南本では，一闡提に仏性を認める説がみられる）。

**中論** ちゅうろん

Madhyamaka Śāstra

龍樹 Nāgārjuna（150-250頃）撰。龍樹による偈頌（根本中頌 Mūlamadhyamaka-kārikā）に青目（4世紀頃）が注釈を加え，鳩摩羅什が漢訳したものをとくに『中論』（4巻）という。縁起によって生じる諸存在を「空性」とみる立場，すなわち，偏りない「中道」の論理・実践について述べた論書。27章から成る。本書に基づいて，インドでは中観派が，中国では三論宗（本書に『十二門論』『百論』を加え三論とする）が興った。

**天主実義** てんしゅじつぎ

マテオ・リッチ（1552-1610）撰。1604年刊。イエズス会の宣教師であったマテオ・リッチがキリスト教布教のために著した仏教批判書で，無始無終・万物の根源たる天主を説く一方，仏教の空や輪廻思想を攻撃している。本書の仏教批判は杜撰なものであったため，仏教側から激しい反論が出された。雲棲袾宏『天説』をはじめとしたこれらの反駁書は，後に徐昌治によって蒐集され，資料集『聖朝破邪集』が編纂された。

## ハ

**般若経** はんにゃきょう

Prajñāpāramitā sutra

「般若波羅蜜」Prajñāpāramitā（知恵の完成）を説いた経典群の総称。おもに空の思想を中心教説としつつ菩薩の精神を宣揚しており，本経典群の出現をもって大乗仏教運動の口火が切られたといえる。10種類以上の系統があり，漢訳されたものだけでも42種にのぼる。これらは数百年かけて増広されていった結果である。代表的な般若経典としては，小品系の『小品般若経』『八千頌般若経』『道行般若経』など，大品系の『大品般若経』『二万五千頌般若経』『方光般若経』などがあるほか，『金剛般若経』などがあり，さらにはそれらの般若経典を集大成した『大般若経』がある。その他，変わったところでは密教的な要素をもつ『理趣経』や，鎮護国家思想を説く『仁王般若経』などがある。また，般若経典のエッセンスを凝縮したとされる玄奘訳『般若心経』は，わが国においてもっとも人口に膾炙し，広く愛誦されている経典である。

**仏祖統記** ぶっそとうき

志磐撰。54巻。1269年成立。天台宗の立場から著述された仏教通史。宋代における仏教史学の発展を受け，また同時期に多く作成されていた禅宗の灯史に対抗する意味もあって編纂された。中国の正史の形式に則り，本紀・世家・列伝・表・志という構成になっている。

**碧巌録** へきがんろく

雪竇重顕（980-1052）・圜悟克勤（1063-1135）撰。10巻。重顕（雲門宗）が100則の公案を選び，それぞれに頌を付した『頌古百則』について，圜悟（臨済宗）が評釈を加えた文献で，文学的・哲学的にも優れた書として広く親しまれた。後に大慧宗杲は禅の形骸化を防ぐために本書を回収・焼却したが，その後も繰り返し再刊され今日なお読み継がれており，とくに臨済宗において珍重されている。

**法苑珠林** ほうおんじゅりん

道世（683没）撰。100巻。668年成立。仏教の百科辞典というべき性質の書物で，この種の文献としては中国最大規模のものである。先に著した『諸教要集』（659年成立）を大幅に増補したもので，400種類以上の経論を引用し，100編668部と成している。その大まかな構成

は，仏教の世界観・宇宙観と三宝について述べた後，仏教に関する種々の項目を立て，最後に伝記を配している。本書は日本においても広く用いられた。

**法華経** ほけきょう

Saddharma Puṇḍarīka Sūtra

漢訳には竺法護訳（10巻），鳩摩羅什訳（7巻または8巻）とその補訂版（7巻）がある。「諸経の王」とも称される，代表的な大乗仏典。前半部（迹門）は，従来の仏教の類型である「三乗」（自己の悟りを求める伝統的修行者の「声聞」「縁覚」と，成仏をめざし衆生を救済する「菩薩」の三。前二者が「小乗」と貶称されていた）を止揚・統合する「一乗」を宣揚し，従来は成仏不可とされていた小乗仏教徒の成仏を説くことをとおして，いかなる存在でも仏に成れることを証する。後半部（本門）では，じつは釈尊が悟りを開いたのははるか過去のことであり，それ以来未来永劫にわたって教化を続ける永遠の仏であったことを明かす（「久遠実成」）。全仏教を統一しうる経典として古来あらゆる宗派において珍重され，文化・芸術の分野にも多大な影響を与えた。とくに日本では，日蓮が本経に基づき「南無妙法蓮華経」と唱える信仰を開いたことも知られる。

**本朝高僧伝** ほんちょうこうそうでん

師蛮氤（1625−1710）撰。75巻。1702年成立。江戸時代に編まれた高僧伝で，日本の僧伝史料としてはもっとも多くの伝記を収載している（ただし，親鸞系・日蓮系の僧の伝は収められていない）。編者の師蛮氤は臨済宗の僧侶で，先行の僧伝史料である虎関師錬『元亨釈書』（1322年成立）を補完するために本書をつくった。全体は10項目から成り，1662人にのぼる僧尼の伝記を収める。

**梵網経** ぼんもうきょう

「梵網経」と題される経典は，パーリ仏典のBrahmajāla-suttaと大乗経典『梵網経盧舎那仏説菩薩心地戒品』の二種がある（両者は無関係で，まったく別の経典）。ここでは後者を解説する。2巻。鳩摩羅什訳とされているが，実際には中国でつくられた偽経と考えられている。大乗の菩薩のための戒（大乗戒・菩薩戒）を説いた経典。『華厳経』の思想を発展させたもので，同経の「結経」（エピローグの経典）として中国・日本では受容された。従来の仏教で基本だった戒律「具足戒」（小乗戒）に依らない大乗独自の戒「十重四十八軽戒」を説き，『菩薩瓔珞本業経』や『瑜伽師地論』と並んで，中国・日本における大乗仏教の戒律思想に大きな影響を与えた。とくに日本では，最澄が比叡山に大乗戒壇（大乗独自の受戒をおこなう施設）を創設する際に本経を用いたことから，これ以降の日本仏教における出家制度のありようを変質させる端緒となった経典ともいえよう。

## マ ヤ ラ

**摩訶止観** まかしかん

智顗（538−597）講述，灌頂（561−632）撰。10巻。594年，荊州の玉泉寺で智顗がおこなった講説を弟子の灌頂が筆録した文献で，題名のとおり，仏教の中心的な実践である止観について体系的に論述したもの。10章（実際に説かれているのは第7章まで）から成るが，中心となるのは第7章であり，段階的な修行法である十乗観法や，後に天台教学の白眉と目された一念三千（一瞬の心に三千の世界が具わる）の観心論が説かれている。

**維摩経** ゆいまきょう

Vimalakīrti-nirdeśa Sūtra

漢訳は，鳩摩羅什訳『維摩詰所説経』（3巻）のほか，支謙訳（2巻）・玄奘訳（6巻）がある。代表的な初期大乗経典であり，在家信者である維摩居士Vimalakīrtiと仏弟子との対話をとおして空や菩薩の思想を説くという，物

語・戯曲仕立ての形式になっている。以下にあらすじを示す。釈尊は，病に伏している維摩居士の見舞いに行くよう直弟子たちに言いつけるが，直弟子たちは皆，かつて維摩に論破された経験があるので尻込みしてしまう。結局，文殊菩薩が代表して維摩の話し相手を務めることになる。維摩宅に赴いた文殊は，維摩と法門を談義する（このとき，言語を絶した真理について論じる段になって，維摩が沈黙することによってこれを表現する場面が有名）。最終的に，維摩の正体は，阿閦仏Akṣobhyaの浄土にいた大菩薩であったと明かされる。本経はとくに禅宗において尊ばれたほか，日本においても聖徳太子が注釈書『維摩経義疏』を著したとされている。

**楞伽経** りょうがきょう

Laṅkāvatāra Sūtra

漢訳は４巻・10巻・７巻の三種が現存。釈迦が楞伽島（スリランカ）に飛来して説いたとする設定をもつ，大乗経典の一つ。本経所説の教理においてとくに重要なものとしては，阿頼耶識と如来蔵を統合・同一視する論があげられる。後代の唯識思想において依拠の経典となったほか，中国においては禅宗においてとくに重用された。

**理惑論** りわくろん

『牟子理惑論』。牟融（３世紀）撰とされるが，より後代の人物によって偽撰されたとの説もある。１巻。儒教・仏教・道教を比較し，仏教の優位を説いた護教書。仏教の修行階梯である「三十七道品」と，道教経典の『老子道経』三十七篇にちなみ，37条の問答からなる（ただし，現行本では40条）。僧祐編『弘明集』（→弘明集）に収載され，今日に伝えられている。

**老子化胡経** ろうしけこきょう

西晋の道士である王浮がつくったとされる偽経。10巻のうち，第１巻と第10巻が敦煌から出土しているが，これは王浮による原本とは大きく異なっているといわれる。道教の祖・老子が西域（胡）に行って教化をおこなったと説く経典であり，中国の道教が西域発祥の仏教より優位に立つことを示すべく作成された。このため仏教徒から激しく批判され，最終的に元の時代（1281年）には禁書とされるにいたった。

**六祖壇経** ろくそだんきょう

曹渓慧能（638–718）講述，法海撰。たびたび付加増補・改編され，現行本（1291年刊）は10巻となっている。禅宗の第六祖・慧能の説法・行状を，弟子の法海が記した言行録（韶州大梵寺での講説が中心となっている）。10章から成る。内容的には，南宗禅の立場である「頓悟」（自らの仏性を悟ることでただちに成仏する）や，『金剛般若経』に基づく般若三昧が説かれる点が重要である。

# 仏像一覧

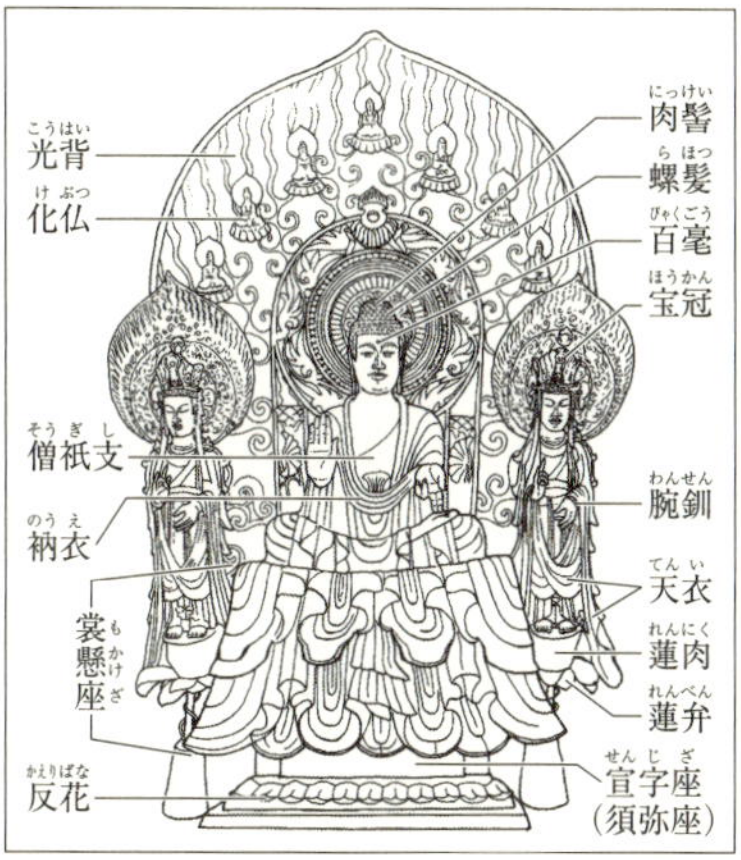


釈迦三尊像

## 釈迦如来

仏教の開祖ゴータマ・シッダールタ Gautama Śiddhārtha は，釈迦族 Śākya の王子であったことから「釈迦」と呼称される。彼は前５～前４世紀頃，現在のネパール国境付近にあるカピラヴァストゥに生を受け，29歳で出家し，35歳にして悟りを開いた。その後は諸国を巡りながら伝道教化を続け，80歳でクシナガラにて没した。釈迦の死後，残された仏教徒たちは，まずはその遺骨およびそれを安置した塔(仏塔)を新たな拠り所とした。これに次いで，後１世紀の末頃からは仏像がつくられるようになり，人々の崇拝対象となった(なお紀元前の時代は，釈迦の姿は絵像に描かれなかった)。しかし，釈迦の不在は仏教徒にとって依然深刻な問題であり続けた。そこで大乗仏教発生以降は，「釈迦は真実には不死の存在である」との解釈も説かれるようになった(『法華経』『大乗涅槃経』など)。一方，釈迦以外の仏を想定し，新たな信仰対象とする動きもみられるようになった。そのなかでももっとも信仰を集めるようになった仏こそ，阿弥陀仏といえよう。

## 阿弥陀如来

阿弥陀仏は Amitāyus (無量寿) もしくは Amitaābha (無量光) という名をもつ仏であり，西方の極楽浄土に住している。『大無量寿経』によれば，法蔵比丘という菩薩が48種の誓願(四十八願)を成就して成った仏だという。阿弥陀信仰の実践としては，阿弥陀仏とその浄土の様相を心に描く「観想念仏」そして阿弥陀の名を唱える「称名念仏」がある(『観無量寿経』)。観想念仏に明らかなように阿弥陀信仰は視覚的イメージが重視され，その姿を図像によってあらわすことが古来非常に盛んであり，浄土教美術として一大潮流を成している。一方の称名念仏は中国の善導や日本の法然らによって強調されて以来，その平易さが人気を集め，阿弥陀信仰の広がりをさらに推し進めることになった。

阿弥陀如来像

**薬師如来** Bhaiṣajyaguruvaiḍūryaprabhā
東方の浄瑠璃世界に住する仏。脇侍は日光・月光菩薩(薬師三尊)。主として『薬師経』に説かれる仏で，同経は玄奘・義浄の訳を含む４種類の漢訳が存する。現世利益，とくに病気平癒・施薬の面で功徳をもたらすとされ，西方の阿弥陀仏と並んで民衆の信仰を多く集めている。
日本においても薬師如来は古来根強い人気を誇っている。法隆寺金堂の根本本尊は薬師如来である。また，奈良時代には，その名を冠する薬師寺が創建された(天武天皇が皇后の病気平癒を祈願して建立を発願)。さらに比叡山延暦寺根本中堂の本尊も薬師如来像であり(最澄手ずからの彫像とも伝えられる)，ここから薬師如来が延暦寺全体の本尊としてみなされる場合もある。しばしば，同じく東方世界の仏である阿閦仏 Akṣobhya や，大日如来と同体とみなされた。

薬師如来像

**大日如来** Vairocana
毘盧遮那仏。密教では，所依の経典『大日経』『金剛頂経』およびそれに基づいて図顕される曼荼羅において，根本の尊格とされている。また『華厳経』では教主と目されている(悟りを開いた直後の釈迦が，この仏と一体化する)。
大日如来は汎神論的・包括的性格をもつゆえに，後代においてさまざまな解釈が可能となった。例えば，大日如来は宇宙の当体とみなされ，これと同一化することで即身成仏が果たされると考えられている一方，「密厳浄土」という世界に住する仏とする説もあるので(『密厳経』)，真言宗の覚鑁によって往生信仰との会通も図られた(『五輪九字明秘密釈』)。また真理そのもの(法身)である大日如来が説法をするか否かの解釈をめぐり，真言宗は古義(大日自身が説法する)と新義(大日の垂迹＝加持身が説法する)の二派に分裂した。さらに本地垂迹説においては，太陽信仰の繋がりもあり，天照大神と習合した。

大日如来像

## 観音菩薩 Avalokiteśvara

この名の語義解釈をめぐっては現在も議論が続いている。漢訳では，光世音（竺法護訳），観世音（鳩摩羅什訳），観自在（玄奘訳）等と呼称される。多彩な姿をとって，人々をさまざまな苦しみから救い，さまざまな願いをかなえるとされる菩薩。居住地は南方の補陀落浄土（なお中国では，普陀山をこの補陀落浄土に見立てる）。

観音菩薩は諸経・諸宗の信仰のそこかしこに登場している。『法華経』の観世音菩薩普門品第二十五（『観音経』として単独で流布してもおり，古来人気を博している）は，その衆生済度の様子を羅列したうえで，済度をおこなうために33もの姿に変化する旨を述べている。また，同経と並び人口に膾炙した経典である『般若心経』の説き手も，観自在菩薩（観音菩薩）である。加えて，浄土教においては勢至菩薩と並んで阿弥陀仏の脇侍として扱われ，密教においては蓮華部の主尊とされ，それぞれおおいに信仰を集めている。また，『高音観音経』『延命十句観音経』等の偽経も作成され流布し，これも中国以降の観音信仰の高まりに一役かうことになった。日本においても，法隆寺夢殿の救世観音像（聖徳太子の持仏とされる）から，全国の観音霊場に至るまで，幅広く根強い観音信仰がみられる。またチベットにおいては，ダライ・ラマは観音菩薩の化身とされている。

観音菩薩は多種多様な姿・救済方法をとるとの性格に基づき，数々の異なる様式が考案され，多くの図像にあらわされている。代表的なものとしては，六道輪廻の衆生をそれぞれ救う六観音の様式がある。六観音とは，地獄道を救う聖観音（上図参照）・餓鬼道を救う千手観音（下図参照）・畜生道を救う馬頭観音・修羅道を救う十一面観音・人道を救う准胝観音・天道を救う如意輪観音，の六種の観音を指す。このうち，聖観音 Āryāvalokiteśvara は変化の形をとらない，基本形の観音像である。千手観音 Sahasrabhuja は種々の観音像のなかでもっとも知名度があり，また人気を集めた様式といってよかろう。その名のとおり千の手（および千の眼）をもつ観音像で，さらに十一面をも有する様式が一般的である。

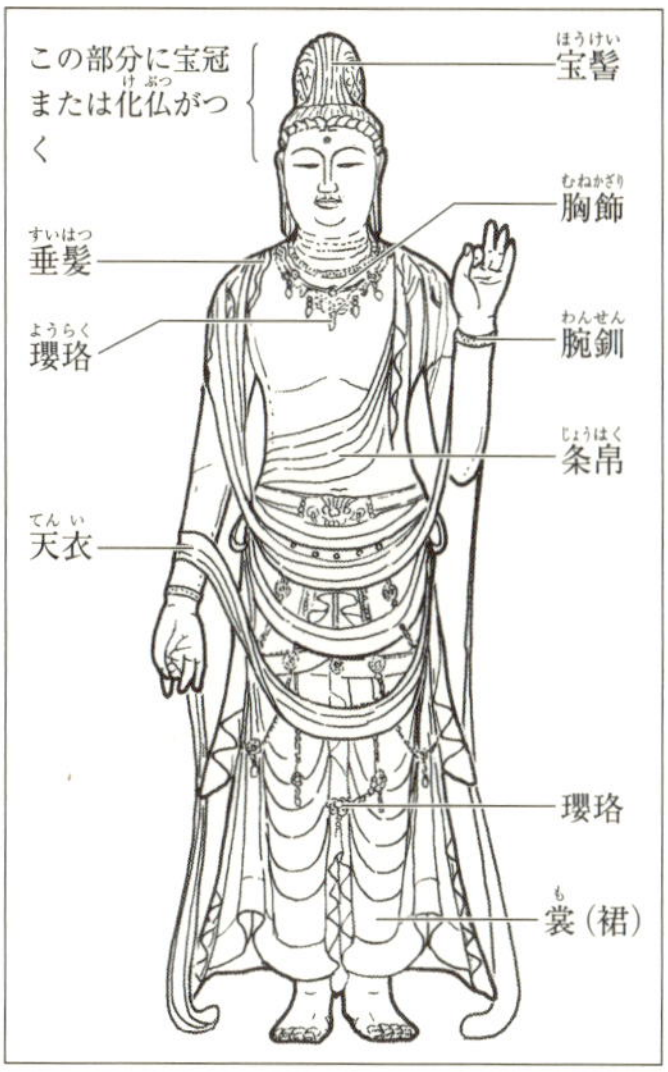


聖観音像

千手観音像

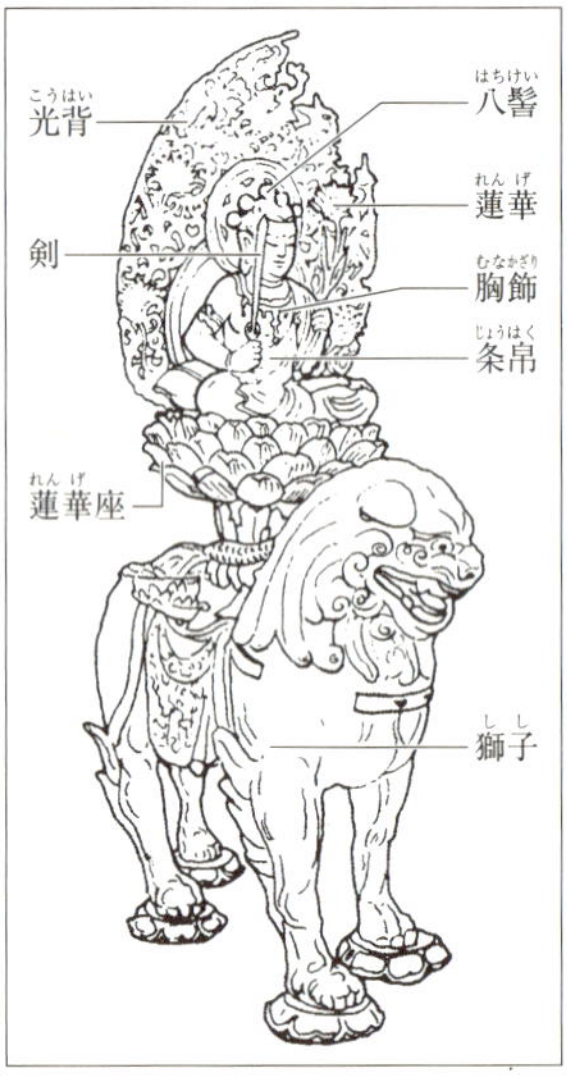


文殊菩薩像

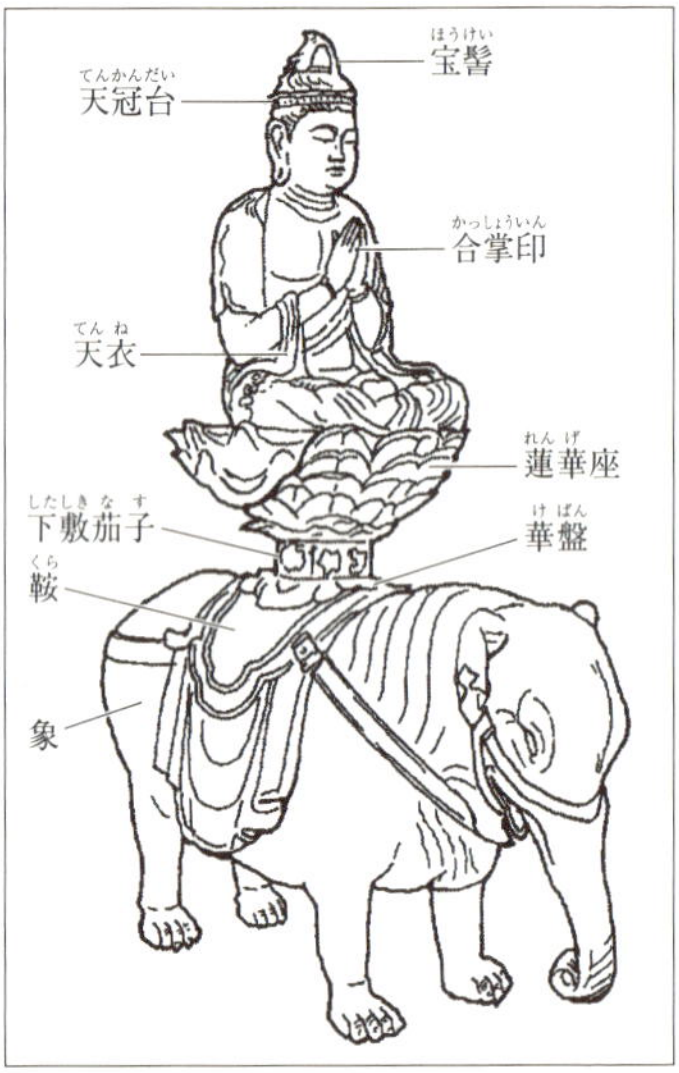


普賢菩薩像

## 文殊菩薩・普賢菩薩

文殊菩薩 Mañjuśrī と普賢菩薩 Samantabhadra は，大乗仏教において広く信仰を集めた菩薩の代表格である。前者は「智慧」，後者は「慈悲」を象徴する尊格とされ（智慧と慈悲は仏教の根本理念ともいえる），釈迦の脇侍として造立されることも多い。造像の場合，文殊菩薩は獅子に，普賢菩薩は白象に乗るという形式が一般的である。

## 地蔵菩薩 Kṣitigarbha

釈迦の死後，弥勒仏が出現するまでの仏不在の時代に，六道（地獄・餓鬼・畜生・修羅・人・天の世界）を巡って衆生を救済する菩薩。『地蔵十輪経』『地蔵本願経』『占察善悪業報経』（これらを「地蔵三経」と総称する）等の仏典に登場するが，もともとはバラモン教の地神プリティヴィー Pṛthivī が仏教に取り込まれたものと考えられている。日本では中世以降，おもに民間において多大な信仰を集めている。衆生の苦を代わりに受けてくれる存在（「身代わり地蔵」），延命をもたらす存在，閻魔大王の本地などとみなされたほか，子どもを守護する神格としても捉えられ，7月24日に地蔵を祀る「地蔵盆」の風習も生まれた。中国では宝冠を被るが日本では僧形で錫杖を持つ姿とされるのが一般的。

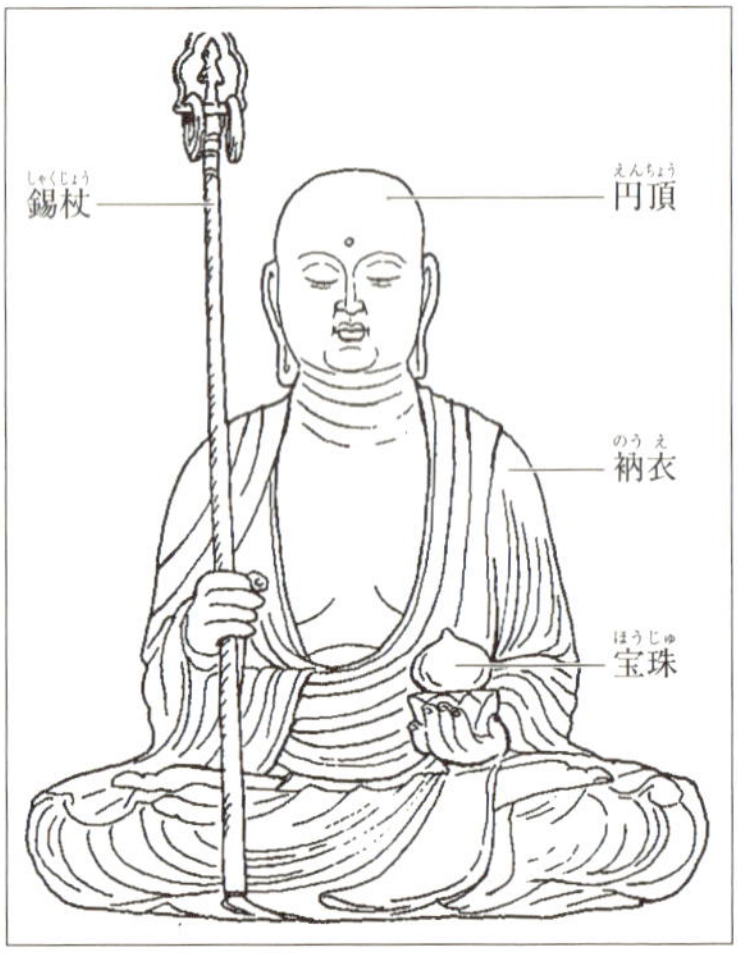


地蔵菩薩像

## 明王部(不動・愛染)

明王 vidyārāja とは「明呪(真言)の王」という意味であり，衆生を法王たる大日如来に従わせるべく，忿怒の形相であらわれる神格のことを指す。おもに密教の教理・信仰に基づいて形づくられた尊格である。ここでは，代表的な明王である不動明王と愛染明王について解説する。

不動明王 acalanātha はもっとも有名な明王であり，その名の「動かざる」(不動)とは仏の菩提をあらわすとされ，すなわち仏が悟りを完成させた際に悪魔を降伏した相を尊格したものともいわれる。こうして魔の軍隊を降伏し，火の三昧(火生三昧)にはいってさまざまな障りや煩悩を焼き尽くす一方で，行者に対してはこれを手厚く守護し，その修行を助ける神格でもある。厳しい父のような存在として大きな信仰を集め，密教や修験道において重視されたほか，庶民信仰の場でも崇拝されている。さまざまな姿で図像にあらわされているが，基本的な様式としては二臂を持ち，忿怒の表情をし，右手に剣，左手に羂索を持つ。

愛染明王 rāgarāja は「愛染」すなわち愛欲を尊格化した明王である。本来，仏教において愛欲は否定さるべき煩悩と捉えられるが，密教においては肯定的な意味が付与されることも多くある。そうした密教的観点に立って，この愛染明王も生み出されたといえよう。愛欲を象徴する赤い肌と，3つの眼，六臂を持った姿をしているとされ，その正体は，大日如来の弟子である金剛薩埵 Vajrasattva とされている。なお，愛染明王を中心に据えた曼荼羅は「愛染曼荼羅」と称され，さまざまな様式によって図顕されている。また愛染明王(ひいては愛染曼荼羅)を本尊としておこなわれる儀軌を「愛染法」という。

このように，従来の仏教では退けられていた「怒り」や「愛欲」といった煩悩の感情を，それぞれ不動や愛染といった「明王」として神格化し，視覚的に具現化していったところに密教の特異性があり，こうして確立した明王への信仰は，広く庶民にまで広まっていったのである。

不動明王像

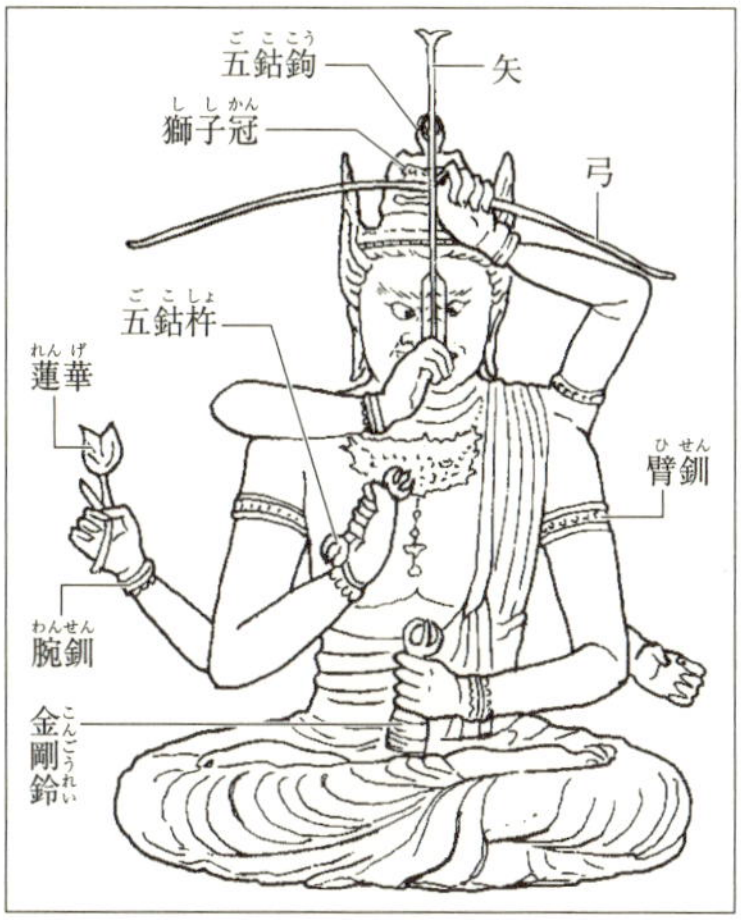

愛染明王像

## 天部(毘沙門・吉祥)

仏像の分類には，如来部・菩薩部・明王部があるが，これらに含まれない多くの尊格が「天部」に包摂されることになる。天とはサンスクリット語 Deva の訳で，いわゆる「神」のことである。インドは古来，多神教の国であり，いわゆるバラモン教の信仰のなかで多数の神々が生み出され，崇拝されてきた。こうした神々が仏教信仰のなかにも取り入れられ，ブッダを守護する尊格として意義づけ直されるようになったのである。こうした傾向は初期仏教の段階からすでにみられたが，とくに密教が興って以降，ヒンドゥー教(土着・民衆化したバラモン教)との習合が進むなかでいっそう盛んとなった。このように仏教に取り入れられた神々のなかで，ここでは毘沙門天と吉祥天について概説する。

毘沙門天 Vaiśravaṇa はヒンドゥー教の神クベーラ Kubera が仏教に取り込まれたもので，「多聞天」とも呼ばれる。四天王のうちの一つであり，北方を守護するとされる。また十二天の一つとしても数えられるほか，民間信仰においては七福神の一つとしても扱われている。夜叉や羅刹を率いて仏教を守護し，敵を降伏《ごうふく》する力ある神として，古来信仰を集め親しまれている。図像としてあらわされる際には甲冑を身につけ，宝塔を手にし，邪鬼を踏みつける姿で描かれる場合が一般的である。

その毘沙門天の妻とされ(妹とする説もあり)，脇侍として像が建立されることも多い女神が吉祥天である。元はヒンドゥー教の Śrī-mahādevī という女神で，最高位の神格であるヴィシュヌの妻として扱われていた。仏教信仰においては前述のとおり毘沙門の妻と目されるほか，その父は八大竜王の一つである徳叉迦，その母は鬼子母神とされることもある。

仏教において吉祥天が重視されるようになったのは，代表的な大乗仏典である『金光明経』に拠る。同経には，吉祥天の功徳を説いた章「大吉祥天女品」があり，これによって仏教徒の間でも吉祥天信仰が盛んになった。とくにわが国では『金光明経』自体が「護国経典」(国を護る経典)として重視されたことから吉祥天にも注目が集まるようになり，その像を祀って天下泰平や豊穣を願う儀礼が古来多くおこなわれていた。

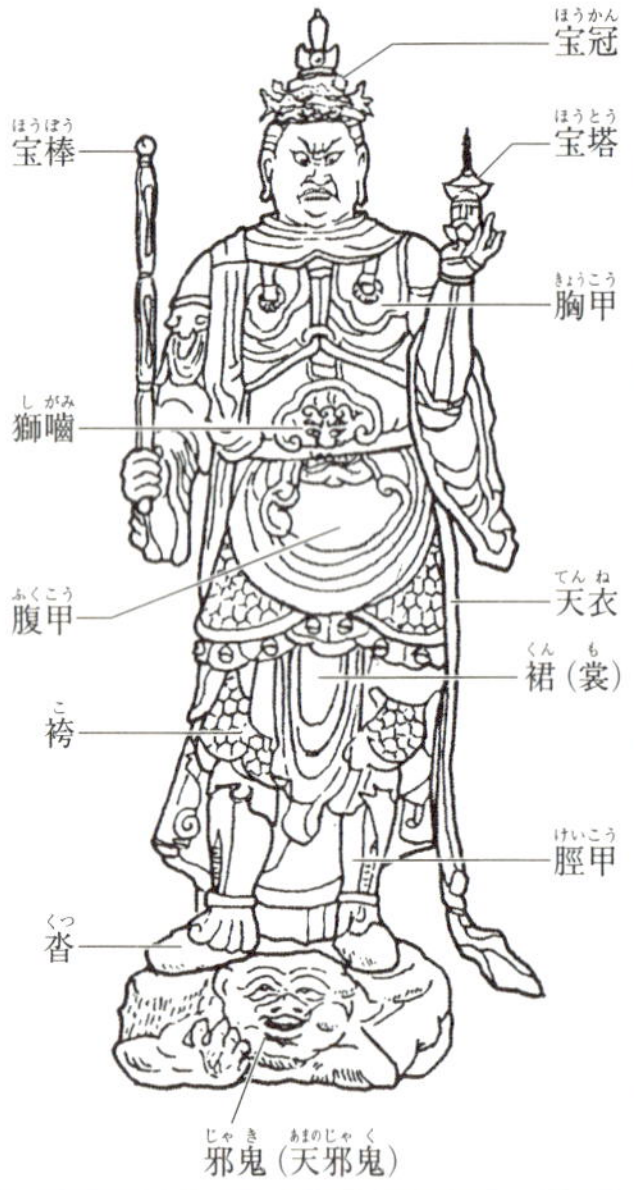

毘沙門天像

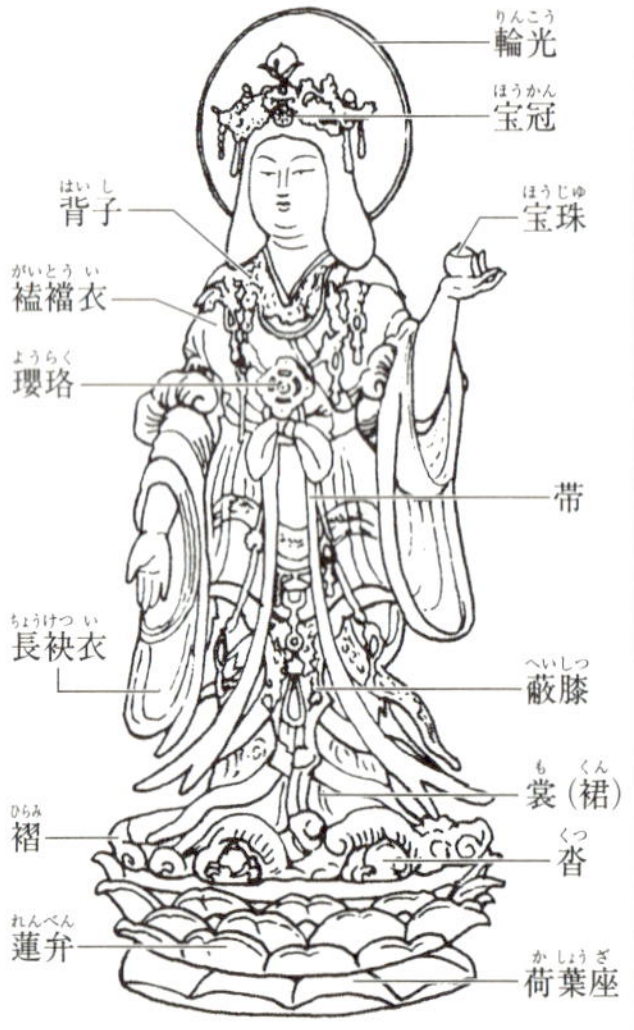

吉祥天像

**おもな印相**

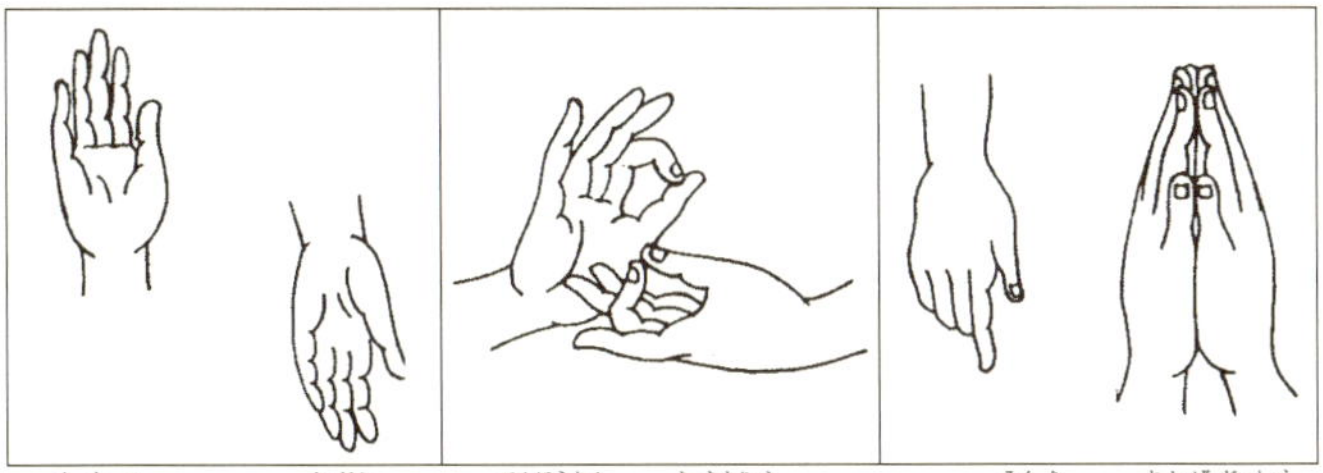

施無畏印《せむい》　与願印《よがん》　転法輪印《てんぽうりん》(智吉祥印《ちきちじょう》)　降魔印(触地印《そくち》)　蓮華合掌印《れんげがっしょう》

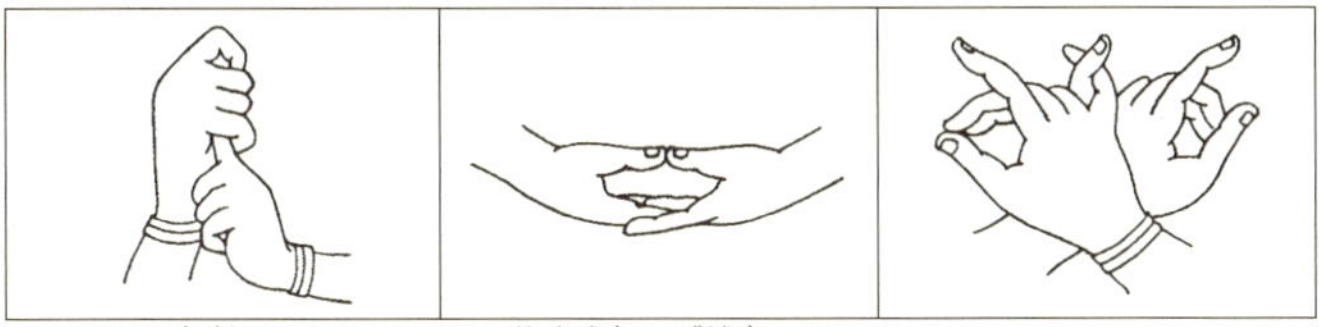

智拳印《ちけん》　法界定印《ほっかいじょう》(禅定印《ぜんじょう》)　降三世印

**九品の印相**

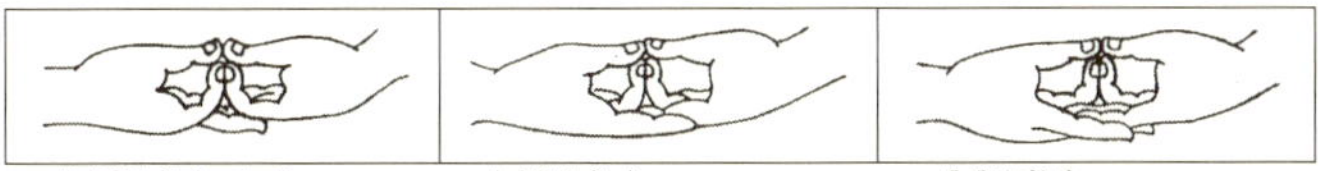

上品上生《じょうぼんじょうしょう》(弥陀《みだ》定印)　中品上生《ちゅうぼんじょうしょう》(弥陀定印)　下品上生《げぼんじょうしょう》(弥陀定印)

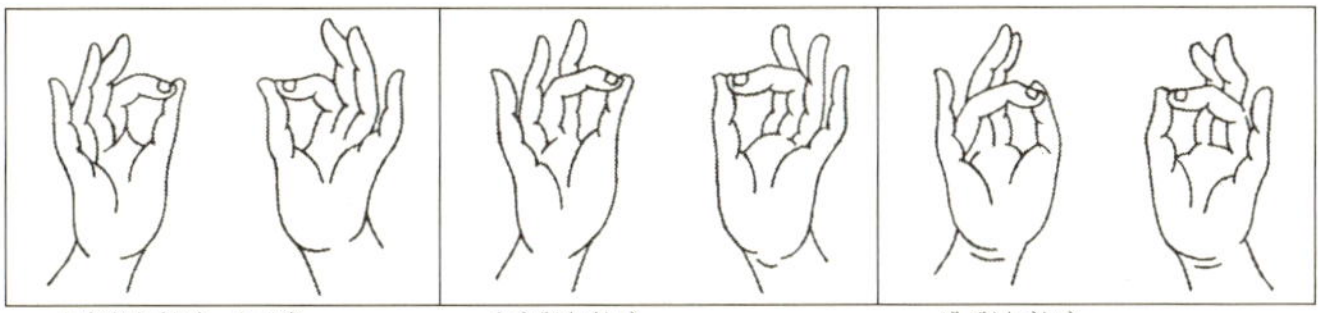

上品中生《じょうぼんちゅうしょう》(説法印《せっぽう》)　中品中生《ちゅうぼんちゅうしょう》(説法印)　下品中生《げぼんちゅうしょう》(説法印)

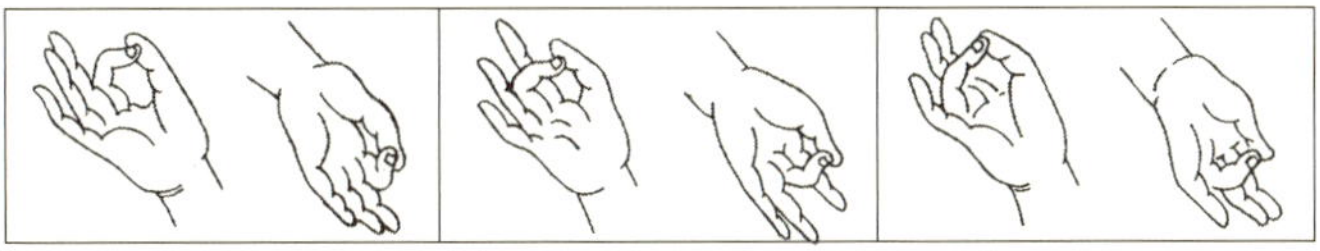

上品下生《じょうぼんげしょう》(来迎印《らいごう》)　中品下生《ちゅうぼんげしょう》(来迎印)　下品下生《げぼんげしょう》(来迎印)

**印相** mudra

仏や菩薩の悟り・誓い・功徳などをあらわしたもの。一般には，手指を組み合わせ結んだ形(手印)を指すことが多く，また刀杖などの持ち物であらわされる場合もある。とくに密教で重要視され，尊格が結んでいるのと同じ印を行者が結ぶことによって，尊格と行者が同一・同体になると考えられた。また仏教美術においても，尊格の性質を表象するうえで重要な意味をもっている。代表的な印相としては，説法印，瞑想印，降魔成道印，施無畏印，金剛界大日如来の智拳印，胎蔵界大日如来の法界定印などがある。

## 須弥山世界図

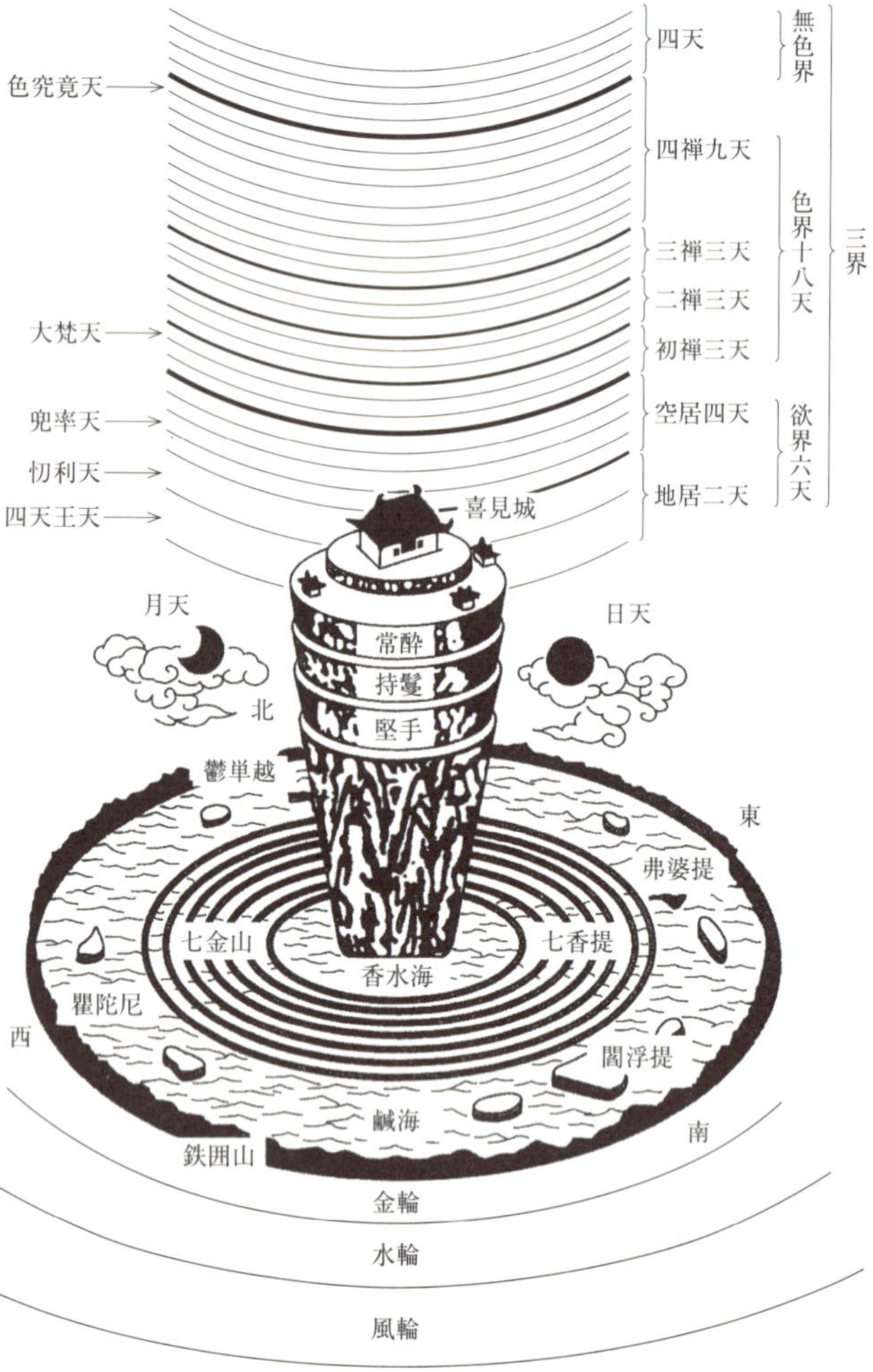


**須弥山世界** Sumeru

宇宙の中心とされる山で，仏教の宇宙観の根幹を成す。山上およびその上空は天界であり（頂上には帝釈天が住む），その周囲を日月が運行している。山の下辺は 7 つの山（七金山）と 8 つの海（八大海）が取り巻き，その外側に 4 つの洲（四大洲）が浮かび，さらにその外側を山（鉄囲山）が囲む。この四大洲のうち，南方の閻浮提に人間が住する，とされる。この世界を上から金輪・水輪・風輪の三層からなる基盤が支えている。この須弥山をかたどった壇（仏像などを安置するのに用いる）を「須弥壇」と称する。

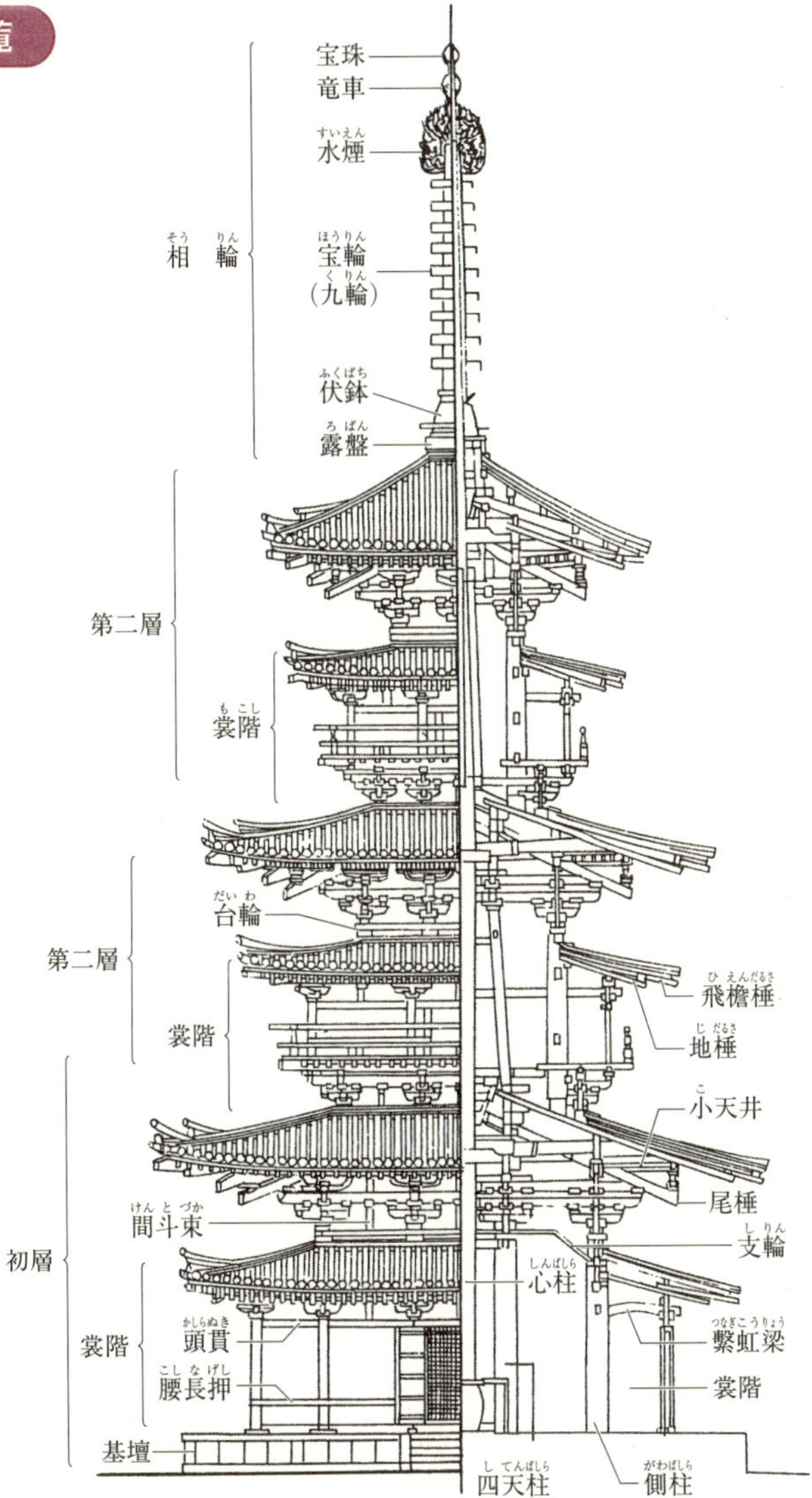


五重塔

## 五重塔

塔 stūpa の一種で，五層からなるものを指す。基壇の上に重屋を五階立て，最上階の屋根の上に相輪を置く。この形式はインドにおいてもあったようだが，おもに中国・日本においてさかんに用いられたものである。代表的な五重塔としてはわが国の法隆寺五重塔(世界的にみても，現存する最古の木造建築の一つ)があげられる。

## 多宝塔 Ratnastūpa

『法華経』見宝塔品に登場する塔が原義。過去の仏である多宝如来 Prabhūta-ratna が鎮座している塔であり，釈尊が『法華経』を説法していたおりに地中から出現し，霊鷲山上空にとどまった。釈尊はこの塔に入り，多宝如来と並んで座り(二仏並座)，霊鷲山の上空に場を移して『法華経』の続きを説いた(虚空会)。この塔に因んでつくられた塔が多宝塔であり，法華信仰の広がりのなかで，中国・日本において多く造営された。『法華経』の説示に基づいて，その内部に多宝如来(および釈尊)を安置するのが通例・本来的な形だが，大日如来を安置した石山寺多宝塔のような例もある。一般的な様式は，円筒形の上層部，方形の下層部の間に，饅頭型の連結部がはさまれる形で，頂には相輪が置かれるというものであり，二重構造をもつ形式の宝塔を広義の「多宝塔」と称している。

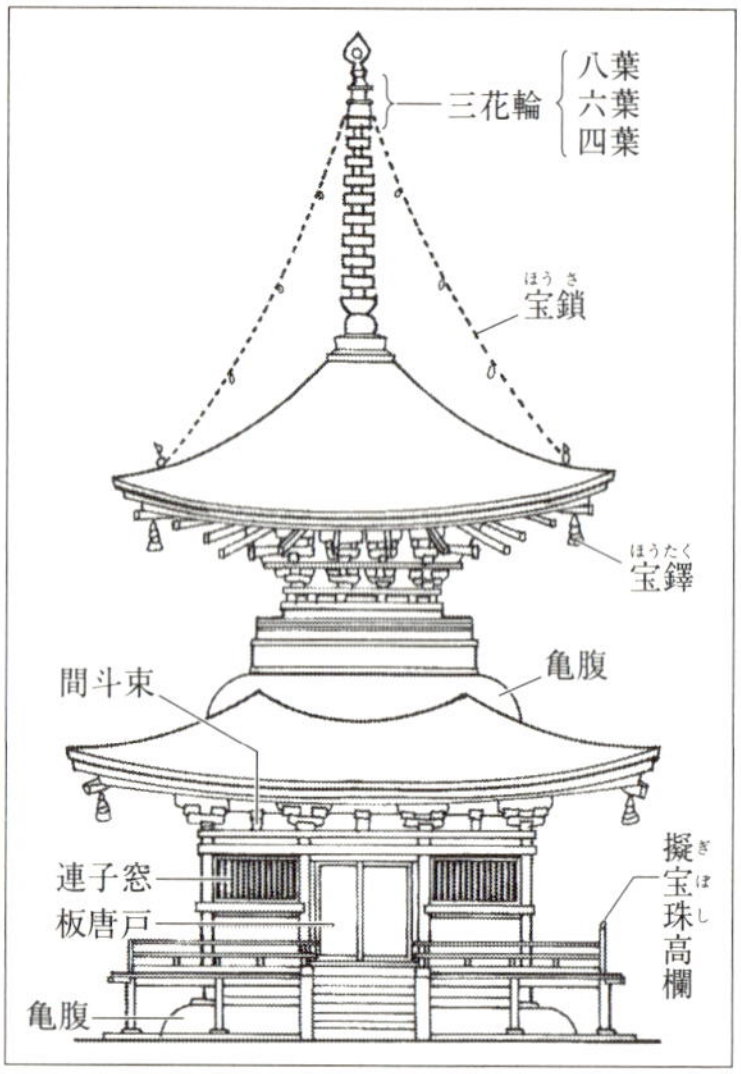


多宝塔

## 宝篋印塔・無縫塔・五輪塔

宝篋印塔は「『宝篋印陀羅尼』を収める塔」が語源。方形の塔身・屋根をもち，屋根の四隅には飾りがつけられ，さらに相輪が載せられている。石や金属でつくられた小型のものが多い。

無縫塔はその名のとおり「縫い目が無い塔」の意で，丸い石材一つを塔身とする。塔身を台座に置いたのみの略式を「卵塔」といい，僧侶の墓石の形式として鎌倉時代以降に普及した。

五輪塔はあらゆる存在の構成要素とされた五輪(五大。地・水・火・風・空)を表現した塔。下から，地を四角柱，水を球，火を四角錐，風・空を宝珠としてあらわすものが一般的。『慈氏菩薩略修愈誐念誦法』が典拠とされる。

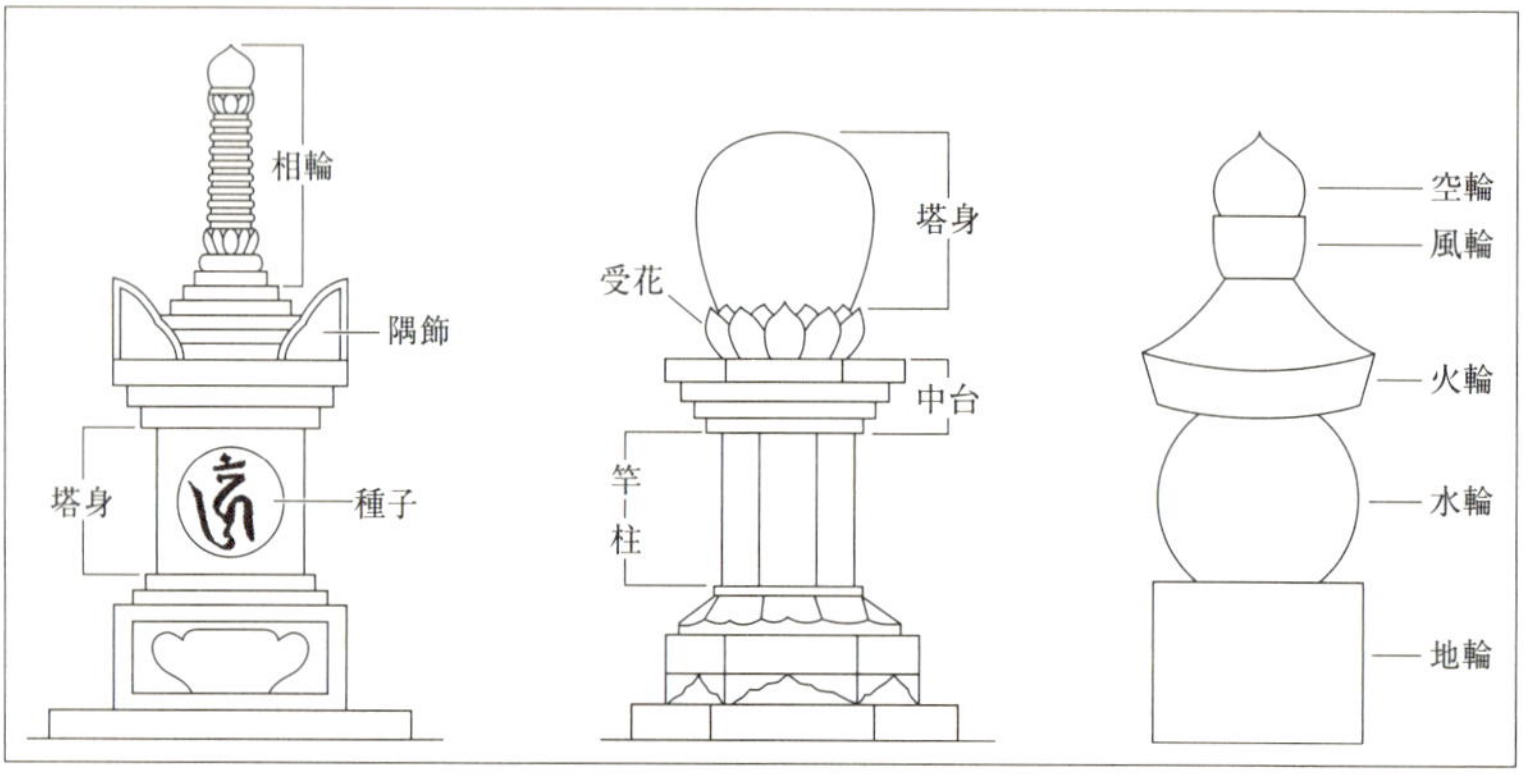


宝篋印塔　無縫塔(卵塔)　五輪塔

| 中国 | | | |
|---|---|---|---|
| 西暦 | 王朝 | 中国暦 | 事項 |
| 前138 | 前漢 | 建元 3 | 武帝，張騫を西域に派遣 |
| 前60 | | 神爵 2 | 西域都護設置 |
| 前2 | | 元寿 元 | 博士弟子の景盧，大月氏王の使者・伊存から仏教を口授（伝説） |
| 38 | 後漢 | 建武14 | 莎車国・鄯善国が使いを派遣，西域との往来が復活 |
| 64 | | 永平 7 | 明帝が金人の夢を見，西域に使者を派遣し仏教を招来（伝説） |
| 67 | | 永平10 | 迦葉摩騰・竺法蘭が招来され，洛陽白馬寺にて『四十二章経』を訳出（伝説） |
| 74 | | 永平17 | 西域都護復活 |
| 148 | | 建和 2 | 安世高，洛陽に来る（その後，禅観経典・初期経典・アビダルマ論書等を訳出） |
| 150 | | 和平 元 | 支婁迦讖，洛陽に来る（その後，『首楞厳経』『般舟三昧経』等の大乗経典を訳出） |
| 2C中葉 | | | 桓帝が「浮図」（仏）と老子を祀る |
| 222 | 三国 | 黄武 元 | 〔呉〕支謙，訳経を始める（その後，『大般泥洹経』『大阿弥陀経』等を訳出） |
| 247 | | 赤烏10 | 〔呉〕康僧会，建業に来る |
| 260 | | 甘露 5 | 〔魏〕朱子行，『般若経』の原点を求め于闐に行く |
| 266 | 西晋 | 泰始 2 | 竺法護，長安で訳経を始める（その後，『光讃般若経』『正法華経』等を訳出） |
| 310 | | 永嘉 4 | 仏図澄，洛陽に至る |
| 312 | | 永嘉 6 | 道安，誕生 |
| 334 | 五胡十六国 / 東晋 | 咸和 9 | 廬山の慧遠，誕生 |
| 3C末-4C初頃 | | | 〔西晋-東晋〕格義仏教が盛んとなる |
| 348 | | 建武14 | 〔後趙〕仏図澄，没 |
| 355 | | 永和11 | 〔東晋〕道生，誕生 |
| 385 | | 太元10 | 〔東晋〕道安，没。曇無讖，誕生 |
| 398 | | 天興 元 | 〔北魏〕道武帝，仏寺仏像建立の詔を下す |
| 399 | | 隆安 3 | 〔東晋〕法顕，インドに出発 |
| 4C末期 | | | 〔北魏〕この頃，偽経『提謂波利経』が撰述される |
| 401 | | 弘始 3 | 〔後秦〕鳩摩羅什，長安に迎えられる（その後，『妙法蓮華経』『維摩経』三論等を翻訳） |
| 402 | | 元興 元 | 〔東晋〕廬山の慧遠を中心として白蓮社が結成される |
| 404 | | 元興 3 | 〔東晋〕廬山の慧遠，『沙門不敬王者論』を著す |
| 413 | | 義熙 9 | 〔東晋〕鳩摩羅什，没（409年説あり） |
| 416 | | 義熙12 | 〔東晋〕廬山の慧遠，没 |
| 420 | 南北朝時代 | 永初 元 | 〔東晋〕仏駄跋陀羅が『華厳経』60巻を訳出 |
| 421 | | 玄始10 | 〔北涼〕曇無讖，『涅槃経』40巻を訳出 |
| 428 | | 元嘉 5 | 〔宋〕道生，闡提成仏説を唱えて建康を追放され，虎丘山に入る |
| 433 | | 元嘉10 | 〔宋〕曇無讖，没 |
| 434 | | 元嘉11 | 〔宋〕道生，没 |
| 446 | | 太平真君 7 | 〔北魏〕太武帝，廃仏の詔を下す（「三武一宗の法難」の第一） |

| 朝鮮 | | |
|---|---|---|
| 西暦 | 王朝 | 事項 |
| | 高句麗 | |
| 4C前半 | 百済 | |
| 4C中頃 | 新羅 | |
| 372 | | 〔高句麗〕前秦の王符堅により派遣された順道，高句麗に仏教を伝える |
| 374 | | 〔高句麗〕秦僧阿道，来朝 |
| 375 | | 〔高句麗〕順道のために肖門寺，阿道のために伊弗蘭寺が建立 |
| 384 | | 〔百済〕東晋の摩羅難陀，百済に仏教を伝える |
| 396 | | 〔高句麗〕東晋の曇始，遼東を訪れる |
| 417 | | 〔新羅〕高句麗僧の墨胡子，一善郡に来る |

| | | | |
|---|---|---|---|
| 454 | 南北朝時代 | 孝建 元 | 〔宋〕開善寺智蔵（法雲・僧旻とともに，梁の三大法師と称される），誕生 |
| 460 | | 和平 元 | 〔北魏〕曇曜の要請で，雲崗石窟が開窟 |
| 467 | | 泰始 3 | 〔宋〕光宅寺法雲・荘厳寺僧旻，誕生 |
| 476 | | 承明 元 | 〔北魏〕曇鸞（中国浄土教開祖），誕生 |
| 494 | | 太和18 | 〔北魏〕龍門石窟が開窟 |
| 502 | | 天監 元 | 〔梁〕武帝，即位。仏教保護政策を展開する |
| 514 | | 天監13 | 〔梁〕南嶽慧思，誕生（515年説もあり） |
| 522 | | 普通 3 | 〔梁〕開善寺智蔵，没 |
| 523 | | 普通 4 | 〔梁〕浄影寺慧遠（『大乗義章』著す），誕生 |
| 527 | | 大通 元 | 〔梁〕荘厳寺僧旻，没 |
| 529 | | 中大通元 | 〔梁〕光宅寺法雲，没 |
| 538 | | 大同 4 | 〔梁〕天台大師智顗（天台宗開祖），誕生 |
| 540 | | 大同 6 | 〔梁〕信行（三階教開祖），誕生 |
| 542 | | 興和 4 | 〔東魏〕曇鸞，没 |
| 548 | | 太清 2 | 〔梁〕真諦，建康に入る（その後，『摂大乗論』『大乗起信論』等を訳出） |
| 549 | | 太清 3 | 〔梁〕嘉祥大師吉蔵（三論宗の祖），誕生 |
| 559 | | 永定 2 | 〔陳〕慧思，『立誓願文』を著す |
| 562 | | 天嘉3・保定2 | 〔陳・北周〕道綽，誕生 |
| 574 | | 建徳 3 | 〔北周〕*5-17* 武帝，廃仏を断行（「三武一宗の法難」の第二） |
| 577 | | 太建 9 | 〔陳〕慧思，没 |
| 581 | 隋 | 開皇 元 | 文帝が即位。国家仏教の色彩が強い仏教政策が始まる |
| 591 | | 開皇11 | 智顗，煬帝に受戒し，「智者大師」の勅旨大師号を贈られる |
| 592 | | 開皇12 | 浄影寺慧遠，没 |
| 594 | | 開皇14 | 智顗，荊州の玉泉寺で『摩訶止観』講説。信行，没 |
| 596 | | 開皇16 | 南山律師道宣（律宗の祖），誕生 |
| 597 | | 開皇17 | 智顗，没 |
| 602 | | 仁寿 2 | 玄奘，誕生 |
| 601-604 | | 仁寿年間 | 舎利塔建立 |
| 609 | | 大業 5 | 道綽，浄土教に帰す（この後，『安楽集』を著す） |
| 617 | | 大業13 | 善導，誕生 |
| 623 | 唐 | 武徳 6 | 吉蔵，没 |
| 629 | | 貞観 3 | 玄奘，インドに向けて出国 |
| 632 | | 貞観 6 | 慈恩大師基（法相宗の祖），誕生 |
| 635 | | 貞観 9 | 景教伝来。義浄，誕生。李通玄（独自の華厳経学を大成），誕生 |
| 637 | | 貞観11 | 善無畏，誕生 |
| 638 | | 貞観12 | 慧能（禅宗六祖），誕生 |
| 643 | | 貞観17 | 法蔵（華厳宗の大成者），誕生 |
| 645 | | 貞観19 | 玄奘，16年に及ぶ旅を終え，経論を携えて帰国。道綽，没 |
| 648 | | 貞観22 | 翻経院設置 |
| 659 | | 顕慶 4 | 基，『成唯識論述記』撰述を始める |
| 664 | | 麟徳 元 | 玄奘，没 |
| 667 | | 乾封 2 | 道宣，没 |
| 668 | | 総章 元 | 道世，『法苑珠林』を著す（683年説あり） |

| | 高句麗 | 百済 | 新羅 | |
|---|---|---|---|---|
| 479 | | | | 〔新羅〕高句麗僧の我道，新羅に来る |
| 512 | | | | 〔高句麗〕僧朗のもとに，梁の武帝が学僧を派遣 |
| 526 | | | | 〔百済〕謙益がインドから梵本戒律を請来する |
| 527 | | | | 〔新羅〕異次頓，仏教受容を進言し斬首される |
| 535 | | | | 〔新羅〕興輪寺再建 |
| 540 | | | | 〔新羅〕真興王即位，仏教を国家的信仰として奨励 |
| 544 | | | | 〔新羅〕一般人の出家が許可される |
| 549 | | | | 〔新羅〕覚徳が梁から仏舎利を持って帰国 |
| 551 | | | | 〔新羅〕高句麗から恵亮を請来 |
| 552 | | | | 〔百済〕百済の聖王，日本の欽明天皇に仏像・経典等を送る（日本の仏教公伝） |
| 587 | | | | 〔百済〕善信尼（日本初の比丘尼），受戒のため百済に来る |
| 589 | | | | 〔新羅〕円光（儒教倫理と仏教の菩薩戒を融合），陳に入る |
| 595 | | | | 〔高句麗〕恵慈，来日し聖徳太子（厩戸王）の師となる。慧聡，来日し仏舎利を伝える |
| 601 | | | | 〔百済〕弥勒寺を創建 |
| 602 | | | | 〔百済〕百済の観勒，日本に天文地理書・暦本・遁甲方術書等を伝える |
| 613 | | | | 〔新羅〕初の仁王会開催 |
| 617 | | | | 〔新羅〕元暁，誕生 |
| 625 | | | | 〔高句麗〕恵灌，来日し三論宗を伝える。義湘（海東華厳の開祖）誕生 |
| 627 | | | | 〔新羅〕阿離那跋摩，恵業，恵輪，玄恪，玄泰，玄本ら，インドに向かう |
| 630 | | | | 〔新羅〕円光，没 |
| 647 | | | | 〔新羅〕慈蔵，通度寺を創建し戒壇を築く |
| 650 | | | | 〔新羅〕義湘・元暁，入唐を図る |
| 660 | | | | 〔百済〕百済滅びる |
| 661 | | | 新羅 | 義湘，入唐 |

| 日本 | | | |
|---|---|---|---|
| 西暦 | 時代 | 和暦 | 事項 |
| 522 | 飛鳥 | 継体16 | 司馬達ら，大和高市郡草堂に仏像を安置 |
| 552 | | 欽明13 | 百済聖明王から仏教公伝 |
| 554 | | 欽明15 | 百済から僧曇慧や五経博士が来日 |
| 574 | | 敏達 3 | 厩戸王（聖徳太子），誕生 |
| 587 | | 用明 2 | 厩戸王，四天王寺創建を発願（593年に建設始まる） |
| 590 | | 崇峻 3 | 日本最初の出家者である善信尼ら，大和桜井に桜井寺を創建 |
| 595 | | 推古 3 | 高句麗から慧慈が来日，厩戸王の師となる。百済から慧聡らが来日し，仏舎利を献上 |
| 596 | | 推古 4 | 蘇我馬子，飛鳥の地に法興寺を創建 |
| 604 | | 推古12 | 厩戸王，十七条憲法を制定 |
| 606 | | 推古14 | *4-8* 日本初の灌仏会。*7-15* 日本初の盂蘭盆会 |
| 607 | | 推古15 | 法隆寺完成 |
| 611 | | 推古19 | 厩戸王，『勝鬘経義疏』を著す |
| 613 | | 推古21 | 厩戸王，『維摩経義疏』を著す |
| 615 | | 推古23 | 厩戸王，『法華義疏』を著す |
| 622 | | 推古30 | 厩戸王，没 |
| 624 | | 推古32 | 百済僧観勒，僧正の位に就く（日本の僧官制度の始まり） |
| 625 | | 推古33 | 高句麗から恵灌が来日，三論宗を伝える |
| 639 | | 舒明11 | 舒明天皇（仏教信奉の大王の嚆矢），飛鳥に百済大寺を造営 |
| 645 | | 大化元 | 大化の改新後，孝徳天皇が仏教奨励の方針（氏寺への援助・十大徳の選定）を宣言 |
| 660 | | 斉明 6 | 道昭，唐から帰朝し法相唯識宗と禅を伝える |
| 663 | | 天智 2 | 白村江の戦い |
| 668 | | 天智 7 | 行基，誕生 |

| | | | |
|---|---|---|---|
| 669 | 唐 | 総章 2 | 金剛智，誕生 |
| 670 | | 咸享 元 | 法蔵，則天武后建立の太原寺で剃髪 |
| 681 | | 開燿 元 | 善導，没 |
| 682 | | 永淳 元 | 基，没 |
| 690 | | 天授 元 | 則天武后，実権を握る |
| 695 | | 証聖 元 | 義浄，帰国(後に『南海寄帰内法伝』を著す) |
| 699 | | 聖暦 2 | 実叉難陀『華厳経』80巻訳す |
| 7C末 | | | この頃，法蔵『華厳経探玄記』を著す |
| 705 | | 神龍 元 | 義浄，『大孔雀王経』3巻訳す。不空，誕生 |
| 706 | | 神龍 2 | 北宗禅の神秀，没 |
| 709 | | 景龍 3 | 馬祖道一，誕生 |
| 711 | | 景雲 2 | 妙楽大師湛然(天台宗中興の祖)，誕生 |
| 712 | | 延和 元 | 法蔵，没 |
| 713 | | 開元 元 | 慧能，没。義浄，没 |
| 715 | | 開元 3 | 不空，インドより来る |
| 716 | | 開元 4 | 善無畏，インドより来る |
| 720 | | 開元 8 | 金剛智，インドより来る |
| 724 | | 開元12 | 善無畏，洛陽にて『大日経』を訳出 |
| 730 | | 開元18 | 李通玄，没。智昇『開元釈教録』成立 |
| 735 | | 開元23 | 善無畏，没 |
| 738 | | 開元26 | 澄観，誕生 |
| 741 | | 開元29 | 金剛智，没 |
| 746 | | 天宝 5 | 不空，経論を携えて長安に帰還 |
| 8C前半 | | | 玄宗，三階教を禁圧 |
| 774 | | 大暦 9 | 不空，没 |
| 780 | | 建中 元 | 宗密，誕生 |
| 782 | | 建中 3 | 湛然，没 |
| 788 | | 貞元 4 | 馬祖道一，没 |
| 807 | | 元和 2 | 洞山良价(曹洞宗の祖)，誕生 |

| | | | | | | |
|---|---|---|---|---|---|---|
| | 新羅 | | 669 | 飛鳥 | 天智 8 | 白村江の戦いに敗れた百済から，渡来人700人余りが日本に移住，百済文化を伝える |
| 684 | | 無相（浄衆宗の祖），誕生 | 683 | | 天武11 | 僧綱制が設けられる |
| 686 | | 元暁，没 | 7C中葉～後半 | | | 天武・持統天皇の頃，護国のために仏教が奨励される |
| 696 | | 金喬覚（地蔵菩薩の化身とされる），誕生 | 702 | | 大宝 2 | 大官大寺で僧尼令が説かれる |
| | | | 710 | | 和銅 3 | 平城京遷都 |
| 702 | | 義湘，没 | 8C初頭 | 奈良 | | 興福寺・元興寺・薬師寺・大安寺などが整備 |
| 714 | | 無住（保唐宗開祖），誕生 | 718 | | 養老 元 | 行基の活動を禁止 |
| | | | 719 | | 養老 2 | 道慈，唐から帰国し三論宗を伝える |
| 727 | | 慧超，長安に帰国し『往五天竺国伝』を著す | 735 | | 天平 7 | 玄昉，経論を携えて唐から帰朝（以降，「天平の写経」始まる） |
| | | | 736 | | 天平 8 | 道璿，来日 |
| | | | 741 | | 天平13 | 聖武天皇，国分寺・国分尼寺の創建を発願 |
| | | | 743 | | 天平15 | 聖武天皇，大仏建立の詔を出す |
| | | | 745 | | 天平17 | 行基，大僧正に任じられる。玄昉，筑紫の観世音寺に流される |
| | | | 749 | | 天平勝宝元 | 行基，没 |
| | | | 752 | | 天平勝宝 4 | 大仏開眼 |
| | | | 754 | | 天平勝宝 6 | 鑑真が唐から来朝，天台宗と律宗を伝える |
| | | | 755 | | 天平勝宝 7 | 東大寺に戒壇建立 |
| | | | 759 | | 天平宝字 3 | 鑑真，唐招提寺建立 |
| 762 | | 無相，没 | 760 | | 天平宝字 4 | 太政官符に「三学六宗」として，はじめて（南都）六宗の名称が登場 |
| | | | 766 | | 天平神護 2 | 宮中御斎会，創始（768年説あり） |
| | | | 767 | | 神護景雲元 | 最澄，誕生 |
| 774 | | 無住，没 | 774 | | 宝亀 5 | 空海，誕生 |
| 784 | | 道義（迦智山門の初祖），入唐 | 785 | | 延暦 4 | 最澄，比叡山に入山 |
| | | | 788 | | 延暦 7 | 最澄，比叡山寺（延暦寺）建立 |
| 794 | | 金喬覚，没 | 794 | 平安 | 延暦13 | 平安京に遷都。円仁，誕生 |
| 800 | | 聖住寺無染（桐裏山門），誕生 | 798 | | 延暦17 | 年分度者制定まる |
| | | | 804 | | 延暦23 | 最澄・空海，入唐 |
| 802 | | 海印寺創立 | 813 | | 弘仁 4 | 最澄・空海，不和 |
| 814 | | 慧哲（桐裏山門の開祖），入唐 | 814 | | 弘仁 5 | 円珍，誕生 |
| | | | 816 | | 弘仁 7 | 空海，高野山に金剛峰寺を開く |
| | | | 817 | | 弘仁 8 | 最澄・徳一の間で三一権実論争始まる |
| | | | 818 | | 弘仁 9 | 最澄，「六条式」「八条式」（翌年に「四条式」）制定し大乗戒運動を開始 |
| 821 | | 道義，唐から帰国し禅を伝える | 810-823 | | 弘仁年間頃 | 日本初の仏教説話集『日本霊異記』成立 |

| | | | |
|---|---|---|---|
| 839 | 唐 | 開成 4 | 澄観，没 |
| 841 | | 会昌 元 | 宗密，没 |
| 845 | | 会昌 5 | 武宗により「会昌の廃仏」が断行(「三武一宗の法難」の第三) |
| 867 | | 咸通 8 | 臨済義玄(臨済宗の祖)，没 |
| 869 | | 咸通10 | 洞山良价，没 |
| 885 | | 光啓 元 | 清涼文益(法眼宗の祖)，誕生 |
| 904 | | 天祐 元 | 永明延寿，誕生 |
| 955 | 五代 | 顕徳 2 | 〔後周〕世宗，廃仏を断行(「三武一宗の法難」の第四) |
| 958 | | 顕徳 5 | 〔後周〕清涼文益，没 |
| 960 | 北宋 | 建隆 元 | 後越王，高麗から仏教典籍を収集すべく使いを派遣する。知礼(天台宗山家派)，誕生 |
| 961 | | 建隆 2 | 永明延寿，『宗鏡録』を著す |
| 971 | | 開宝 4 | 太宗，蜀の成都で大蔵経出版事業を興す |
| 975 | | 開宝 8 | 永明延寿，没 |
| 976 | | 太平興国元 | 智円(天台宗山外派)，誕生 |
| 983 | | 太平興国 8 | 蜀版大蔵経，完成 |
| 988 | | 端拱 元 | 賛寧『宋高僧伝』等を著し，宋代仏教史学の先駆となる |
| 992 | | 淳化 3 | 楊岐方会(楊岐宗の祖)，誕生 |
| 10C後半 | | | 天台義寂，廃仏で散逸した論書を朝鮮・日本から収集 |
| 1002 | | 咸平 5 | 黄龍慧南(黄龍宗の祖)，誕生 |
| 1022 | | 乾興 元 | 智円，没 |
| 1028 | | 天聖 6 | 知礼，没 |
| 1043 | | 慶暦 3 | 孔清覚(白雲宗開祖)，誕生 |
| 1049 | | 皇祐 元 | 楊岐方会，没 |
| 1069 | | 熙寧 2 | 黄龍慧南，没 |
| 1089 | | 元祐 4 | 大慧宋杲(看話禅を広める)，誕生 |
| 1091 | | 元祐 6 | 宏智正覚(黙照禅を広める)，誕生 |
| 12C初頭 | | | 仏果克勤，『碧眼録』を著す |
| 1103 | | 崇寧 2 | 『禅苑清規』制定 |
| 1121 | | 宣和 3 | 孔清覚，没 |
| 1123 | | 宣和 5 | 慧洪，『禅林僧宝伝』を著す |
| 1157 | 南宋 | 紹興27 | 宏智正覚，没 |
| 1163 | | 隆興 元 | 大慧宋杲，没 |
| 1196 | | 慶元 2 | 万松行秀(曹洞宗，『従容録』を著す)，誕生 |
| 10-12C | | | 蓮宗(浄土教)が興隆 |

| | | |
|---|---|---|
| 837 | 新羅 | 体澄（華厳宗），入唐 |
| 888 | | 聖住寺無染，没 |
| 900 | | 坦文（華厳宗），誕生 |
| 918 | 高麗 | 太祖王建（崇仏政策をとり「訓要十条」を制定），即位。八関会開催 |
| 919 | | 螺渓義寂（天台宗），誕生 |
| 923 | | 均如（華厳思想研究で知られる），誕生 |
| 949-975頃 | | 光宗在位中に僧科制度（僧侶育成の試験制度）確立 |
| 960 | | 諦観，宋に派遣される。この頃，諦観，『天台四教儀』を著す |
| 973 | | 均如，没 |
| 975 | | 坦文，没 |
| 987 | | 螺渓義寂，没 |
| 1011 | | 燃灯会始まる。『初雕大蔵経』彫板始まる |
| 1020 | | 仁王会開催 |
| 1055 | | 義天，誕生 |
| 1085 | | 義天，仏典を携え宋から帰国 |
| 1088 | | 『初雕大蔵経』完成 |
| 1090 | | 義天，『新編諸宗教蔵総録』を著す |
| 1101 | | 義天，没 |
| 1158 | | 智訥，誕生 |
| 1190 | | 智訥，定慧結社を本格始動 |
| 1210 | | 智訥，没 |

| | | | |
|---|---|---|---|
| 820 | 平安 | 弘仁11 | 最澄，『顕戒論』を提出 |
| 822 | | 弘仁13 | 最澄，没。比叡山に大乗戒壇建立の勅許が下される |
| 830 | | 天長 7 | 空海，『十住心論』を淳和天皇に献上。薬師寺最勝会創始 |
| 835 | | 承和 2 | 空海，没 |
| 838 | | 承和 5 | 円仁，入唐（唐にて『入唐求法巡礼行記』を著す。武宗の廃仏にも遭遇） |
| 853 | | 仁寿 3 | 円珍，入唐 |
| 864 | | 貞観 6 | 円仁，没 |
| 891 | | 寛平 3 | 円珍，没 |
| 938 | | 天慶元 | 空也，入京 |
| 942 | | 天慶 5 | 源信，誕生 |
| 963 | | 応和 3 | 応和の宗論 |
| 985 | | 寛和元 | 源信，『往生要集』を著す |
| 987 | | 永延元 | 奝然，宋から『宋版大蔵経』と仏像を将来 |
| 993 | | 正暦 4 | 天台宗，山門派と寺門派に分裂 |
| 1006 | | 寛弘 3 | 源信，『一乗要決』起稿，三一権実論争に終止符を打とうとする |
| 1017 | | 寛仁元 | 源信，没 |
| 1052 | | 永承 7 | 末法に入ったと一般に考えられる |
| 1072 | | 延久 4 | 成尋，源信『往生要集』や円仁『入唐求法巡礼行記』を携え入宋 |
| 1095 | | 嘉保 2 | 覚鑁（新義真言宗開祖），誕生 |
| 11C | | | 貴族の間を中心に浄土信仰が流行 |
| 1132 | | 長承元 | 良忍（融通念仏宗の祖），没 |
| 1133 | | 長承 2 | 法然，誕生 |
| 1140 | | 保延 6 | 覚鑁，高野山を追われる |
| 1141 | | 永治元 | 栄西，誕生 |
| 1143 | | 康治 2 | 覚鑁，没 |
| 1155 | | 久寿 2 | 貞慶，誕生 |
| 1167 | | 仁安 2 | 重源，入宋 |
| 1173 | | 承安 3 | 明恵，誕生。親鸞，誕生 |
| 1181 | | 養和元 | 重源，東大寺の大勧進職に任命 |
| 1186 | | 文治 2 | 大原問答 |
| 1192 | | 建久 3 | 源頼朝，征夷大将軍に任命（鎌倉幕府の始まり） |
| 1198 | 鎌倉 | 建久 9 | 法然，『選択本願念仏宗』を著す。栄西，『興禅護国論』を著す |
| 1199 | | 正治元 | 俊芿，入宋 |
| 1200 | | 正治 2 | 道元，誕生 |
| 1201 | | 建仁元 | 叡尊，誕生。親鸞，法然の門に入る |
| 1202 | | 建仁 2 | 栄西，建仁寺を創建。円爾弁円，誕生 |
| 1205 | | 元久 2 | 貞慶ら，『興福寺奏上』を提出 |
| 1207 | | 承元元 | 法然・親鸞配流 |

| | | | |
|---|---|---|---|
| | 南宋 | | |
| 1246 | | 淳祐 6 | 万松行秀，没 |
| 1258 | 元 | 宝祐 6 | 『孝子化胡経』をめぐり，仏教・道教が皇帝主導のもと対論 |
| 1260 | | 景定 元 | チベット僧パスパが招来される |
| 1269 | | 咸淳 5 | 志磐，『仏祖統記』を著す |
| 1281 | | 至元18 | 全真教弾圧の詔勅が出される |
| 1293 | | 至元30 | 行育（道教と論争），没 |
| 1330 | | 至順 元 | 文宗，大龍翔集慶寺を創建し五山十刹制度の上位（五山之上）とする |
| 1335 | | 至元 元 | 道衍（明初の政治に深くかかわり，儒教の廃仏に反論），誕生 |
| 1336 | | 至元 2 | 『勅修百丈清規』施行 |
| 1351 | | 至正11 | 白蓮教，紅巾の乱起こす |
| 1368 | 明 | 洪武 元 | 善世院が設置され，以降，仏教の統制が開始される |
| 1418 | | 永楽16 | 道衍，没 |

| | | |
|---|---|---|
| | 高麗 | |
| 1216 | | 了世，満徳寺を創建し白蓮結社を創設 |
| 1232 | | 『初雕大蔵経』，蒙古襲来により焼かれる |
| 1251 | | 『八万大蔵経』完成 |
| 13C | | 元に干渉され，交流が活発となる |
| 1301 | | 太古普愚（禅宗），誕生 |
| 1320 | | 懶翁慧勤（禅宗），誕生 |
| 1371 | | 懶翁慧勤，恭愍王により王師に任命される |
| 1376 | | 懶翁慧勤，没 |
| 1382 | | 太古普愚，没 |
| 1424 | 朝鮮 | それまでの宗派を禅宗・教宗の二宗に統合 |
| 1447 | | 世宗の命により首陽大君（後の世祖），『釈譜詳節』を著す |

| | | | |
|---|---|---|---|
| 1212 | 鎌倉 | 建暦 2 | 法然，『一枚起請文』を遺し，没。明恵，『摧邪輪』を著す |
| 1213 | | 建保 元 | 貞慶，没。蘭渓道隆，誕生 |
| 1215 | | 建保 3 | 栄西，没 |
| 1217 | | 建保 5 | 忍性，誕生 |
| 1222 | | 貞応 元 | 日蓮，誕生 |
| 1224 | | 元仁 元 | 親鸞『教行信証』初稿成立か |
| 1227 | | 安貞 元 | 道元，宋から帰国し曹洞宗を伝える |
| 1231 | | 寛喜 3 | 道元，『正法眼蔵』の執筆を開始 |
| 1233 | | 天福 元 | 明恵，没 |
| 1236 | | 嘉禎 2 | 叡尊ら，東大寺で自誓受戒 |
| 1239 | | 延応 元 | 一遍，誕生 |
| 1246 | | 寛元 4 | 蘭渓道隆，来日 |
| 1253 | | 建長 5 | 日蓮，清澄寺にて題目を唱え布教開始。道元，没 |
| 1260 | | 文応 元 | 日蓮，『立正安国論』奏上 |
| 1262 | | 弘長 2 | 親鸞，没 |
| 1268 | | 文永 5 | 凝然，『八宗綱要』を著す |
| 1271 | | 文永 8 | 日蓮，佐渡流罪 |
| 1272 | | 文永 9 | 日蓮，『開目抄』を著す |
| 1273 | | 文永10 | 日蓮，『如来滅後五五百歳始観心本尊抄』を著す |
| 1274 | | 文永11 | 日蓮，赦免され鎌倉に戻った後，身延入山。一遍，熊野参籠中に宣託を受ける。文永の役 |
| 1275 | | 建治 元 | 夢窓疎石，誕生 |
| 1278 | | 弘安 元 | 蘭渓道隆，没 |
| 1279 | | 弘安 2 | 無学祖元，来日 |
| 1280 | | 弘安 3 | 円爾弁円，没 |
| 1281 | | 弘安 4 | 弘安の役 |
| 1282 | | 弘安 5 | 日蓮，没 |
| 1289 | | 正応 2 | 一遍，没 |
| 1290 | | 正応 3 | 叡尊，没 |
| 1293 | | 永仁 元 | 日蓮門下の日像，上洛し京都布教を開始 |
| 1303 | | 嘉元 元 | 忍性，没 |
| 1318 | | 文保 2 | この頃，光宗『渓嵐拾葉集』成立 |
| 1322 | 室町 | 元亨 2 | 虎関師錬，『元亨釈書』を著す |
| 1351 | | 観応 2 | 夢窓疎石，没 |
| 1368 | | 応安 元 | 応安の強訴事件 |
| 1384 | | 元中元・至徳元 | 日什，中山門流から独立 |
| 1386 | | 元中3・至徳3 | 幕府，南禅寺を五山の上位に置き，五山十刹の制が固まる |
| 1394 | | 応永 元 | 一休宗純，誕生 |
| 1407 | | 応永14 | 日親，誕生 |
| 1415 | | 応永22 | 蓮如，誕生 |
| 1433 | | 永享 5 | 日隆，本応寺を移転し本能寺と改号 |
| 1439 | | 永享11 | 日親，『立正治国論』を著す |

| | | | |
|---|---|---|---|
| | 明 | | |
| 1535 | | 嘉靖14 | 雲棲袾宏（禅浄一致論を唱える），誕生 |
| 1589 | | 万暦17 | 万暦版大蔵経の刊行開始 |
| 1592 | | 万暦20 | 隠元隆琦（来日し黄檗宗の祖となる），誕生 |
| 1599 | | 万暦27 | 藕益智旭，誕生 |
| 1601 | | 万暦29 | 天主教（カトリック）が合法化 |
| 1615 | | 万暦43 | 雲棲袾宏，没。為霖道（『禅海十珍』を編纂），誕生 |
| 1628 | | 崇禎 元 | 行策（蓮社を創設，七日念仏を広める），誕生 |
| 1645 | 清 | 順治 2 | 試経制度廃止。清代仏教衰微の遠因となる |
| 1653 | | 順治10 | 費隠通容『五灯厳統』成立，臨済・曹洞の正当性論争が起こる |
| 1655 | | 順治12 | 藕益智旭，没 |
| 1672 | | 康熙11 | 隠元隆琦，没 |
| 1682 | | 康熙21 | 行策，没 |
| 1686 | | 康熙25 | 省庵実賢（浄土第九祖。後に彭紹昇により『省庵禅師語録』編まれる），誕生 |
| 1702 | | 康熙41 | 為霖道，没 |
| 1723 | | 雍正 元 | 雍正帝即位。仏教を保護する一方，禅門に対し粛清をおこなう |
| 1734 | | 雍正12 | 省庵実賢，没 |
| 1740 | | 乾隆 5 | 彭紹昇（居士仏教の代表者），誕生 |
| 1741 | | 乾隆 6 | 徹悟際醒（蓮宗第十二祖），誕生 |
| 1773 | | 乾隆38 | 『四体合璧大蔵全呪』頒布 |
| 1774 | | 乾隆39 | 度牒廃止 |
| 1796 | | 嘉慶 元 | 彭紹昇（居士仏教の代表者），没。白蓮教の反乱 |
| 1810 | | 嘉慶15 | 徹悟際醒，没 |
| 1837 | | 道光17 | 楊文会（仏教復興運動者，馬鳴宗の祖），誕生 |
| 1851 | | 咸豊 元 | 太平天国の乱 |
| 1871 | | 同治10 | 欧陽漸，誕生 |
| 1889 | | 光緒15 | 太虚，誕生 |
| 1902 | | 光緒28 | 凌啓超，『論仏教与群治的関係』を著す |

| | | |
|---|---|---|
| 1455-68頃 | 朝鮮 | 世宗の在位中，刊経都監を設置し仏書を翻訳 |
| 1469-94頃 | | 成宗，抑仏政策をとる |
| 1494-1506頃 | | 燕山君，実質的な廃仏政策をとる |
| 1503頃 | | 燕山君，漢城（現ソウル）への僧侶の出入りを禁止 |
| 1506-44頃 | | 中宗在位期間中，僧侶の法的身分が廃止。禅宗系譜断絶 |
| 1552 | | 文定王后が僧科を復活 |
| 1520 | | 清虚休静，誕生 |
| 1544 | | 四溟惟政，誕生 |
| 1565 | | 普雨（禅宗復興の祖），没 |
| 1604 | | 清虚休静，没 |
| 1610 | | 四溟惟政，没 |
| 1624 | | 僧軍が国軍に編入され，義僧防番制始まる |
| 1894 | | 義僧防番制廃止 |
| 1895 | | 日本の佐野前励（日蓮宗）の上書により，僧侶の都城出入禁止が緩和。朝鮮仏教の近代化・日本化が始まる |

| | | | |
|---|---|---|---|
| 1474 | 室町 | 文明 6 | 加賀の門徒が守護追放に動き，一向一揆始まる |
| 1480 | | 文明12 | 蓮如，京都山科に本願寺を再建 |
| 1481 | | 文明13 | 一休宗純，没 |
| 1488 | | 長享 2 | 日親，没 |
| 1499 | | 明応 8 | 蓮如，没 |
| 1536 | | 天文 5 | 「天文法華の乱」起こる。天海，誕生 |
| 1542 | | 天文11 | 法華宗，帰洛を許される |
| 1570 | 安土桃山 | 元亀 元 | 石山本願寺の門徒が織田信長と衝突 |
| 1571 | | 元亀 2 | 織田信長，比叡山焼討ち |
| 1579 | | 天正 7 | 安土宗論 |
| 1580 | | 天正 8 | 本願寺と織田信長が和解，一向一揆終息 |
| 1587 | | 天正15 | 豊臣秀吉，伴天連追放令を発布 |
| 1595 | | 文禄 4 | 豊臣秀吉の方広寺千僧供養への出仕を日奥が拒否 |
| 1605 | 江戸 | 慶長10 | 不干斎ハビアン，『妙貞問答』を著す |
| 1612 | | 慶長17 | 徳川家康，キリシタンを取り締まり始める |
| 1630 | | 寛永 7 | 日蓮宗，身池対論 |
| 1635 | | 寛永12 | 寺社奉行設置。この前後，諸宗は幕府に末寺帳を提出，寺請制度始まる |
| 1637 | | 寛永14 | 島原の乱，始まる |
| 1639 | | 寛永16 | 鎖国 |
| 1643 | | 寛永20 | 天海，没 |
| 17C中葉 | | | 天台宗の安楽律運動 |
| 1654 | | 承応 3 | 隠元，来日 |
| 1661 | | 寛文 元 | 隠元，黄檗山万福寺を創建，黄檗宗立つ |
| 1681 | | 天和 元 | 鉄眼版大蔵経完成 |
| 1685 | | 貞享 2 | 白隠，誕生 |
| 1745 | | 延享 2 | 富永仲基，『出定後語』出版 |
| 1768 | | 明和 5 | 白隠，没 |
| 1838 | | 天保 9 | 島地黙雷，誕生。中山みき，天理教を興す |
| 1861 | | 文久 元 | 田中智学，誕生 |
| 1863 | | 文久 3 | 清沢満之，誕生 |
| 1868 | 明治 | 明治 元 | 明治維新。神仏分離令発布され，廃仏毀釈運動が起こる |
| 1870 | | 明治 3 | 鈴木大拙，誕生 |
| 1872 | | 明治 5 | 僧侶の肉食・妻帯・蓄髪が許可される |
| 1885 | | 明治18 | 藤井日達，誕生 |
| 1900 | | 明治33 | 清沢満之，浩々洞を開く |
| 1901 | | 明治34 | 清沢満之，『精神界』を発刊し精神主義の運動を起こす。田中智学，『宗門之維新』刊行 |

| | | | | | | |
|---|---|---|---|---|---|---|
| 1906 | 清 | 光緒32 | 章炳麟，『建立宗教論』起稿 | 1899 | 朝鮮 | 鏡虚，定慧結社を結成 |
| 1909 | | 宣統 元 | 楊文会，祇洹精舎設立 | 1908 | | 李廻光を中心に円宗，創設 |
| 1911 | | 宣統 3 | 楊文会，没 | | | |
| 1912 | 中華民国 | | 中華民国，建国。敬安，中華仏教総会（中国初の全国統一の仏教組織）を発起 | 1910 | | 日本による韓国併合 |
| | | | | 1911 | | 韓竜雲を中心に臨済宗，結成。朝鮮総督府，寺刹令を発令 |
| 1913 | | | 民国政府，「寺廟管理暫時規則」頒布 | | | |
| 1920 | | | 太虚，仏教雑誌『仏学叢報』創刊 | | | |
| 1921 | | | 太虚，武昌仏教院設立 | | | |
| 1922 | | | 欧陽漸，南京に支那内学院設立 | | | |
| 1923 | | | 太虚，世界仏教連合会立上げ | | | |
| 1929 | | | 中華仏教総会，中国仏教会として再建。国民党，「寺廟監督条例」制定 | 1941 | | 曹渓宗発足 |
| | | | | 1947 | | 青潭・性徹らにより鳳巖寺結社，創設 |
| 1931 | | | 磧沙版大蔵経の影印版，刊行開始 | | | |
| | | | | 1952 | | 浄化運動始まる |
| 1943 | | | 欧陽漸，没 | 1954 | | 仏教教団浄化対策委員会発足，現代朝鮮仏教界の形成に繋がる |
| 1949 | 中華人民共和国 | | 中華人民共和国，成立。太虚，没 | | | |
| 1953 | | | 中国仏教協会設立 | | | |
| 1966 | | | 文化大革命始まる（仏教に打撃を与える） | | | |

| | | | |
|---|---|---|---|
| 1903 | 明治 | 明治36 | 清沢満之，没 |
| 1910 | | 明治43 | 大逆事件 |
| 1911 | | 明治44 | 島地黙雷，没。西田幾多郎，『善の研究』発表 |
| 1914 | 大正 | 大正 3 | 田中智学，国柱会設立 |
| 1917 | | 大正 6 | 藤井日達，皇居前で唱題行し開教 |
| 1925 | | 大正14 | 小谷喜美・久保角太郎，大日本霊友会開く |
| 1930 | 昭和 | 昭和 5 | 牧口常三郎，戸田城聖らと創価教育学会を結成 |
| 1938 | | 昭和13 | 庭野日敬，立正佼成会開く |
| 1939 | | 昭和14 | 田中智学，没 |
| 1945 | | 昭和20 | 太平洋戦争，終戦 |
| 1946 | | 昭和21 | 創価教育学会，「創価学会」に改称 |
| 1964 | | 昭和39 | 公明党結党 |
| 1966 | | 昭和41 | 鈴木大拙，没 |
| 1985 | | 昭和60 | 藤井日達，没 |
| 1991 | 平成 | 平成 3 | 創価学会，大石寺から離れる |

# 東アジアの変遷

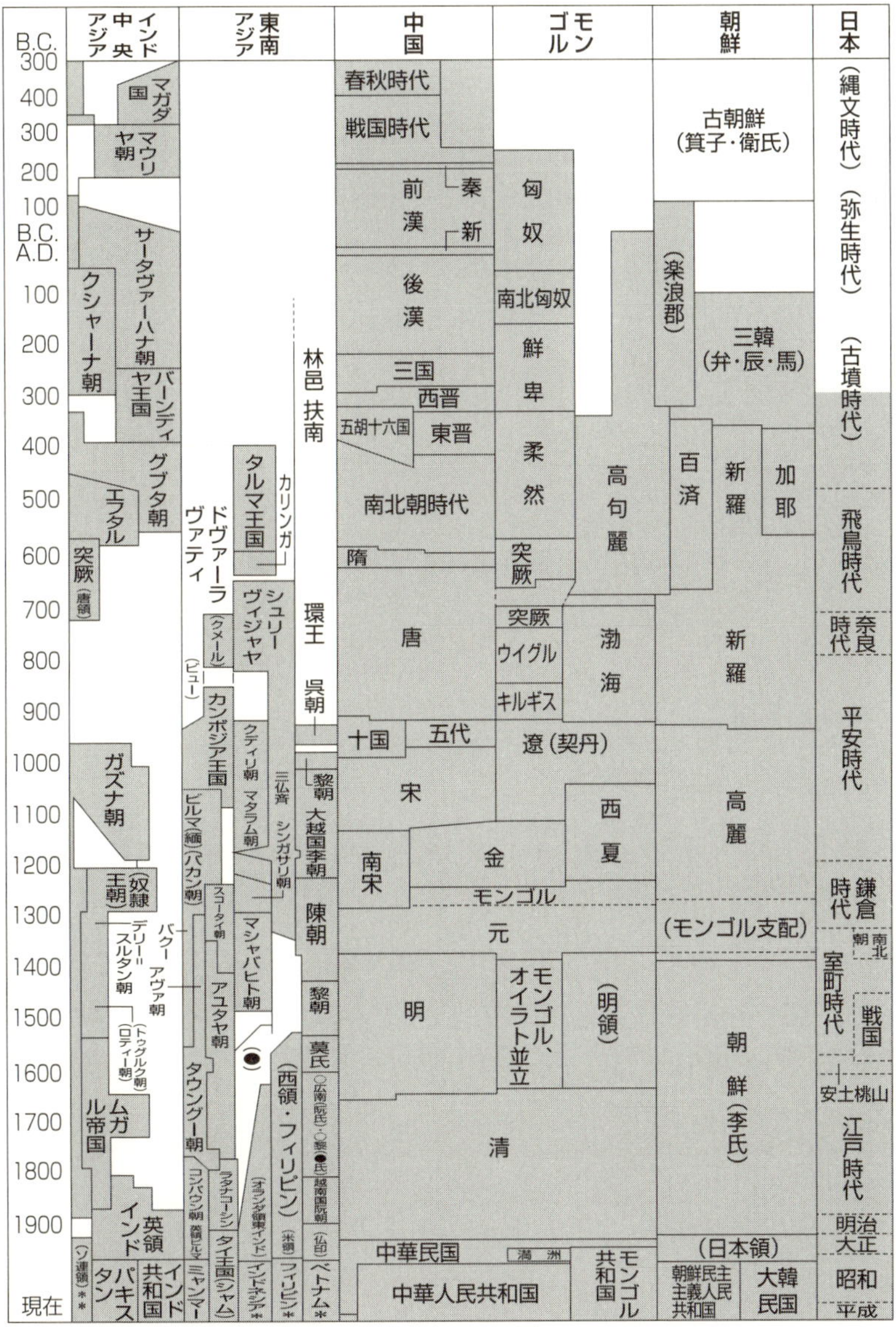

B.C.
300
400
300
200
100
B.C.
A.D.
100
200
300
400
500
600
700
800
900
1000
1100
1200
1300
1400
1500
1600
1700
1800
1900
現在
インド 中央アジア
東南アジア
中国
モンゴル
朝鮮
日本
マガダ国
マウリヤ朝
サータヴァーハナ朝
クシャーナ朝
バーンディヤ王国
グプタ朝
エフタル
突厥（唐領）
ガズナ朝
（奴隷王朝）
デリー＝スルタン朝
（トゥグルク朝）（ロディー朝）
ムガル帝国
英領インド
インド共和国
パキスタン
（ソ連領）＊＊
ドヴァーラヴァティ
タルマ王国
カリンガ
シュリーヴィジャヤ
（クメール）
（ピュー）
カンボジア王国
クディリ朝
マタラム朝
三仏斉
シンガサリ朝
ビルマ（緬）（パガン朝）
スコータイ朝
バグー
アヴァ朝
マジャパヒト朝
アユタヤ朝
タウングー朝
コンバウン朝
英領ビルマ
ラタナコーシン
タイ王国（シャム）
（オランダ領東インド）
インドネシア＊
（西領・フィリピン）
（米領）
フィリピン＊
ミャンマー
林邑
扶南
環王
占城
黎朝
大越国李朝
陳朝
黎朝
莫氏
○広南（阮氏）・○鄭（黎氏）
越南国阮朝
（仏印）
ベトナム＊
春秋時代
戦国時代
前漢
秦
新
後漢
三国
西晋
五胡十六国
東晋
南北朝時代
隋
唐
十国
五代
宋
南宋
金
モンゴル
元
明
清
中華民国
満洲
中華人民共和国
匈奴
南北匈奴
鮮卑
柔然
突厥
突厥
ウイグル
キルギス
遼（契丹）
西夏
モンゴル、オイラト並立
（明領）
モンゴル共和国
古朝鮮（箕子・衛氏）
（楽浪郡）
三韓（弁・辰・馬）
高句麗
百済
新羅
加耶
渤海
新羅
高麗
（モンゴル支配）
朝鮮（李氏）
（日本領）
朝鮮民主主義人民共和国
大韓民国
（縄文時代）
（弥生時代）
（古墳時代）
飛鳥時代
奈良時代
平安時代
鎌倉時代
南北朝
室町時代
戦国
安土桃山
江戸時代
明治
大正
昭和
平成

2世紀の東アジア世界

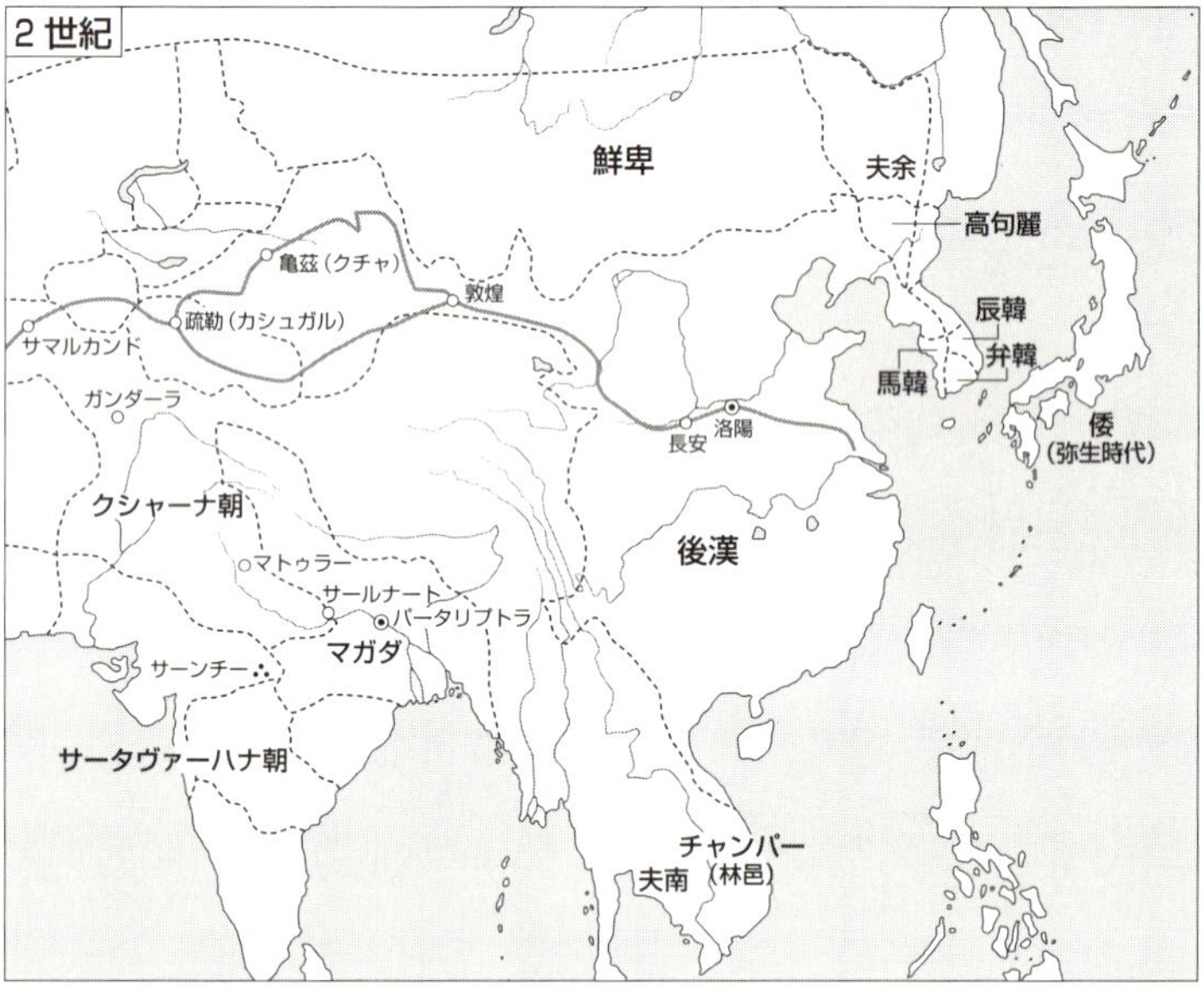


5世紀の東アジア世界

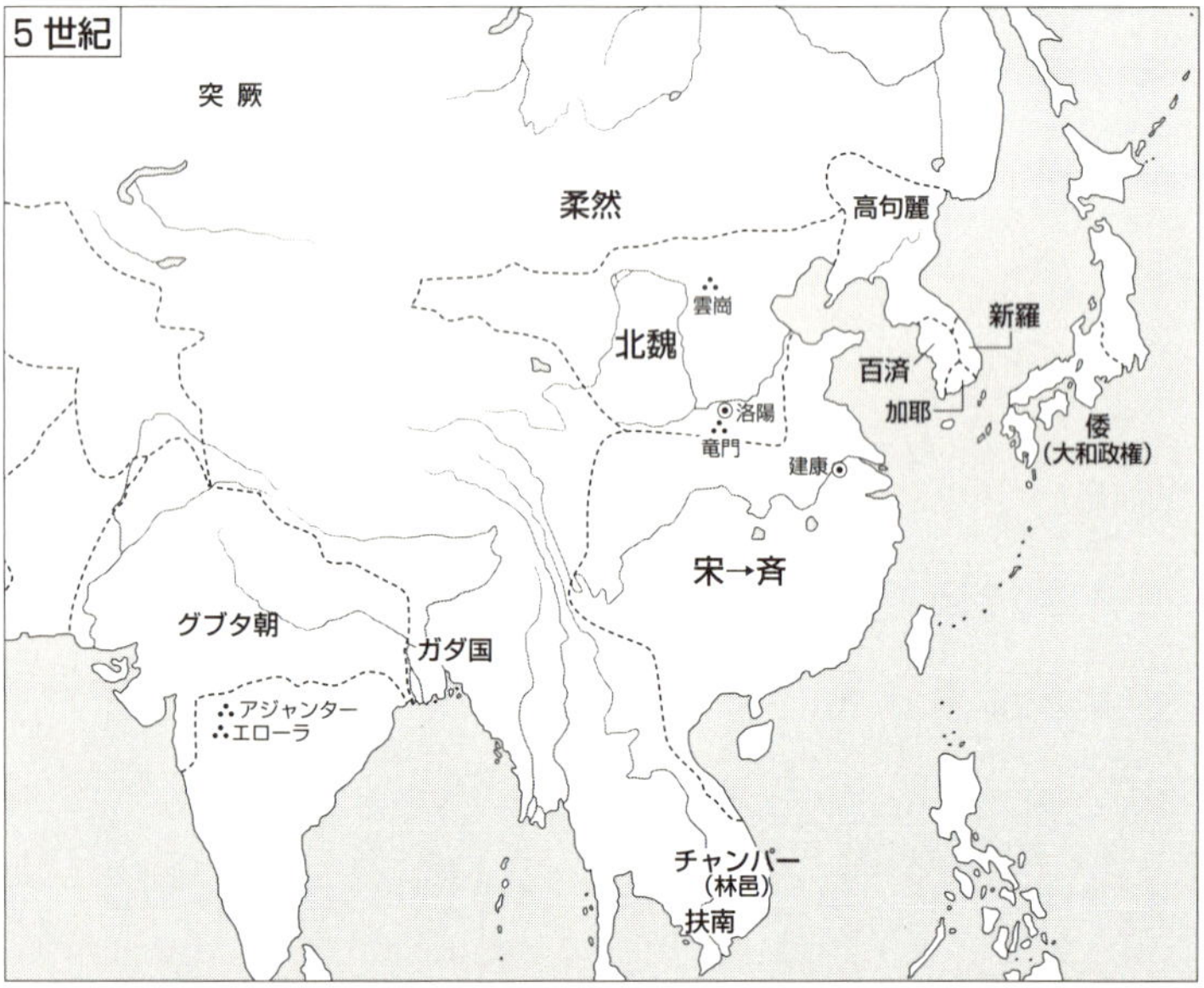

7世紀の東アジア世界

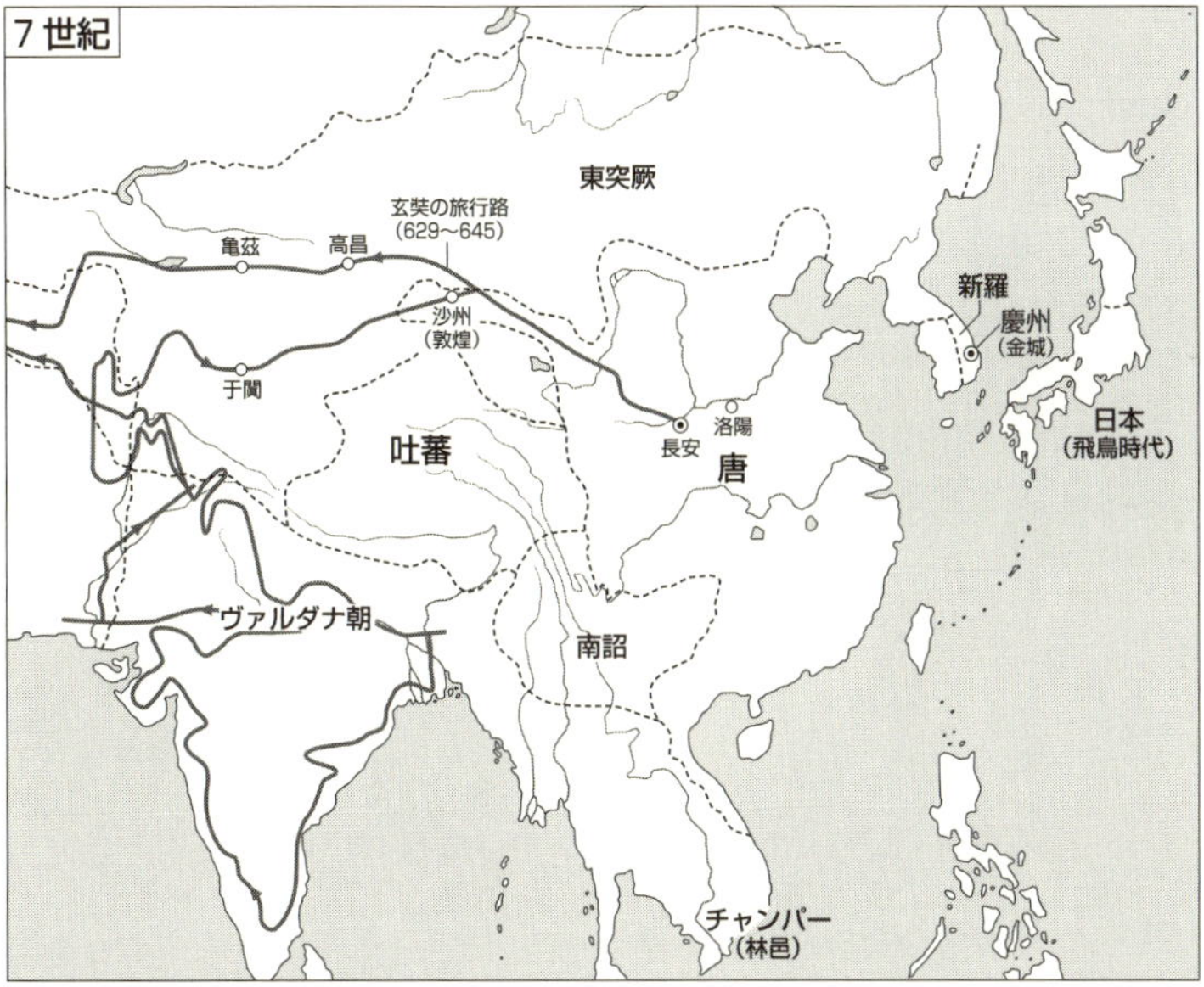


11世紀の東アジア世界

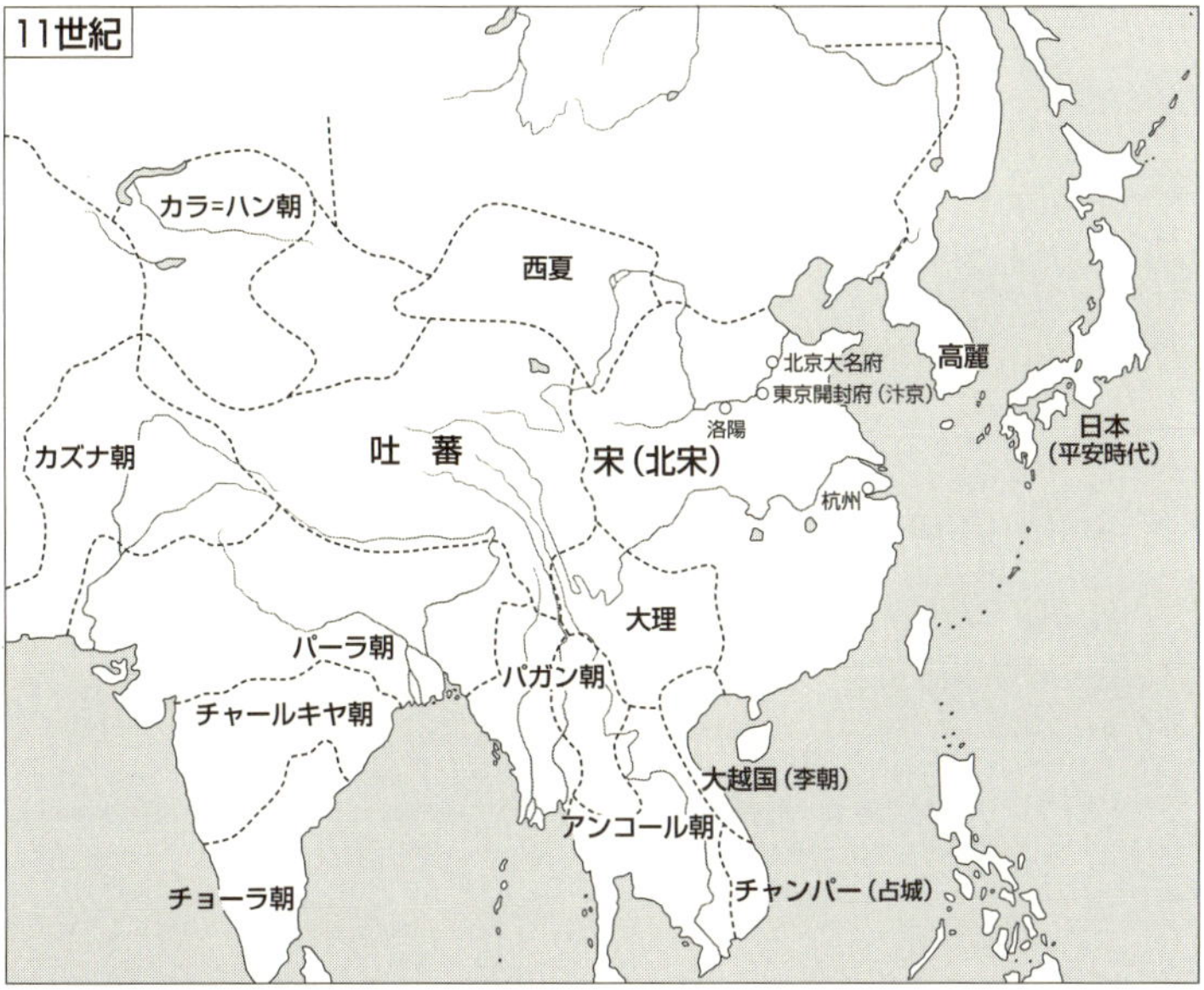

13世紀の東アジア世界

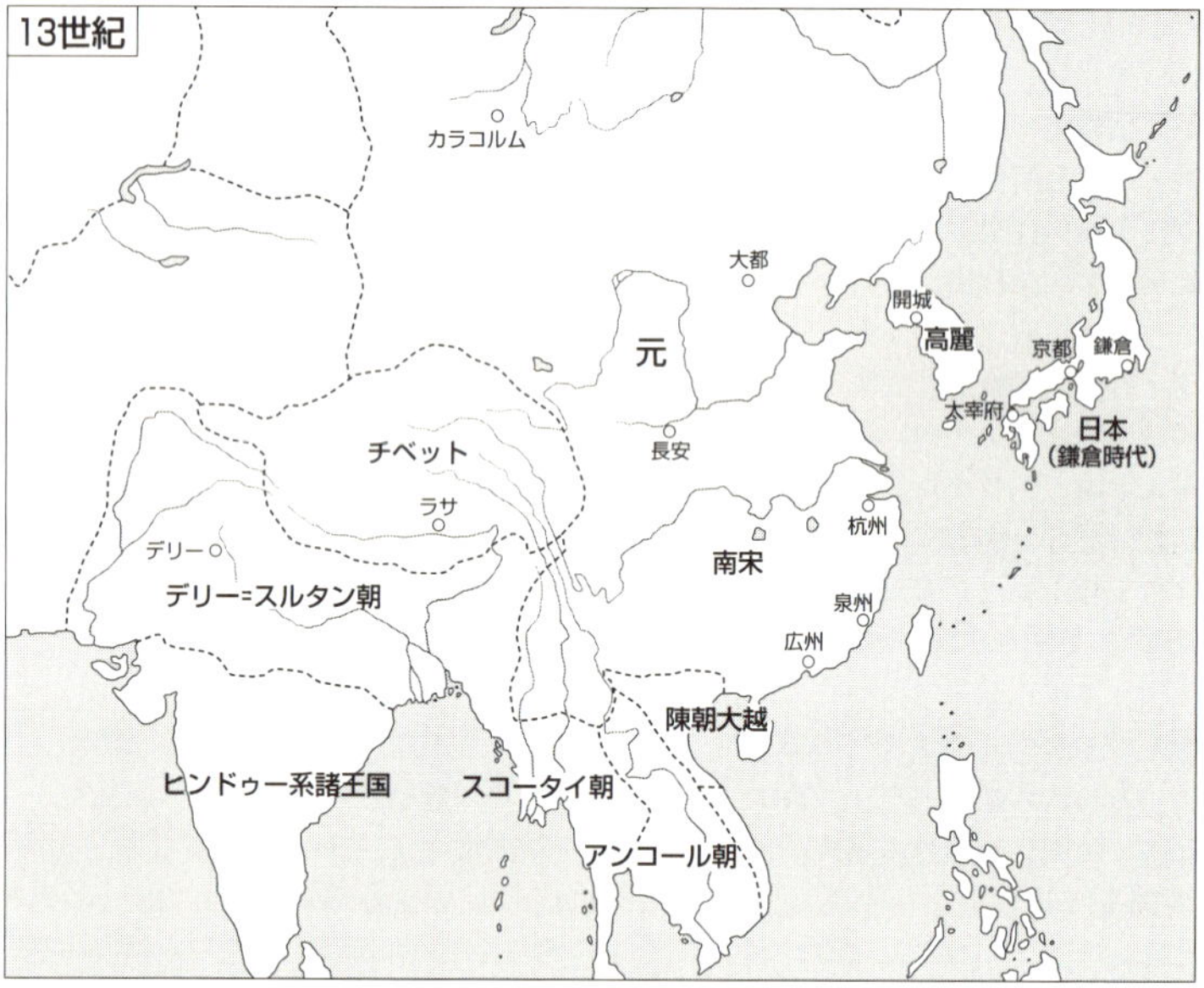


18世紀の東アジア世界

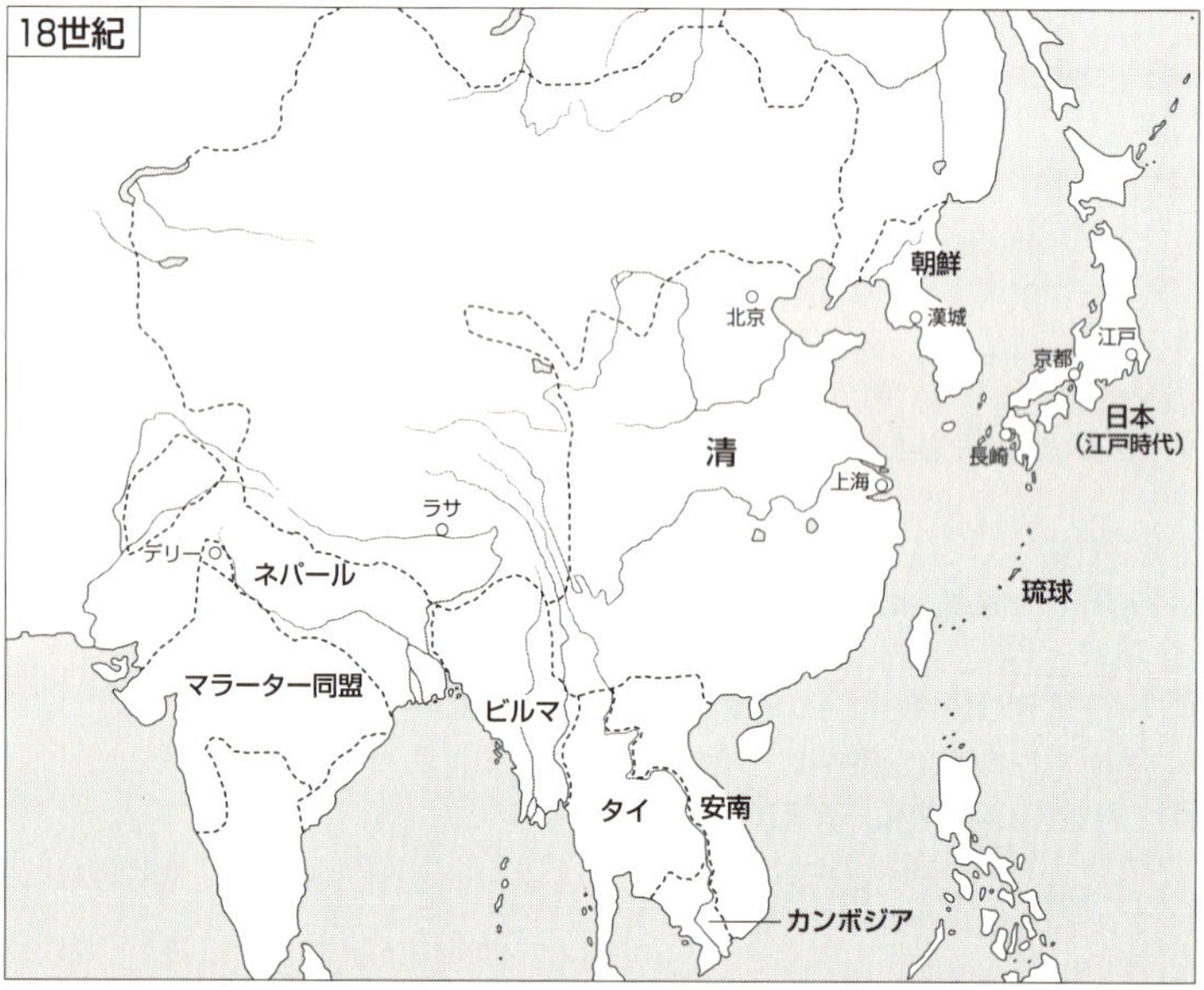

## 参考文献

1945年以後の日本語の文献で書籍化されているものに限定。副題略


### ◆東アジア仏教史・中国仏教史全般・全集叢書

岡部和雄・田中良昭編『中国仏教研究入門』大蔵出版　2006
鎌田茂雄『中国仏教史』岩波書店　1978
鎌田茂雄編『中国仏教史辞典』東京堂出版　1981
鎌田茂雄『中国仏教史』全６巻　東京大学出版会　1982-94
鎌田茂雄『新中国仏教史』大東出版社　2001
木村清孝『中国仏教思想史』世界聖典刊行協会　1979
久野美樹『中国の仏教美術』東信堂　1999
『講座 仏教の受容と変容』第３～５巻　佼成出版社　1991
任継愈主編・丘山新ほか訳『定本中国仏教史』全３巻　柏書房　1992
『人物中国の仏教』全７巻　大蔵出版　1981-91
末木文美士・下田正弘・堀内伸二編『仏教の事典』朝倉書店　2014
菅沼晃博士古稀記念論文集刊行会編『インド哲学仏教学への誘い』大東出版社　2005
高崎直道・木村清孝編『シリーズ東アジア仏教』全５巻　春秋社　1995-97
玉城康四郎『中国仏教思想の形成』第１巻　東京大学出版会　1979
玉城康四郎編『仏教史２　中国・チベット・朝鮮』（世界宗教史叢書８）　山川出版社　1983
陳垣，西脇常記・村田みお訳『中国仏教史籍概論』知泉書館　2014
『塚本善隆著作集』全７巻　大東出版社　1974-76
塚本善隆『中国仏教通史』第１巻　春秋社　1979
中村元・笠原一男・金岡秀友監修『アジア仏教史』中国編５巻・日本編９巻　佼成出版社　1972-76
奈良康明ほか編『新アジア仏教史』第６～８，10～14巻　佼成出版社　2010-11
野上俊静ほか『仏教史概説・中国編』平楽寺書店　1968
平川彰『インド・中国・日本仏教通史』春秋社　1977
仏教史学会編『仏教史研究ハンドブック』法藏館　2017
『牧田諦亮著作集』全８巻　臨川書店　2014-16
道端良秀『中国仏教史全集』全11巻　書苑　1985

### ◆中国仏教史各論

荒木見悟『明代思想研究』創文社　1972
荒木見悟『仏教と儒教』（新版）研文出版　1993
安藤智信『中国近世以降における仏教思想史』法藏館　2007
石井公成『華厳思想の研究』春秋社　1996
石井修道『宋代禅宗史の研究』大東出版社　1987
伊吹敦『禅の歴史』法藏館　2001
印順，伊吹敦訳『中国禅宗史』山喜房佛書林　2004
横超慧日『中国仏教の研究』全３巻　宝蔵館　1958-79

横超慧日編『北魏仏教の研究』平楽寺書店　1970
大内文雄『南北朝隋唐期仏教史研究』法藏館　2013
大竹晋『唯識説を中心とした初期華厳教学の研究』大蔵出版　2007
小川隆『語録の思想史』岩波書店　2011
鎌田茂雄『中国華厳思想史の研究』東京大学出版会　1965
鎌田茂雄『中国の仏教儀礼』大蔵出版　1986
河野訓『中国の仏教受容とその展開』皇学館大学出版部　2008
菅野博史『中国法華思想の研究』春秋社　1994
木村清孝『初期中国華厳思想の研究』春秋社　1977
倉本尚徳『北朝仏教造像銘研究』法藏館　2016
『講座敦煌』全9巻　大東出版社　1980-92
金剛大学仏教文化研究所編『地論宗の研究』国書刊行会　2017
坂元ひろ子『連鎖する中国近代の“知”』研文出版　2009
佐藤成順『宋代仏教の研究』山喜房佛書林　2001
椎名宏雄『宋元版禅籍の研究』大東出版社　1993
滋野井恬『唐代仏教史論』平楽寺書店　1973
末木文美士・曹章祺『現代中国の仏教』平河出版　1995
鈴木哲雄『唐五代の禅宗』大東出版社　1984
諏訪義純『中国中世仏教史研究』大東出版社　1988
高雄義堅『宋代仏教史の研究』百華苑　1975
田中良昭『敦煌禅宗文献の研究』大東出版社　1983
田中良昭編『禅学研究入門』大東出版社　2006
池麗梅『唐代天台仏教復興運動研究序説』大蔵出版　2008
竺沙雅章『宋元仏教文化史研究』汲古書院　2000
張文良『澄観華厳思想の研究』山喜房佛書林　2006
陳継東『清末仏教の研究』山喜房佛書林　2003
陳継東『小栗栖香頂の清末中国体験』山喜房佛書林　2016
礪波護『隋唐仏教文物史論考』法藏館　2016
礪波護『敦煌から奈良・京都へ』法藏館　2016
西尾賢隆『中国近世における国家と禅宗』思文閣出版　2006
西本照真『三階教の研究』春秋社　1998
野口善敬『元代禅宗史研究』禅文化研究所　2006
平井俊栄『中国般若思想史研究』春秋社　1976
『富貴原章信仏教学選集』全3巻　国書刊行会　1988-89
藤原崇人『契丹仏教史の研究』法藏館　2015
藤善眞澄『中国仏教史研究』法藏館　2013
船山徹『仏教はどう漢訳されたのか』岩波書店　2013
師茂樹『論理と歴史』ナカニシヤ出版　2015
柳幹康『永明延寿と『宗鏡録』の研究』法藏館　2015
『柳田聖山集』全6巻　法藏館　1999-2017
山崎宏『隋唐仏教史の研究』法藏館　1967

吉津宜英『華厳禅の思想史的研究』大東出版社　1985
吉津宜英『華厳一乗思想の研究』大東出版社　1991
吉村誠『中国唯識思想史研究』大蔵出版　2013

### ◆朝鮮仏教

愛宕邦康『「遊心安楽道」と日本仏教』法藏館　2006
江田俊雄『朝鮮仏教史の研究』国書刊行会　1977
鎌田茂雄『朝鮮仏教史』東京大学出版会　1987
鎌田茂雄『新羅仏教史序説』大蔵出版　1988
金知見・蔡印幻編『新羅仏教研究』山喜房佛書林　1973
金龍泰，佐藤厚訳『韓国仏教史』春秋社　2017
金煐泰，沖本克己監訳『韓国仏教史』禅文化研究所　1985
蔡印幻『新羅仏教戒律思想研究』国書刊行会　1977
申正午『西山大師の禅家亀鑑研究』新紀元社　1983
田村円澄・黄寿永編『百済文化と飛鳥文化』吉川弘文館　1978
田村円澄・秦弘燮編『新羅と日本古代文化』吉川弘文館　1981
東国大学校仏教文化研究所編『韓国仏書解題辞典』国書刊行会　1982
韓普光『新羅浄土思想の研究』東方出版　1991
中西直樹『植民地朝鮮と日本仏教』三人社　2013
中吉功編『海東の仏教』国書刊行会　1973
福士慈稔『新羅元暁研究』大東出版社　2004
水野さや『韓国仏像史』名古屋大学出版会　2016
李鐘益『韓国仏教の研究』国書刊行会　1980

### ◆日本仏教

阿部泰郎『中世日本の宗教テクスト体系』名古屋大学出版会　2013
家永三郎・赤松俊秀・圭室諦成監修『日本仏教史』全３巻　法藏館　1967
石田瑞麿『日本仏教史』岩波書店　1984
石田瑞麿『日本仏教思想研究』全５巻　法藏館　1986-87
伊藤聡『中世天照大神信仰の研究』法藏館　2011
井上光貞『日本浄土教成立史の研究』山川出版社　1956
井上光貞・上山春平監修『大系・仏教と日本人』全11巻　春秋社　1985-89
上島亨『日本中世社会の形成と王権』名古屋大学出版会　2010
追塩千尋『中世の南都仏教』吉川弘文館　1995
大久保良峻ほか編『日本仏教34の鍵』春秋社　2003
大久保良峻編『新・八宗綱要』法藏館　2001
大桑斉『日本近世の思想と仏教』法藏館　1989
大隅和雄・中尾堯編『日本仏教史・中世』吉川弘文館　1998
太田博太郎ほか監修『図説日本の仏教』全６巻　新潮社　1988-91
大谷栄一『近代仏教という視座』ぺりかん社　2012
大谷栄一・吉永進一・近藤俊太郎『近代仏教スタディーズ』法藏館　2016

大塚紀弘『中世禅律仏教論』山川出版社　2009
笠原一男編『日本宗教史』全2巻　山川出版社　1977
柏原祐泉『日本仏教史・近代』吉川弘文館　1990
上川通夫『日本中世仏教形成史論』校倉書房　2007
川崎庸之・笠原一男編『宗教史』山川出版社　1964
神田千里『戦国と宗教』岩波新書　2016
菊地大樹『中世仏教の原形と展開』吉川弘文館　2007
金天鶴『平安期華厳思想の研究』山喜房佛書林　2015
『黒田俊雄著作集』全8巻　法藏館　1994-95
佐藤弘夫『中世日本の国家と仏教』吉川弘文館　1987
末木文美士『日本仏教史』新潮文庫　1996
末木文美士『近代日本と仏教』トランスビュー　2004
末木文美士『近世の仏教』吉川弘文館　2010
曽根原理『徳川家康神格化への道』吉川弘文館　1996
平雅行『日本中世の社会と仏教』塙書房　1992
高取正男・赤井達郎・藤井學編『図説日本仏教史』全3巻　法藏館　1980-81
田村円澄『日本仏教史』6巻　法藏館　1982-83
田村芳朗『日本仏教史入門』角川選書　1969
圭室文雄『日本仏教史・近世』吉川弘文館　1987
辻善之助『日本仏教史』全10巻　岩波書店　1944-55
手島崇裕『平安時代の対外関係と仏教』校倉書房　2014
永村眞『中世寺院史料論』吉川弘文館　2000
西村玲『近世仏教思想の独創』トランスビュー　2008
日本仏教研究会編『日本の仏教』全9巻　法藏館　1994-2001
『日本仏教宗史論集』全10巻　吉川弘文館　1984-85
『日本名僧論集』全10巻　吉川弘文館　1982-83
速水侑『日本仏教史・古代』吉川弘文館　1986
原田正俊『日本中世の禅宗と社会』吉川弘文館　1998
朴澤直秀『近世仏教の制度と情報』吉川弘文館　2015
松尾剛次『鎌倉新仏教の成立』吉川弘文館　1988
蓑輪顕量『中世初期南都戒律復興の研究』法藏館　2000
蓑輪顕量『日本仏教史』春秋社　2015
横内裕人『日本中世の仏教と東アジア』塙書房　2008
吉田一彦『仏教伝来の研究』吉川弘文館　2012
吉田久一『近現代仏教の歴史』ちくま学芸文庫　2017
『論集日本仏教史』全10巻　雄山閣　1986-99

# 索引

## 人名索引

### ア

## 書名索引

## サ

## タ

## ナ



## ハ



## マ

## 事項索引

## サ

## マ



## ヤ



## ラ ワ

## 図版出典一覧

口絵

| | |
|---|---|
| p. 1〜2 | PPS 通信社 |
| p. 3 | CPCフォト |
| p. 4〜5 | PPS 通信社 |
| p. 6 | 東大寺 |
| p. 7 | 新薬師寺 |
| p. 8 | 中尊寺 |

| | |
|---|---|
| p. 5 | PPS 通信社 |
| p. 19 | PPS 通信社 |
| p. 21 | 末木文美士 |
| p. 23 | CPCフォト |
| p. 35上 | ユニフォトプレス |
| p. 35下 | 根津美術館 |
| p. 39 | 龍谷大学 |
| p. 41上 | 東京国立博物館 Image : TNM Image Archives |
| p. 41下 | CPCフォト |
| p. 59 | 法隆寺・飛鳥園 |
| p. 65上 | 極楽寺・小浜市教育委員会 |
| p. 65下 | CPCフォト |
| p. 72 | ユニフォトプレス |
| p. 73 | ユニフォトプレス |
| p. 79 | 知恩寺 |
| p. 83 | 齊年寺・京都国立博物館 |
| p. 93 | ユニフォトプレス |
| p. 113 | 蓑輪顕量 |
| p. 128 | 禅林寺 |
| p. 132 | 奈良国立博物館 |
| p. 134 | 早稲田大学図書館 |
| p. 137 | 京都大学附属図書館 |
| p. 146 | 常磐山文庫 |
| p. 163 | PPS 通信社 |
| p. 171 | CPCフォト |
| p. 185上 | 建仁寺 |
| p. 185下 | 建長寺 |
| p. 207上 | CPCフォト |
| p. 207下 | 『上海図書館蔵歴史原照』上海古籍出版社，2007年 |
| p. 211 | 『上海図書館蔵歴史原照』上海古籍出版社，2007年 |

p. 225　『趙僕初文集』華文出版社，2007年
p. 247　京都萬福寺
p. 248　末木文美士
p. 256　国立歴史民俗博物館

カバー表　東寺(教王護国寺)「胎蔵界」より中台八葉・京都国立博物館
カバー裏　龍門石窟　PPS 通信社